Worms 2021

HEIMATJAHRBUCH FÜR DIE STADT WORMS

16. Jahrgang

Herausgegeben im Worms-Verlag
November 2020

WORMS
VERLAG

IMPRESSUM

Worms 2021 – Heimatjahrbuch der Stadt Worms
16. Jahrgang
November 2020

Herausgegeben im
Worms-Verlag
Kultur und Veranstaltungs GmbH Worms
Von-Steuben-Straße 5
67549 Worms

ISBN 978-3-947884-27-8

Die in diesem Buch gewählten Grundformen beziehen – sofern sie im männlichen Genus stehen – immer auch weibliche Personen ein und umgekehrt. Auf Doppelbezeichnungen wurde zugunsten der einfacheren Lesbarkeit verzichtet.

Die Freiheit der Meinungsäußerung ist ein universelles Menschenrecht – weder verhandelbar noch relativierbar. Sie ist Voraussetzung für künstlerisches, publizistisches und verlegerisches Schaffen. Dafür treten wir ein.

Redaktion
Sebastian Bonk, Klaus Diehl, Volker Gallé, Margit Knab, Margita Köhler-Eichberger, Margret Mundorf, Vera Panhoff-Papsch, Andrea Prior, Berthold Röth, Philip Schäfer, Ulrike Schäfer, Eva Wirth-Kunkel

Gestaltung und Produktion
Schäfer & Bonk, Worms

Abbildung Einband: Schäfer & Bonk.

Druck
Heinrich Fischer Rheinische Druckerei, Worms

Auflage
1000

Inhalt

LEBEN IN WORMS

STADT- UND KULTURGESCHICHTE

ERLEBTES UND GEDICHTETES

NATUR- UND UMWELTSCHUTZ

SPORTGESCHICHTE(N)

NEUE BÜCHER

NOVEMBER Großes Interesse beim Tag der Technik im DRK-Berufsbildungswerk.

DEZEMBER Die schönste Einstimmung auf Weihnachten: das Turmblasen am 4. Advent

JANUAR Manfred Pfeiffer, Andreas Schmidt und Peter Buhl (v. l.) werden von OB Kessel mit der Verdienstmedaille der Stadt Worms ausgezeichnet.

FEBRUAR Zum letzten Mal im Jahr 2020 wird dicht an dicht gefeiert: Spaß uff de Gass.

MÄRZ Der erste Corona-Lockdown: Auch der Tiergarten muss dicht machen.

APRIL Das Nibelungencenter macht einem neuen Wohnviertel Platz.

MAI Heiße Ware in Corona-Zeiten: Endlich kommt Nachschub!

JUNI Keine Zukunft für Nazis in Deutschland.

JULI Stille am Dom: keine Nibelungenfestspiele im Jahr 2020

AUGUST Astrid Haag und Christian Schmitt: Die Soireen im Heylspark ziehen viele kulturhungrige Wormser an.

SEPTEMBER In der Remeyerhofstraße werden Reste eines Pestfriedhofs entdeckt.

OKTOBER Aus nach 87 Jahren: Mit der Schließung des Kaufhofs endet in Worms eine Ära.

Sehr geehrte Damen und Herren,
liebe Wormserinnen und Wormser,

auch in der Stadt Worms war und ist das Leben in diesem Jahr maßgeblich durch die Pandemie geprägt. All die wichtigen Dinge, die unsere Stadtgesellschaft und unser Miteinander besonders machen – ein buntes Vereinsleben, unsere vielfältigen Kulturveranstaltungen und Feste – mussten verschoben oder gar abgesagt werden. Es hat sich aber auch gezeigt, wie einfallsreich und kreativ so viele Wormserinnen und Wormser mit den Herausforderungen dieser historischen Krise umgegangen sind.

Das nun vorliegende Heimatjahrbuch wird nicht auf die Auswirkungen und Veränderungen eingehen, die Covid-19 in Worms mit sich gebracht hat. Das ist durchaus wohltuend – denn mit der Lektüre können wir für einen kurzen Moment innehalten, in unsere Heimatgeschichte abtauchen, über ausführliche Aufsätze, Porträts und Berichte unsere Stadt anders, neu oder wieder kennenlernen.

Hoffnungsvoll richten wir unseren Blick in das Jahr 2021, in dem sich die Widerrufsverweigerung Martin Luthers vor dem Wormser Reichstag zum fünfhundertsten Mal jährt. Wir wünschen uns, dass wir dieses Jubiläum mit der großen Landesausstellung »Hier stehe ich. Gewissen und Protest – 1521 bis 2021« sowie zahlreichen Veranstaltungen gebührend feiern werden können. Natürlich findet dieses für die Stadt so wichtige Thema auch im Heimatjahrbuch Widerhall: Dr. Ulrich Oelschläger widmet sich in seinem Beitrag der großen Lutherfeier vor 100 Jahren, Dr. Irene Spille dem Reichstagsjubiläum im Jahr 1971.

Auch in diesem Jahr sind die Bereiche *Stadtgeschichte* und *Leben in Worms* besonders ausgeprägt. Einen besonderen Platz nimmt dabei das jüdische Leben in Worms ein. Wir erfahren mehr über die SchUM-Gemeinden Speyer und Worms im 19. Jahrhundert, über russische Juden in Worms sowie über das *Moreshet* – Jewish Heritage Network.

Im Bereich *Kultur* gratulieren wir Klaus Krier, einem der bedeutenden Künstler unserer Stadt, zum 80. Geburtstag. Wir gewinnen Einblicke in das im letzten Jahr gegründete Theater Curiosum, den Luthersalon sowie den Verein KuBiS, der einen wichtigen Beitrag zu kultureller Bildung in unserer Stadt leistet. An der Vielzahl der diesjährigen Artikel zeigt sich ebenso, wie wichtig und präsent das Thema *Umwelt* auch in unserer Stadt ist.

Ich bedanke mich bei Ulrike Schäfer, die auch dieses Jahr für die Redaktion verantwortlich ist, ebenso beim Worms-Verlag sowie allen Unterstützern, die diese Publikation ermöglicht haben. Mein besonderer Dank gilt natürlich auch allen Autorinnen und Autoren für ihre interessanten Beiträge.

Ich wünsche allen Leserinnen und Lesern viel Vergnügen bei der Lektüre des Heimatjahrbuches 2021.

Adolf Kessel
Oberbürgermeister

Liebe Leserinnen und Leser,

als ich kürzlich mit Redaktionsmitglied Vera Panhoff-Papsch über die Themenliste zum aktuellen Heimatjahrbuch 2021 sprach, fragte sie mich, ob wir denn auch einen Bericht zur Covid-19-Pandemie hätten. Schließlich habe die ja das noch laufende Jahr stark geprägt. Nein, musste ich gestehen. Als sich die Redaktion Anfang Februar getroffen hatte, war Corona noch nicht in Sicht, geschweige denn, dass man wusste, wie sich das Virus auf unser Leben auswirken würde. Um es aber vorweg zu sagen: die Arbeit am Heimatjahrbuch wurde kaum merklich davon beeinflusst. Zwar mussten einige Autorinnen und Autoren ein wenig zuwarten, bis das Begegnungsverbot etwas gelockert und persönliche Gespräche möglich wurden, aber schließlich konnten doch alle ihre Beiträge liefern. Übrigens kam niemand auf die Idee, seine Erlebnisse mit der Pandemie fürs Heimatjahrbuch niederzuschreiben.

Doch sollen sich wenigstens an dieser Stelle die speziellen Probleme dieses Jahres, die Einschränkungen, Ungewissheiten, Ängste und Proteste, niederschlagen. Rudolf Uhrig, unser Fotograf, dem ich herzlich danke, weil er uns seit Bestehen des Buches unentgeltlich Fotos von den Höhepunkten des Jahres zur Verfügung stellt, hatte mir im Vorfeld angekündigt, dass er dieses Mal nur wenig Material habe. Die Festspiele fanden nicht statt – wer hätte sich das je vorstellen können? – das Spektakulum, das Backfischfest, Theateraufführungen, Konzerte, Jubiläen, Vereinsversammlungen fielen aus; anderes wurde nach und nach unter Bedingungen, die eine gute Stimmung nur bedingt aufkommen ließen, in abgespeckter Form durchgeführt, Gottesdienste, Vorträge, Lesungen, Ausstellungen – immer in großem Abstand vom Nächsten, natürlich mit Mundschutz, den kürzlich eine Schwäbin liebevoll als »Maultäschle« bezeichnete. Einige Veranstaltungen konnten auch deshalb nicht stattfinden, weil sie wegen der reduzierten Anzahl der Teilnehmer finanziell nicht zu stemmen waren. Die vielen Einschränkungen setzten allerdings auch ein bisher ungeahntes Potenzial frei. Man denke an Karantena TV, Kino im Freien und viele weitere Aktivitäten im Netz. Dennoch war – und ist auch im Augenblick, wo ich dies schreibe – Corona für die Kulturschaffenden ein echtes Fiasko.

Aber auch alle anderen Menschen waren davon betroffen, die Alten und Kranken, die keinen Besuch haben durften, die Familien mit Kindern, die während der Schließung von Schulen und Kindergärten nicht wussten, wie sie alles unter einen Hut bringen sollten, die Berufstätigen, die um ihre Stelle bangen, die Ärzte und Schwestern, die Sonderschichten einlegen mussten, Gastronomie und Handel, deren Verdienste drastisch einbrachen. Leider haben nach kurzer Erholungsphase die Infektionszahlen erneut zugenommen. Theater, Kinos und Lokale mussten wieder schließen, auch das Heimatjahrbuch konnte nicht im Ratssaal vorgestellt werden.

Natürlich hatte ich wie viele andere die leise Hoffnung, dass die so allgegenwärtige Gefährdung, das Bewusstsein der eigenen Endlichkeit und der knappen Ressourcen zu einer Veränderung führen würden, z.B. zur Einsicht, dass man zukünftig auf einige Annehmlichkeiten zugunsten anderer Menschen und zugunsten der Umwelt verzichten muss. Deshalb freue ich mich, dass wir in diesem Heimatjahrbuch auch Beiträge haben, die sich mit Umweltfragen beschäftigen, mit Stadtentwicklung, Wohnungsbau, mit der Verkehrssituation, mit friedlichem Zusammenleben.

Ansonsten haben wir uns bei dieser Ausgabe wieder verstärkt am Motto des Kultursommers Rheinland-Pfalz orientiert, der sich gerade im Uhrzeigersinn durch Europa bewegt. Derzeit steht die Kompassnadel noch auf Nord, doch 2021 wandert sie zu den östlichen Ländern, und dazu ist uns sehr viel eingefallen. Zum einen gibt es die Geschichte der Vertriebenen und Immigranten, die vielen älteren Menschen noch sehr bewusst ist und die auch jüngeren Menschen zugänglich gemacht werden sollte. Aber es gibt auch viele Ost- und Südeuropäer, die aufgrund ihrer Zugehörigkeit zur Europäischen Union in Worms zugezogen sind und sich hier eine neue Existenz aufgebaut haben. Auch sie wollten wir zu Wort kommen lassen und haben interessante, teilweise sehr berührende Beiträge erhalten. Und schließlich war das Thema auch Anlass, sich mit der Geschichte der jüdischen Gemeinde Worms nach dem Zweiten Weltkrieg zu befassen. Eine gute Ergänzung ist der Bericht über die »Polen in Rheinhessen«, der manches Bild zurechtrücken könnte. In einer großen Literaturschau wird angerissen, welche aktuellen Bücher Authentisches über die Republiken Nordosteuropas vermitteln.

Wie immer haben wir uns auch um Themen der Stadtgeschichte gekümmert. Unser Stadtteilporträt beschäftigt sich dieses Mal auf sehr fundierte Weise mit der Karl-Marx-Siedlung. Zwei Texte haben wir mit Blick aufs Lutherjahr aufgenommen. So gibt es einen Bericht über die Gestaltung des Reichstagsjubiläums im Jahr 1921, drei Jahre nach Kriegsende, und eine ganz persönliche Schilderung der Feierlichkeiten von 1971. Es gibt Porträts von Cpt. Neil J. van Steenbergen, dem Ersten Stadtkommandanten nach der Kapitulation 1945, dem ehemaligen Wormser Eric Mayer, der Entscheidendes zur Versöhnung überlebender Juden mit der alten Heimat beigetragen hat, von Renate Becker, der ersten Schülerin am Altsprachlichen, und Erinnerungen an Pfarrer Johannes Weil, der nach der Bombardierung der Stadt die Toten begraben hat. Interessant ist zu erfahren, wer der »Wasserläufer« war, der um 1900 in Worms auf dem Rhein abgelichtet wurde, was es mit der Kreuzigungsgruppe der Liebfrauenkirche auf sich hat und was das Gemälde im ehemaligen Cornelianum über die Rolle der Juden zur Zeit Heinrichs IV. erzählt.

Einige jüdische Städte in Europa haben vor einiger Zeit ein Netzwerk gegründet, um das jüdische Erbe zu pflegen. Darüber berichten wir ebenso wie über das geplante Mahnmal am Güterbahnhof, das immer noch nicht zustande gekommen ist. Was junge Menschen denken, welche Vorstellungen sie haben, ist in mehreren Beiträgen zu lesen. Auch der Stadtjugendring und die Fachstelle Demokratie leben! stellen sich vor.

In unserer Kulturrubrik geht es um den Wormser Künstler Klaus Krier, vielen Menschen nicht nur durch sein vielfältiges Werk bekannt, zuletzt die Gestaltung der Glocken im Dom, sondern auch durch seine Präsenz und seinen klugen Rat bei vielen Veranstaltungen. Er ist achtzig Jahre alt geworden. Wir erinnern an den verstorbenen Bildhauer Theodor Herrmann und an den Schriftsteller Georg Richard Roeß. Ganz jung und lebendig ist das Theater Curiosum, ambitioniert das Programm des Luthersalons und auf vielen Gebieten aktiv der Verein KuBiS.

Im Bereich Umwelt kann man etwas über tierische Immigranten erfahren; im Sportteil geht es um Schwimmen und Rehasport, und natürlich bringen wir auch wieder Erfahrungsberichte und Gedichte sowie Informationen zu interessanten Neuveröffentlichung auf dem Büchermarkt.

Ich danke allen Redaktionsmitgliedern für ihre engagierte Mitarbeit, Sebastian Bonk, Volker Gallé, Margret Mundorf, Margit Knab, Margita Köhler-Eichberger, Vera Panhoff-Papsch, Andrea Prior, Philip Schäfer und Eva Wirth-Kunkel sowie der Sparkasse Worms-Alzey-Ried für die großzügige finanzielle Unterstützung.

Wir freuen uns auch in Zukunft über jede und jeden, die oder der etwas zum Heimatjahrbuch beitragen oder auch im Redaktionsteam mitarbeiten will.

Ulrike Schäfer
Redaktionsleitung

DIE WORMSER LUTHERFEIER VON 1921

VON ULRICH OELSCHLÄGER

Zustandekommen und Charakter der Feier

Am 17., 18. und 19. April 1921 wurde in der altehrwürdigen Lutherstadt am Rhein der *große Tag von Worms* gefeiert, der für alle Zeiten in das Herz jedes evangelischen Christen eingeschrieben ist. Die Tatsache, daß Worms im besetzten Gebiet liegt, schien der Ausführung des Vorhabens, diesen Tag als Festtag für ganz Deutschland zu begehen, im Wege zu stehen. Die Feier ist trotzdem zu einer *Kundgebung des gesamten deutschen Protestantismus* geworden. Ihr Eindruck war auf alle, die an ihr teilnehmen durften, überwältigend. Wohl fehlten die wehenden Fahnen, und es musste auch in den Reden der politischen Lage Rechnung getragen werden; aber nur um so ergreifender und eindrucksvoller gestaltete sich die Gemeinsamkeit des Empfindens, und umso mächtiger und erschütternder kam das religiöse Bekenntnis zur Glaubenstat der Reformation zum Ausdruck. […] So groß die Notzeit, so tief drang in diesen Tagen das Wort in die Seele: Deutsches Volk vergiß deine Geschichte nicht!«[1]

Außer seiner Geschichte solle das deutsche Volk seine Seele und vor allem das Evangelium nicht vergessen. So heißt es in der Einleitung zu dem noch im gleichen Jahr herausgegebenen Bericht über die dreitägige Veranstaltung, bevor die gesamte Veranstaltung sozusagen protokolliert wird. Dabei gehen Berichte oft in wörtliche Zitate der Redner über.[2]

Die besonderen Schwierigkeiten, im französisch besetzten Gebiet eine nationale Feier zu planen und durchzuführen, wurden schon im Vorlauf zu der Feier deutlich. Nach den Einschränkungen im Kriegsjahr 1917 war 1921 in Worms eine Feier von kirchenoffiziellem Rang geplant, für die die Leitungen der Landeskirchen und der den gesamten deutschen Protestantismus repräsentierende Deutsche Evangelische Kirchenausschuss (DEKA) zuständig waren. Doch es bedurfte einer Initiative der evangelischen Gemeinde Worms vom März 1920, um die Vorbereitungen in Gang zu setzen. Das hessische Oberkonsistorium in Darmstadt schloss sich an und leitete das betreffende Schreiben an den DEKA weiter. Doch der Ausschuss ließ sich Zeit. Es gab Überlegungen, nach Eisenach oder Wittenberg auszuweichen. Zum Tragen kam später dann die Idee einer dezentralen Feier in allen Kirchen, gefördert vor allem von der preußischen Kirche. Schließlich ergriff wiederum Darmstadt die Initiative und ersuchte die französische Besatzungsbehörde um Genehmigung einer zentralen Jubiläumsfeier in Worms. Der zuständige französische General stimmte zu, stellte jedoch die Bedingung, dass ihm das Programm ein Monat vorher vorgelegt werden müsse, ebenso die Liste der in- und ausländischen Gäste. Weiterhin sollte der religiöse Charakter der Veranstaltung gewahrt werden, Beflaggung und besonderer Schmuck öffentlicher Plätze wurden untersagt. So fanden denn auch die Veranstaltungen vor allem in den Kirchen und am Lutherdenkmal statt.

Die hier abgebildeten Aufnahmen von den Feierlichkeiten sind in einer Serie enthalten, die der Wormser Fotograf Christian Herbst anlässlich der Lutherfeier 1921 anfertigte.

Da die DEKA nach Befragung der Landeskirchen noch im Dezember 1920 eine Absage für eine nationale Feier in Worms schickte, war die erst am 10. Februar 1921 verschickte Einladung nur vom Oberkonsistorium in Darmstadt und der evangelischen Gemeinde in Worms unterzeichnet. In der Einladung wurden die Schwierigkeiten durch die Besatzung angesprochen, dennoch der Hoffnung auf »eine eindrucksvolle und bedeutsame Kundgebung des deutschen Protestantismus« Ausdruck verliehen. Eingeladen wurden Vertretungen aller kirchlichen Behörden, Verbände und Universitäten, die dann in Abordnungen bei der Feier im September auch gut vertreten waren. Prinz Heinrich von Preußen und weitere hohe Regierungsvertreter leisteten der Einladung nicht Folge. Anwesend waren ein Enkel des Denkmalerbauers Ernst Rietschel und Dr. med. Ernst Luther als Nachkomme des Reformators. Auch der Präsident des DEKA, Reinhard Moeller, sagte zu, allerdings nicht dem Oberkonsistorium in Darmstadt, sondern dem »Gesamtkirchenvorstand Worms«, was den lokalen Charakter der Veranstaltung aus Sicht des DEKA deutlich machte. Ausländische Vertreter waren eingeladen und anwesend, durften aber auf Weisung der Besatzungsbehörde nicht sprechen.[3]

Insbesondere die höheren Repräsentanten aus der evangelischen Kirche und der theologischen Wissenschaft waren in ihren Reden um eine Konzentration auf Religiöses und Theologisches bemüht, jedoch weder bei ihnen noch vor allem bei den lokalen Rednern blieben die nationalen Töne aus, wie sie aus dem Ende des 19. Jahrhunderts bekannt sind, etwa aus Heinrich von Treitschkes Jubiläumsrede zum 400. Geburtstag Luthers im Jahre 1883 unter dem Titel »Luther und die deutsche Nation«. Dort schwärmt der Redner«: »Keine andere der neueren Nationen hat je einen Mann gesehen [...], der so in Art und Unart das innerste

Foto vorhergehende Seiten: Stadtarchiv Worms, CH 1836.

Wesen seines Volkes verkörpert hätte.«[4] Treitschke feierte einen Luther, »in dessen Adern die ungebändigte Naturgewalt des deutschen Trotzes« kochte.[5] »Deutsch sein Name, deutsch sein Blut, Deutsch sein Trotz und Mannesmut, Deutsch sein frommes Kinderherz, Froh in Gott im Ernst und Scherz.« So heißt es in dem aus Anlass des 1883er Jubiläums veröffentlichten Gedicht des württembergischen Oberhofpredigers Karl Gerok.[6] Die nationale Vereinnahmung des Reformators war 1883, begünstigt durch die preußisch-protestantische Reichsgründung und die enge Verbindung von Thron und Altar, ein wichtiger Aspekt, wenn auch noch nicht so beherrschend wie im Nationalsozialismus, wo die Deutschen Christen eine Orientierung an einem heldischen Luthergeist forderten und die späten antijüdischen Schriften des Reformators bekannt machten. Bereits 1917, in der für Deutschland deprimierenden Endphase des Ersten Weltkriegs, war die Jubiläumsfeier anlässlich des Thesenanschlags beeinträchtigt gewesen, 1921 stand sie unter dem nationalen Odium der Niederlage, dem Verlust der Monarchie und damit auch der traditionellen Verbindung von Thron und Altar. Gerade führende Protestanten neigten zu nationalkonservativer Gesinnung, verbunden mit einer Sehnsucht nach Wiedererrichtung der Monarchie, die auch vielfach in einer Mitgliedschaft in der DNVP zum Ausdruck kam. Nationalkonservative Einstellungen finden sich bei Karl Koch, Präses der Kirchenprovinz Westfalen, Otto Dibelius, Martin Niemöller.[7]

1917, in der Endphase des Ersten Weltkriegs, war die Jubiläumsfeier anlässlich des Thesenanschlags beeinträchtigt gewesen, 1921 stand sie unter dem nationalen Odium der Niederlage, dem Verlust der Monarchie und damit auch der traditionellen Verbindung von Thron und Altar.

Doch verschaffen wir uns zunächst einen kurzen Überblick über die Reformationsjubiläen seit 1617, bevor wir näher auf 1921 eingehen.

Lutherjubiläen 1617–1921

Es war die Leucorea, die 1502 in Wittenberg gegründete Universität, an der Luther seit 1511 lehrte, die 1617 zuerst an die Stadt und den Kurfürsten herantrat mit der Idee, eine Zentenarfeier der Reformation zu veranstalten. Johann Georg I. von Sachsen nahm die Idee auf, nicht zuletzt, um zu demonstrieren, dass Sachsen mit der Universität Wittenberg das Mutterland der Reformation sei. Ähnlich agierte der reformierte Kurfürst Friedrich V. von der Pfalz und Führer der Protestantischen Union, jenem Bündnis am Vorabend des Dreißigjährigen Krieges, weil er hoffte, mit einer solchen Jubiläumsfeier die verschiedenen protestantischen Konfessionen zusammenzuschweißen. Bewusst fokussierte sich er sich dabei mit dem Datum von Luthers Thesenanschlag auf das Ursprungsdatum der Reformation. Zu einem theologischen Erfolg führte sein Vorhaben nicht, die konfessionelle Union sollte sowohl in Preußen als auch in der Pfalz erst später kommen: in Preußen und dem nassauischen Idstein im Jubiläumsjahr 1817, in der Pfalz 1818, in Rheinhessen 1822, in ganz Deutschland bestehen konfessionelle Unterschiede bis heute. Der sächsische Kurfürst sollte in dieser Konkurrenz mit seinem dreitägigen Fest als Sieger hervorgehen und sich und sein Sachsen bzw. Wittenberg als erste evangelische Repräsentanten in Deutschland inszenieren. Das war erfolgreich und fand allenthalben Nachahmung vor allem in lutherischen Territorien, wo etwas ausgelassener gefeiert wurde als in reformierten. So ist bezeichnend, dass der reformierte Kurfürst Friedrich auch keinen besonderen Feiertag einrichten, sondern die Gedenkfeier auf den dem 31. Oktober folgenden Sonntag legen wollte.

> Die Judenschriften des Reformators waren wenig bekannt, und noch der Philosoph Hermann Cohen feiert 1917 Luther als Vorläufer der deutschen Klassiker und Philosophen, vor allem Kants.

Gefeiert wurde nun in regelmäßigen Abständen nicht nur alle hundert Jahre, sondern zumindest alle fünfzig, schließlich auch alle fünfundzwanzig Jahre: 1630 hundert Jahre Augsburgische Konfession, 1655 hundert Jahre Augsburger Religionsfrieden, 1677 einhundertfünfzig Jahre Thesenanschlag, 1680 die Jubiläen von Konkordienformel und Konkordienbuch, 1730 zweihundert Jahre Thesenanschlag, 1755 zweihundert Jahre Augsburger Religionsfrieden. Diese zählt Dorothea Wendebourg als die wichtigsten Jubiläen des 17. und 18. Jahrhunderts auf.[8] Predigten, Gebete, Musik, Abendmahlsfeiern, angeordnet durch die Landesherrn, die auch teilnahmen, gehörten ebenso zum Programm wie Umzüge, Editionen von Medaillen und allerlei andere an Volksfeste erinnernde Aktivitäten.

Bemerkenswert ist, dass der Wormser Reichstag von 1521 in der Aufzählung der Festtermine fehlt. Das sollte auch im 19. Jahrhundert so bleiben, obwohl des Ereignisses in Worms natürlich doch gedacht wurde. Jede Zeit gab den Feiern ein eigenes Gepräge, die sich im 17. und 18. Jahrhundert auf die Lehre und den Kultus der Kirche, mehr von der Orthodoxie oder vom Pietismus geprägt, konzentrierten. Im 19. Jahrhundert änderte sich das. Zunächst, 1817, sollte Luther im Sinne der Aufklärung als Verfechter von Freiheit, vor allem Gewissensfreiheit, Mündigkeit und Toleranz auch von Katholiken und Juden gefeiert werden, während zum 400. Geburtstag Luthers, 1883, vor allem die nationale Komponente hinzukam und Luther als deutscher Nationalheld gefeiert wurde, wie bereits oben erwähnt. Dass Juden mitfeiern konnten, mag angesichts der späten Judenschriften des Reformators verwundern. Die waren jedoch wenig bekannt, und noch der Philosoph Hermann Cohen feiert 1917 Luther als Vorläufer der deutschen Klassiker und Philosophen, vor allem Kants. Die nationale Komponente sollte jedoch im 20. Jahrhundert auch mit antisemitischen Begleittönen, zunächst zur Zeit des Ersten Weltkriegs, vor allem dann aber im Nationalsozialismus die Feiern zumindest stark mitprägen.[9]

Die Wormser Lutherfeier 1921

Die groß geplante 400-Jahr-Feier des Thesenanschlags 1917 sollte die Feiern des 20. Jahrhunderts glanzvoll eröffnen. Zwar litt sie in der Endphase des Ersten Weltkriegs dann unter einigen Einschränkungen, aber gerade die drohende Niederlage brachte die nationale Komponente zur vollen Entfaltung, wobei vor allem »Durchhalteparolen und Verweise auf die Wahlverwandtschaft zwischen dem Kämpfer Luther und dem großen evangelischen Feldherrn Hindenburg die Festreden bestimmt« zu haben scheinen.[10] Dieser Hintergrund sollte für die Feier 1921 in mehrfacher Weise Bedeutung bekommen. Die evangelische Kirche in Deutschland hatte durch die Abschaffung der Monarchie ihre *summi episcopi*, ihre Landesherrn und damit die obersten Bischöfe, verloren. Das bedeutete einen gewissen Identitätsverlust. Weite und vor allem führende Kreise der evangelischen Deutschen blieben der Monarchie eng verbunden. Wie das hätte zum Ausdruck kommen können, hätte die Feier nicht im linksrheinischen französischen Besatzungsgebiet stattgefunden, muss Spekulation bleiben. Trotz bemühter Fokussierung der Festredner auf den »Glaubenshelden Luther«, der vor allem in der fatalen Lage des »Vaterlandes« Trost, Hoffnung und Zuversicht zu spenden vermöge, spielte der *deutsche* Luther wie erwähnt eine mehr oder weniger wichtige Rolle. So sollen einige Beispiele dafür einer kurzen Schilderung des Verlaufs der Feier und der Festfolge vorausgehen.

Weite und vor allem führende Kreise der evangelischen Deutschen blieben der Monarchie eng verbunden. Wie das hätte zum Ausdruck kommen können, hätte die Feier nicht im linksrheinischen französischen Besatzungsgebiet stattgefunden, muss Spekulation bleiben.

Am 19. April 1921, dem dritten Festtag, führte der Reichstagsabgeordnete und Geschäftsführer des Evangelischen Bundes, D. Otto Everling (DVP), in seiner Rede mit dem Titel »Ehrentag des deutschen Gewissens« aus:

> »Heute, da wir im sagenumwobenen Worms ein tieferes Verständnis haben für Nibelungen Treue und Not, heute fühlen wir es doppelt stark: vieles mag man uns nehmen, eins kann und darf man uns nicht rauben: das deutsche Herz.«

Auf das Nibelungenmotiv wird mehrfach angespielt, die Treue aber gilt vor allem auch der Monarchie, so führt Everling aus:

> »In einem erschütternden Ereignis des heutigen Tages erleben wir ein Zeichen dieser tiefen Not [des deutschen Volkes] [...] Während wir heute hier in Worms reden und feiern, begräbt man drüben [...] eine edle Frau, die *deutsche* Kaiserin – und der einst so mächtige Gemahl kann und darf sie nicht zur letzten Ruhestätte geleiten. Wer deutsche Geschichte kennt und wer nicht von Stimmungen, Abneigungen und Schlagworten der Gegenwart sich führen läßt, der erkennt hier der Nibelungen alte, neugewordene Not.«[11]

Die Not des Volkes bestehe in »gewissenlosem Parlamentarismus« und »schwammigem Völkerverbrüderungsgefühl«.[12]

Der Trauer um die *deutsche Kaiserin* wird mehrfach Ausdruck verliehen. Zur Ehre der Verstorbenen erhoben sich etwa die Versammelten, der Präsident des preußischen Oberkirchenrats Reinhard Johannes Möller, Vorsitzender des DEKA ließ sich vom Präsidenten (Leitenden Juristen) der evangelisch-lutherischen

Kirche in Bayern, Dr. Friedrich Veit, vertreten, um an der Beisetzung der *Kaiserin* in Potsdam teilzunehmen. Dabei wird von Auguste Viktoria zum Teil geschrieben bzw. geredet, als sei sie noch Kaiserin. Otto Everling führt in der zitierten Rede aus:

> »Wir stehen nicht nur an dem offenen Grabe der Kaiserin, wir Deutschen stehen an einem großen Massengrabe [...] Wir haben hineingesenkt unendlich vieles – hätte ich die Wucht und Freiheit der Rede, die ich mir wünschte, die Erinnerung müßte uns durch das Gebein gehen mit schneidender Gewalt.«

Der bei Kranzbühler verlegte *Bericht über die Wormser Lutherfeier am 17. bis 19. April 1921* (hier die Titelseite) enthält eine »Beschreibung der Gedenkfeier mit ausführlicher Wiedergabe der Reden und Kundgebungen, einer geschichtlichen Einleitung und bildlichen Darstellungen«.

Er beklagt den Gebietsverlust [durch den Versailler Vertrag], den Verlust des »Volksheers« und der Flotte und natürlich der Kaiserkrone.[13]

Pfarrer Franz Bernbeck als Wormser Vertreter sprach am Hauptfesttag, dem 18. April, nachmittags um drei Uhr. Des zeitweise die DNVP im Stadtrat vertretene Geistliche machte schon in der Anrede den Tenor seiner Rede klar: »Deutsche Männer und Frauen, werte Gäste von Nah und Fern!« Weiter führte er unter anderem aus:

> »Die Reformation ist aus den Tiefen des deutschen Gewissens geboren, das in Luther gleichsam verkörpert war. An der Grenzscheide zwischen Mittelalter und Neuzeit haben sich evangelischer und deutscher Geist tiefer denn je miteinander verbunden und vermählt.«[14]

Gerade bei den das Nationale betonenden Rednern, aber auch anderen, fällt die blumige, oft schwülstige, heute als befremdlich und kitschig empfundene Sprache auf. So nennt Kirchenrat Dr. Konrad Velte, Professor am Predigerseminar in Friedberg, Luthers Persönlichkeit einen »urgewaltigen Heldengesang des Glaubens«, Luther, der es als Einzelner wagt,

> »eine mehr denn tausendjährige Ueberlieferung mit ihren Heiligtümern anzutasten, Stürme zu entfesseln, unter denen die Erde erbebt, einen Weltbrand zu entzünden, der den Himmel purpurrot färbt.«[15]

Pfarrer Friedrich Walter (Worms) ruft in der Schlussansprache der Hauptfeier nach dem Vortrag von Julius Smend, Professor für Praktische Theologie in Münster, aus:

> »Teuerwerte evangelische Gemeinde! Wir gehen jetzt hinaus. Die Sterne werden leuchten. Ihr geht heim, wir bleiben hier. Überall wölbt sich über uns der Sternenhimmel. Laßt uns aufschauen zu diesem Sternenhimmel. Laßt uns aufschauen zu diesem Sternenhimmel, der keine Stützen braucht. Unser Glaube braucht keine Stützen. Unser Glaube ist der Sieg, der die Welt überwunden hat. Ein feste Burg ist unser Gott.«[16]

Insgesamt waren die drei Tage mit Veranstaltungen vollgepackt, mit Gottesdiensten, Reden, Begrüßungsfeier, akademischen Feiern, Feiern am Lutherdenkmal. Alle Veranstaltungen waren

Eine Blaskapelle spielt auf dem dicht gedrängten Platz vor dem geschmückten Lutherdenkmal.

gut besucht, die Kirchenräume waren überfüllt. Der erste Festtag, ein Sonntag, wurde eröffnet durch einen Festgottesdienst in der Dreifaltigkeitskirche, in dem Professor Wilhelm Diehl, der später von 1923 bis 1933 amtierende Prälat (entspricht Kirchenpräsident oder Landesbischof) der hessischen Landeskirche predigte. Weitere Gottesdienste gab es am ersten Tag in der Lutherkirche, der Friedrichskirche und Worms-Neuhausen. Eine große Feier am Lutherdenkmal folgte nachmittags, bei der der Gießener Praktische Theologe Professor Martin Schian die Festrede hielt. Nationale Töne waren zu hören, die Hauptrolle in der Rede spielte aber das, was wir am Anfang aus dem Bericht zitiert haben: »Deutsches Volk, vergiß deine Geschichte nicht, vergiß deine Seele nicht, vergiß das Evangelium nicht!«[17] So führt der Theologe von der Geschichte über die innere Verfassung des Volkes zu der Hoffnung vermittelnden Kraft, die nur im Evangelium zu finden ist. Eine abendliche Begrüßungsfeier beschließt den ersten Festtag, bei dem auch der Wormser Oberbürgermeister Heinrich Köhler sprach.

Auch am Hauptfesttag am 18. April gab es Gottesdienste, eine akademische Feier in der Lutherkirche, bei der Gustav Krüger, Ordinarius für Kirchengeschichte in Gießen, die Festansprache hielt. Dabei entwickelte er einen konzentriert theologischen Gedanken über Luthers Gewissensbegriff, der hinführt zu der

Foto: Stadtarchiv Worms, CH 1830.

Honoratioren halten ihre Reden zur Gedenkfeier.

Aussage: »Gewissenbefreiung bedeutet Gebundenheit in Gott.«[18] Auch am zweiten Festtag gibt es eine Feier am Lutherdenkmal, wo auch am dritten Festtag die Abschlussfeier mit Kranzniederlegungen stattfindet.

Bemerkenswert ist am Hauptfesttag vor allem die bereits erwähnte Rede von Julius Smend, der auch die Bedeutung von Gewissensfreiheit in der Bindung an Christus, die Freiheit der Seele betont, für deren Fortleben der Protestantismus in der Gesellschaft auch unter veränderten Bedingungen zu sorgen habe, man dürfe Deutschland und Reformation nicht als sich deckende Begriffe sehen, zumal Luther auch nicht alle Deutschen hinter sich gebracht habe.[19] Deutlich wird, dass von der gut vertretenen akademischen Theologie – zu nennen wären noch Adolf Schlatter (Tübingen) und Johannes von Walter (Rostock) – wesentlich differenziertere Töne zu vernehmen waren als etwa von den Vertretern des Evangelischen Bundes. Außer Reden und Gottesdiensten wurde auch musikalisch einiges geboten, die Aufführung des Lutheroratoriums von Ludwig Meinardus (Uraufführung 1883), Posaunenchöre spielten auf, häufig erklangen Lutherlieder, vor allem natürlich *Ein feste Burg ist unser Gott*, Glockengeläut begleitete die drei Tage, die Universität Gießen verlieh Ehrendoktorwürden.

Stadtarchiv Worms, CH 1835.

In der Beurteilung manches Theologen, wie etwa Martin Rades, hatte die Feier durch die Verlegung des offiziellen nationalen Festakts auf den Stuttgarter Kirchentag, der im Anschluss stattfand, und den lokalen bzw. regionalen Charakter inhaltlich gewonnen. In Stuttgart gelang die Gründung des Deutschen Evangelischen Kirchenbunds und eine ökumenische Ausrichtung drängte die nationale Komponente noch mehr in den Hintergrund, als dies im besetzten Worms der Fall sein konnte. §

Anmerkungen

1 *Bericht über die Wormser Lutherfeier am 17. bis 19. April 1921 zum Gedächtnis der 400jährigen Wiederkehr des Tages, an dem Luther in Worms vor dem Reichstag stand. Beschreibung der Gedenkfeier mit ausführlicher Wiedergabe der Reden und Kundgebungen, einer geschichtlichen Einleitung und bildlichen Darstellungen*. Worms 1921, S. 1.

2 Dabei gehen Berichte oft in wörtliche Zitate der Redner über.

3 Die Darstellung folgt weitgehend Dorothea Wendebourg, »Das Reformationsjubiläum von 1921«, in: *So viele Luthers ... Die Reformationsjubiläen des 19. und 20. Jahrhunderts*, Leipzig 2017, S. 245–265.

4 Zit. nach Wendebourg, *So viele Luthers ...*, S. 21.

5 Zit. nach: Herfried Münkler, *Die Deutschen und ihre Mythen*, Berlin ²2009, S. 191f.

6 Zit. nach: Münkler, Mythen, S. 193.

7 Beispiele für eine Mitgliedschaft in der DNVP lassen sich leicht finden: So etwa Karl Koch, Präses der Kirchenprovinz Westfalen und der Barmer Bekenntnissynode, deren Erklärung als Magna Charta des kirchlichen Widerstands gegen Hitler gilt, oder Otto Dibelius ehemals Generalsuperintendent der Kurmark, nach dem Krieg 2. Ratsvorsitzender der EKD. Auch der ehemalige U-Boot-Kommandant Martin Niemöller, erster Kirchenpräsident der EKHN, war nationalkonservativ eingestellt und demokratischen Strukturen gegenüber skeptisch. Zur nationalprotestantischen Tradition vgl. auch Volker Galle, »Die zwei Gesichter Luthers. Luther-Rezeption in Worms von 1817 bis heute«, in: Volker Jung und Ulrich Oelschläger (Hrsg.), *Orte der Reformation*. Worms, Leipzig 2015, S. 50f.

8 Wendebourg, *So viele Luthers ...*, S. 13f.

9 Die Übersicht folgt Wendebourg, *So viele Luthers ...*, S. 21–25 und 84–93.

10 Hartmut Lehmann, *Luthergedächtnis 1817 bis 2017* (Refo500 Bd. 8), Göttingen 2012, S. 11.

11 *Bericht über die Wormser Lutherfeier*, S. 86–88. Dass die nationalprotestantische Gesinnung zum Wurzelboden späterer Entwicklungen werden sollte, mag auch die Familie Everling zeigen: War Otto Everling noch für die DVP im Reichstag, so der Sohn Friedrich für die DNVP, später war er Mitglied der NSDAP.

12 So Pfarrer Cremers aus Bonn, ebenfalls für den Evangelischen Bund, *Bericht*, S. 83.

13 *Bericht*, S. 90.

14 *Bericht*, S. 67.

15 *Bericht*, S. 47.

16 *Bericht*, S. 80.

17 Bericht, S. 28.

18 Bericht, S. 64.

19 *Bericht*, S. 73.

POLEN AM RHEIN

BEGEISTERNDE ERINNERUNGEN AN EINE NICHT GANZ EINFACHE GESCHICHTE

VON PAUL OLIVER LOEW

Polinnen und Polen sind an den Gestaden des Rheins heute keine Seltenheit, im Gegenteil: Die Zahl von Zuwanderern aus Polen hat seit dem Zweiten Weltkrieg ganz Deutschland einen eigenen Stempel aufgeprägt. Nach Jahrzehnten der »Unsichtbarkeit«, als Aussiedler und politische Flüchtlinge es vorzogen, sich unerkannt durch die bundesdeutsche Nachkriegsgesellschaft zu bewegen, sind sie heute zunehmend zu erkennen.

Dabei hat die polnische Präsenz in deutschen Landen eine lange Geschichte, genauso wie die deutsch-polnischen Kontakte, oder besser gesagt: von Kontakten zwischen dem Reich und Polen. Selbst wenn man sich auf den Landstrich zwischen Mannheim, Worms und Mainz beschränkt, gibt es eine Fülle zu erzählen.

Frühe Berührungen

Es gibt zwei Möglichkeiten, mit dieser Geschichte zu beginnen. Die eine könnte so lauten: Im Jahre 1405 wurde ein gewisser Matthäus Bischof von Worms. Nein, nicht ein Matthäus aus Hessen oder aus der Pfalz, sondern ein Matthäus von Krakau. Geboren um 1345 in einer deutschsprachigen Familie der polnischen Haupt- und Königsstadt, hatte er in Prag studiert und anschließend gelehrt, ehe er in seine Heimatstadt zurückkehrte, um 1394 schließlich an die Universität Heidelberg berufen zu werden. Er war Ratgeber und Gesandter des römisch-deutschen Königs Ruprecht III., vielfach für diesen in diplomatischer Mission unterwegs, und bis zu seinem Tod 1410 war er dann Bischof von Worms. Im Chor des Wormser Doms ist er auch beigesetzt, doch die bronzene Grabplatte ist schon lange verschollen.

Man könnte aber auch anders und noch früher beginnen, mit der jüdischen Geschichte. Die jüdischen Gemeinden in Worms,

Mainz oder Speyer hatten vielfältige Kontakte zu den aufstrebenden jüdischen Gemeinden in den polnischen Gebieten, und sei es schließlich auch durch die Zuwanderung von vertriebenen rheinischen Juden in das Königreich Polen. Leider wurden die Juden vom Rhein vertrieben, aber die Erinnerung an die drei »SchUM«-Städte blieb.

Die Kontakte zwischen der Region und Polen versandeten nie so ganz, sei es durch Handelsbeziehungen, sei es durch Wanderung, und oft verband sich beides. Ein berühmtes Beispiel ist der aus Landau in der Pfalz stammende Tuchhändler Hans Boner, der 1483 in Krakau eine Firma gründete und rasch Kontakt zum engsten Herrschaftskreis am Königshof aufnahm, bis er ab ca. 1507 schließlich zu den wichtigsten Beratern von König Sigismund I. wurde. Oder der mehrjährige Aufenthalt des vertriebenen Königs Stanisław Leszczyński, zunächst in Zweibrücken und dann im elsässischen Weißenburg.

Eine verstärkte Präsenz von Menschen aus Polen in der Region sollte jedoch noch einige Zeit auf sich warten lassen. Polen war weit, und die großen Siedlungsströme bewegten sich in andere Richtungen. Im 19. Jahrhundert begann sich jedoch die geopolitische Lage zu wandeln. Das polnische (bzw. polnisch-litauische) Reich war zwischen den drei Mächten Preußen, Österreich und Russland zerrieben und aufgeteilt worden, doch die polnische Bevölkerung hatte die Hoffnung an einen eigenen Staat nicht aufgegeben. Schon Napoleon konnte auf zehntausende polnische Soldaten bauen, die kreuz und quer mit ihm durch ganz Europa zogen – von Spanien bis Moskau, und selbst auf Haiti kämpften sie für den Korsen.

Schon Napoleon konnte auf zehntausende polnische Soldaten bauen, die kreuz und quer mit ihm durch ganz Europa zogen.

Polenbegeisterung im Vormärz

Besonders prägnant für die deutsch-polnischen Beziehungen in der Region war jedoch der Vormärz, genauer gesagt: die Jahre 1830 bis 1832. Der Novemberaufstand, der Aufstand der Polen gegen die russische Fremdherrschaft von 1830/1831, ließ ihnen die Herzen des liberalen Europas zufliegen. Der nationale Kampf gegen die Reaktion schien auch die Hoffnungen vieler deutscher Bürgerinnen und Bürger zu verkörpern, die sich in ihren restaurierten Kleinstaaten nicht mehr heimisch fühlten. Allerorten entstanden Polenvereine, um die kämpfenden Polen zu unterstützen – durch Geldsammlung, die Herstellung von Verbandmaterial oder das Entsenden von Freiwilligen als Ärzte. Aber auch die Geselligkeit kam nicht zu kurz, und so entwickelten sich die Polenvereine zu einer zwar kurzlebigen, doch zentralen Form bürgerlicher Vergemeinschaftung: Man sang Polenlieder, organisierte Debatten und Bälle, und natürlich wurde viel geschrieben. Ganz Südwestdeutschland, aber auch viele andere Gegenden gerieten in den Sog dieser Bewegung, und ein Hilfskomitee für Polen gab es auch in Worms.

Als der Aufstand im Laufe des Jahres 1831 von den Russen blutig niedergeschlagen wurde, war die Trauer groß. Doch die Polenbegeisterung lebte noch einmal auf, als die »geschlagenen Helden« 1832 durchs Land zogen. Die auf preußisches Gebiet übergetretenen aufständischen Offiziere wurden seit Jahresbeginn durch die deutschen Länder nach Frankreich gebracht, das sich zur Aufnahme bereit erklärt hatte. In zahlreichen Transporten reisten mehrere Tausende von ihnen auf vorbestimmten Routen durch Deutschland, vielerorts auf ihrem Weg begeistert begrüßt. Viele von ihnen erinnerten sich mit größter Sympathie an diese Tage, etwa Tadeusz Józef Chamski (1805–1882). Der aus einem direkt an der Grenze zu Ostpreußen gelegenen litauischen Gut stammende polnische Adlige hatte als Oberleutnant am Aufstand teilgenommen und war seit 1832 aktives Mitglied der polnischen Emigration in Paris. In seinen Erinnerungen *Kurze Beschreibung der vergangenen Jahre* schildert er seine Erlebnisse in der dritten Person. Hier ein längerer Auszug:

In zahlreichen Transporten reisten mehrere tausend polnische Offiziere auf vorbestimmten Routen durch Deutschland, vielerorts auf ihrem Weg begeistert begrüßt.

»Frankfurt am Main nahm die Polen tatsächlich wie eine freie Stadt auf, in der eine freie Bevölkerung lebt, die den für die Freiheit des Vaterlands und der Völker leidenden Opfern wohlgesonnen ist. Die Begeisterung der Bewohner kann kaum beschrieben werden. Kaum zeigte sich ein Pole in einer Uniform dort auf der Straße, wurde er sofort umgeben und im Triumph in irgendein Bürgerhaus fast getragen, wo ihn der Hausherr herzlichst aufnahm und bewirtete. Die Nationaltracht begeisterte die ehrbaren deutschen Männer und die sentimentalen deutschen Frauen am meisten. Ein wahrer Pole (Krakus) in einem weißen Bauernkittel, mit roter Viereckmütze, einer Pfauenfeder über dem Ohr und einem Pallasch schien ihnen ein Mars des 19. Jahrhunderts zu sein. [...]

Je weiter die Polen in die gastlichen Gegenden des westlichen Deutschlands kamen, desto deutlicher, emotionaler zeigte sich ihnen gegenüber die Sympathie der Einwohner, vielfach sogar auf merkwürdige und geradezu übernatürliche Weise. Kinder, die überall ein Echo der Gefühle ihrer Eltern sind, strömten aus jedem Dorf scharenweise den eintreffenden Polen entgegen und schrien: ›Die Polen sollen leben hoch, hoch!‹, sie griffen zärtlich nach ihren Mänteln, kletterten im Spiel hinten auf die Wagen, drängten sich an den Seiten, drückten sich zwischen die Räder oder sprangen fröhlich vor den Pferden umher [...], und manchmal musste man deshalb auf der Straße oder in einem Dorf stehenbleiben, um einen Unfall zu vermeiden. Dann warfen sich, getrieben vom Drang ihres Herzens, die deutschen Frauen auf den Wagen den Polen in die Arme, küssten sie, als wären es ihre von weiten Reisen heimkehrenden Brüder oder Männer. [...]

In der ordentlichen und mit Reinlichkeit begeisternden, aber kleinen Stadt Gemersheim [gemeint ist sicherlich Gernsheim] empfingen die bedeutendsten Bürger alle Kolonnen der reisenden Polen im großen Saal ihrer Ressource mit dem ausgesuchtesten Essen, mit angemessenen Reden und ungezwungenen Versicherungen von Wohlwollen und Freundschaft. [...]

Aus Gemersheim [Gernsheim] gelangten die Polen über Worms, wo sie triumphal hineinbegleitet und verabschiedet wurden, nach Speyer.«

Der Polendurchzug 1832

Was diesen Aufenthalt in Worms anbetrifft, so wissen wir nicht genau, wann er stattfand, leider ist Chamski gerade hierzu nicht mitteilsam. In Gernsheim jedenfalls hielt er sich nach eigenem Bekunden vom 24. auf den 25. Januar 1832 auf, und so dürfte die Gruppe am 25. mit der Fähre über den Rhein gesetzt und dann weiter nach Worms gereist sein. Nun hat sich im Wormser Stadtarchiv eine Einladungskarte zu einem Ball »zu Ehren der polnischen Krieger« erhalten, der am 29. Januar im Gasthaus »Schwarzer Adler« stattfinden sollte. Möglicherweise kam hier bereits die nächste Gruppe durchziehender Polen in den Genuss eines Empfangs?

Chamski reiste jedenfalls weiter nach Speyer, und an diese Etappe seiner Reise erinnerte er sich ausführlicher, weshalb ihm noch einmal das Wort erteilt werden soll:

> »Hier [in Speyer] nahm Tadeusz im Haus des Herrn Sisemilch Quartier, des Vaters einer so reizenden wie zahlreichen Familie. Dieser empfing ihn tatsächlich wie ein Einzelkind, seinen eigenen Sohn, der nach mehrjähriger Abwesenheit plötzlich wieder nach Hause gekommen ist. An Küssen, Umarmungen und Tränen bei Begrüßung und Abschied fehlte es nicht. Emma, die liebliche und ehrbare Tochter des Herrn Sisemilch, machte auf Tadeusz großen Eindruck. Er schrieb ihr einige Gedichte ins Poesiealbum, musste aber am nächsten Tag auf immer von ihr Abschied nehmen. [...]
>
> Anderentags begleitete die ganze Stadt Speyer die abreisenden Polen mit Rufen und Musik. Tadeusz wurde, so wie vielen anderen, als er in den Wagen stieg, und obwohl er nie im Leben Tabak geraucht hatte, mit Gewalt zum Andenken ein geflochtenes Pfeifenrohr mit goldenen Troddeln und eine Porzellanpfeife [...] in die Hand gedrückt.«

An Küssen, Umarmungen und Tränen bei Begrüßung und Abschied fehlte es nicht.

Es gibt ungezählte Beschreibungen des Polendurchzugs 1832. Szymon Konarski (1808–1839) schrieb in seinen Tagebüchern ebenso begeistert wie Chamski in seinen Lebenserinnerungen von den Eindrücken, die er in Frankfurt oder Worms gewann: »Bei unsere Einfahrt nach Worms ertönten Kanonenschüsse und Musik«, schrieb er und schilderte die Festivitäten der nächsten Tage und seine Weiterfahrt in Richtung Mutterstadt. Allerdings unterschieden sich die Erlebnisse ein wenig. So schwärmte Aleksander Ekielski (1806–1858) zwar vom Rhein, aber Worms konnte er nicht viel abgewinnen:

> »Am 28. [Januar 1832] überquerte ich den Rhein bei Oppenheim. Der Rhein gleicht nicht unserer Weichsel bei Warschau. Die sich über den Fluß erhebende Landschaft ist aber wunderschön. Man sieht Tausende Burg- und Klosterruinen. [...]
>
> Die Nacht verbrachte ich in Worms, einer recht schönen, aber traurigen Stadt, die durch Martin Luthers Dom berühmt ist.«

Vielleicht gab es am Abend des 28. Januar – anders als am folgenden Tag – in Worms keinen Ball für die Polen? Dafür fühlte er sich anschließend in Speyer wieder aufs Beste verwöhnt und verehrt. Denn die dortigen Bürger hatten – wie das ganze liberale Deutschland – die Kämpfe der Polen gegen die Russen leidenschaftlich verfolgt. Ekielski schildert folgende Szene bei seinen Gastgebern in Speyer, der Familie Hildegard:

»Schließlich fragte der Gastgeber nach meinem Namen. Ich nannte ihn. ›Ich kenne Ihre Familie.‹ Ich nahm an, daß er einst als Armeeangehöriger in Krakau war und meinen Vater kennengelernt hatte. So verhielt es sich aber nicht. Er versuchte sich zu erinnern und rief, mit der Hand den Kopf stützend, schließlich: ›Ja, weiß ich schon.‹ Er ging zu seinem in einem anderen Zimmer stehenden Schreibtisch und holte sein Tagebuch und einen Haufen Zeitungen hervor. Er durchblätterte einige Seiten seines Tagebuches, suchte in den Zeitungen und zeigte mir meinen nach der Schlacht bei Ignanie und zum zweiten Male nach der Schlacht bei Ostrołęka gedruckten Namen. Er drückte mich zärtlich an sich, und alle Mädchen mit Frau Hildegard stürzten sich auf den so verehrten Gast und wollten ihn erdrücken. Nach dem Tee spielten die Mädchen auf dem Klavier und sangen ›Polen ist noch nicht verloren‹.«

Nach 1848 schien eine Rückgabe an Polen, gar ein beherztes Eintreten für die Freiheit Polens nun deutscher Staatsraison zu widersprechen.

Die Nachgeschichte des Polendurchzugs ist bekannt: Das tatendurstige liberale Bürgertum Südwestdeutschlands strömte Ende Mai 1832 zum Hambacher Schloss, und in den Reden vor den vielen tausend Gästen ging es immer wieder auch um Polen, um Polens Freiheit und darum, dass es ohne Polens Freiheit auch keine Freiheit für Deutschland geben könne.

Stimmungswandel nach 1848

Doch bald verflog die Begeisterung: Als 1848 in der Frankfurter Paulskirche das erste demokratisch gewählte deutsche Parlament zusammentrat, stießen die Interessen frontal aufeinander und mit großer Mehrheit obsiegten die Nationalen: Deutschlands Zukunft könne man sich, wie sich in der berühmten »Polendebatte« herausstellte, nur unter Einschluss eines Großteils der polnischen Gebiete Preußens vorstellen. Eine Rückgabe an Polen, gar ein beherztes Eintreten für die Freiheit Polens schien nun deutscher Staatsraison zu widersprechen.

Und so blieb es für hundert Jahre: Ein polnischer Staat schien vielen Deutschen undenkbar, und man wähnte die polnischen Nachbarn ohnehin auf einer viel niedrigeren Kulturstufe, kaum fähig, ein eigenes Gemeinwesen aufzubauen. Deshalb dachte man auch, man müsse Preußens Osten, der eigentlich Polens Westen war, nach deutschem Modell modernisieren, sprich: kolonisieren. Und Polen diente als Arbeitskräftereservoir für die aufstrebende deutsche Wirtschaft. Diese Migration zog entweder aufs Land, als Wanderarbeiter in die Güter Ostelbiens, oder in die Industrie, nach Westfalen oder in die norddeutschen Großstädte. Nach Südwestdeutschland gelangten sie kaum, lediglich in Ludwigshafen siedelte sich kurz vor dem Ersten Weltkrieg eine kleine Kolonie von polnischen Arbeitern an.

Nun waren es wiederum die polnischen Jüdinnen und Juden, die in der Region spüren ließen, wie eng der Osten doch am Westen lag. Frankfurt und in geringerem Maße Offenbach zogen vor allem während des Ersten Weltkriegs und in den Jahren danach mehrere tausend jüdische Zuwanderer aus den polnisch-ukrainisch-galizischen Grenzgebieten an, von wo sie teils vor den Kampfhandlungen, teils aus Angst vor Pogromen geflüchtet waren. Sie besaßen zwischen den Kriegen oftmals die polnische Staatsangehörigkeit, konnten aber vielfach kaum Polnisch, sondern ihre Muttersprache waren Jiddisch oder Deutsch.

Zwangsarbeiter in der der deutschen Industrie

Die eigentliche Massenzuwanderung von Menschen mit polnischer Muttersprache begann zu Beginn des Zweiten Weltkriegs, und es war keine freiwillige Wanderung: Zehn-, ja Hunderttausende von Zwangsarbeitern wurden in Industrie und Landwirtschaft auch in Südwestdeutschland, in Hessen, Rheinhessen und der Pfalz beschäftigt, wohlfeile Arbeitssklaven für die Kriegswirtschaft. Ihre Behandlung war bei den Landwirten manchmal besser, in der Industrie oft schlecht, in Mannheim etwa starben viele von ihnen beim Bombenhagel auf die Fabriken. Und wer sich mit deutschen Mädchen einließ, der musste des Todes gewärtig sein.

> Zehn-, ja Hunderttausende von Zwangsarbeitern wurden in Industrie und Landwirtschaft auch in Südwestdeutschland, in Hessen, Rheinhessen und der Pfalz beschäftigt, wohlfeile Arbeitssklaven für die Kriegswirtschaft.

Leopold Tyrmand, polnischer Star-Autor der Nachkriegszeit, verbrachte zwei Kriegsjahre im Rhein-Main-Gebiet, allerdings nicht als Zwangsarbeiter, denn er war ein Schlitzohr: Der aus jüdischer Familie stammende Warschauer hatte sich ins Wilnaer Gebiet durchgeschlagen, und als dieses 1941 von der Wehrmacht erobert wurde, gab er sich – dank seiner beim Studium in Paris erworbenen Sprachkenntnisse – als in Warschau geborener Franzose aus. Und so konnte er sich zum freiwilligen Arbeitseinsatz melden, um »im Auge des Orkans« zu überleben. In seinem Roman *Filip*, der 2021 in einem Frankfurter Verlag erscheinen wird, schildert er seine Abenteuer in Mainz und Frankfurt. So lernt er in Kostheim einen »echten« polnischen Zwangsarbeiter kennen, Tadeusz, der ein »P« auf der Brust trug, als Zeichen seiner vogelfreien Versklavung. Er arbeitete bei einem Bauern, der ihn gerne mit der eigenen Tochter verkuppeln wollte, doch Tadeusz verliebte sich in eine deutsche Melkerin.

> »Fast ein Jahr hatte er neben Franziska in einer Molkerei oder Käserei gearbeitet, war immer wieder an ihre Hüfte gestoßen und mit seinen Blicken unaufhörlich in ihr Gesicht geraten, in dessen Zügen sich eine verschlüsselte Ankündigung von Liebe abzeichnete. Er hasste sie dafür, dass sie eine Deutsche war, und ließ sich von eingebildeten Moralvorstellungen quälen. Als die Liebe offensichtlich wurde, so laut schreiend wie ein Radiosprecher, der den Sieg des Verbrechens verkündet, ereilte eine neue Hemmschwelle ihre Schenkel: Die Verantwortung für beider Schicksal. Doch die Kraft des Verstandes erwies sich als völlig illusorisch: Eines Junisamstags lagen sie auf dem Boden neben der Zentrifuge, und von nun an waren ihre Tage, ihre Nächte und ihre Morgenstunden erfüllt von einem rücksichtslosen, alles andere auslöschenden Verlangen, das ihre Herzen gegen die Angst imprägnierte und ihre Vorstellungskraft vor den Ausmaßen der Niederlage, die ihnen von überall her drohte.«

Das wurde ihm zum Verhängnis, denn das Verhältnis wurde bekannt:

> »Dann folgte Tadeuszs Hinrichtung: Mehrere hundert Polen, Jugoslawen und Franzosen wurden auf den engen Hinterhof getrieben, wo er vor unseren Augen gehenkt wurde. Ich betrachtete das mit einer Kehle voller Fadheit und mit der fürchterlichen Überzeugung, dass mit mir das gleiche geschehen würde, weil ich nicht davor zurückschrecken würde, mich mit der erstbesten Deutschen ins Bett zu legen, die dazu bereit wäre.«

Mit Worms erlebte Tyrmand – oder besser: sein Alter Ego im Roman, Filip Vincel – nur eine Enttäuschung: In einer Mainzer Wirtschaft lernt er eine junge Frau aus Worms kennen, sie verabreden sich zum Rendevouz, für das sie speziell mit dem Zug nach Mainz fahren will. Er macht sich hübsch und fein, doch:

> »Eine halbe Stunde vor der vereinbarten Zeit saß ich schon am vereinbarten Ort, am selben Tisch. Dann wartete ich noch eine Stunde, und dann ging ich zum Bahnhof, um zu schauen, wann der nächste Zug aus Worms kam, mit dem sie dann auch nicht kam.«

Weiterführende Literatur

Peter Oliver Loew: *Wir Unsichtbaren. Geschichte der Polen in Deutschland.* München 2014.

Dieter Bingen, Andrzej Kaluza, Basil Kerski, Peter Oliver Loew (Hrsg.): *Polnische Spuren in Deutschland. Ein Lesebuchlexikon.* Bonn 2018.

Peter Oliver Loew (Hrsg.): *Lebenspfade. Polnische Spuren in RheinMain.* Darmstadt 2019.

Aber so vergleichsweise gut wie dem sich durch die deutsche Kriegsgesellschaft wurstelnden Tyrmand ging es kaum einem Polen in Deutschland. Die Kriegserfahrungen legten sich mit großem Schatten auf die Geschichte der deutsch-polnischen Beziehungen. Und obwohl sie nach dem Krieg intensiver wurden als je zuvor, waren sie von Traumata, von Schweigen, von Vergessen gekennzeichnet.

Zuwanderer deutscher Aussiedler

Das begann schon mit der Zuwanderung der deutschen Aussiedler aus den nunmehr polnischen Gebieten: Sie scheuten sich oft, ihre – vielfach vorhandene – polnische Herkunft offen zur Schau zu stellen, stattdessen versteckten sie sich, wurden als Fremde in Deutschland quasi unsichtbar. Rund eine Million von ihnen kam alleine in den 1980er-Jahren in die alte Bundesrepublik, aber gesprochen wurde meistens nur über die Zuwanderung der »Gastarbeiter«. Auch in den 1990ern, als kaum ein deutscher Winzer, kaum ein Bauunternehmen ohne polnische Arbeiter auskam – legal oder irregulär beschäftigt –, waren Polen zwar da, aber es war wieder eine Art von Auffüllen deutscher Defizite am Arbeitsmarkt: Nicht polnische Kultur, Geschichte oder politische Eigenart waren gefragt, sondern ihre physische Kraft in besonders undankbaren oder schlecht bezahlten Branchen. Davon ist auch heute noch vieles übrig, wo Polinnen deutsche Senioren pflegen und Polen deutsche Bäder fliesen.

Aber die intensive Präsenz von Menschen polnischer Zunge in den verschiedensten Regionen Deutschlands lässt langsam Wahrnehmungen verändern: Wer denkt heute bei der Redewendung von der »polnischen Wirtschaft« noch an etwas Negatives? An Schlamassel, Kuddelmuddel und Verkommenheit? Diese aus der deutschen Aufklärung stammende und von

Preußenkönig Friedrich II. nur zu gerne aufgegriffene Floskel hat ausgedient, denn heute ist zumindest das Wirtschaftsleben Polens und die wirtschaftliche Tätigkeit von Polen in Deutschland etwas, was Anerkennung oder gar Bewunderung hervorruft. Robert Lewandowski bei Bayern München ist nur eines der vielen Gesichter, die das fleißige, begabte, junge Polen zeigen.

Und so gehen wir trotz mancher deutsch-polnischen Konflikte auf politischer Ebene oder auch aufgrund unterschiedlicher politisch-ideologischer Sichtweisen in eine Zeit immer gedeihlicheren Miteinanders hinein, das letztlich nur von Deutschland und den Deutschen noch einen Tick mehr Interesse an Polen benötigt. Die Erinnerung an die vielen begeisternden Begegnungen in der Geschichte, und sei es im Jahr 1832 am Rhein, kann hier nur ermuntern zu vielen neuen Begegnungen auf Augenhöhe. §

DER BEFREIER VON WORMS

VON CARLO UND SEVIM RIVA

Mit dem Einmarsch der Amerikaner am 20. März bis zum 10. Juli 1945 war Captain Neil van Steenberg Kommandant von Worms.

Die Geschichte dieser interessanten Persönlichkeit beginnt am 3. Dezember 1897 in Kopenhagen. Hier wurde Niels Jakob Frederick Michael Steenberg als Sohn von Frederik Steenberg (1871–1924) und seiner Frau Anna Theodora Lerche-Jørgensen (1877–?) geboren. Er war der erste von vier Kindern. Sein jüngerer Bruder hieß Schach August (geb. 1899), seine beiden Schwestern Helen (geb. 1900) und Esther (geb. 1902). Helen, die später Aage Christiansen heiratete, hatte zwei Töchter, Birthe Christiansen Ottesen und Helen Christiansen Almegaard. Von Esther fehlt jegliche Information. Der Bruder Schach August Steenberg wanderte 1923 in die USA aus, nachdem er ein Jahr in London verbracht hatte. Dort war er ein bekannter Börsenmakler an der New Yorker Börse; nach seiner Pensionierung lebte er im Bundesstaat Florida. Die Eltern Steenberg wurden bereits 1904 geschieden. Niels' Großeltern väterlicherseits waren Niels George Steenberg (1839–1915), Lehrer für Ingenieurwesen in Kopenhagen, und Anna Dorothea Holten (1846–1884). Sein Großvater mütterlicherseits war Verwaltungsrat bei der Dänischen Bahn.

Niels Steenberg 1918 in kanadischer Uniform. Gegenüberliegende Seite: Mit neuem Namen Neil van Steenberg in Worms, 1945.

Es ist anzunehmen, dass Niels Steenberg bereits in der Schule die deutsche Sprache lernte, was ihm beim Feldzug durch Deutschland half. 1911 meldete sich der 14-jährige Niels bei der dänischen Handelsmarine und umsegelte viele Länder. 1912 wanderte seine Mutter nach Kanada aus und heiratete 1913 erneut. Im Ersten Weltkrieg 1917 meldete sich Niels Steenberg freiwillig als Pilot bei der Royal Air Force (RAF) und flog mit seiner Sopwith Camel, einem Doppeldecker, der als das erfolgreichste britische Jagdflugzeug des Ersten Weltkrieges gilt, Einsätze für die Kanadier in Europa. Am Ende des Krieges wurde Steenberg im Rang eines Leutnants entlassen.

In Kanada heiratete Niels im Jahre 1920 Olive Mary Carey. 1924 wurde sein Sohn Richard Frederick Steenberg geboren. Die Ehe des Paars endete in Scheidung. Richard Frederick Steenberg wurde später Physikprofessor an der renommierten Universität in Toronto. Vor einigen Jahren starb er.

Aus Niels Steenberg wird Neil van Steenberg

1923 beendete Niels Steenberg sein Studium an der University of Manitoba in Winnipeg mit Bachelorabschluss im Bauingenieur-

Beide Bilder rechts: Als Angehöriger der Ivy Division in England, 1945. *Unten:* In Frankreich, wo die Ivy Division als erste US-Einheit Kampfkontakt mit deutschen Verbänden hatte.

wesen. Zwischen 1924 und 1932 arbeitete er bei verschiedenen amerikanischen Firmen als Ingenieur.

Anfang der 30er-Jahre beschlossen die beiden Brüder Niels und Schach ihren Namen zu ändern, da damals Antisemitismus in den Staaten allgegenwärtig war. Man befürchtete, dass sich der Name »Steenberg« leicht als »Steinberg« lesen würde, ein Name, der in der USA vor allem bei Juden zu finden war. So übernahmen die beiden den Namenszusatz »van«, der typisch für die vielen, vor allem in New York lebenden niederländischen Immigranten war. Niels änderte auch seinen Vornamen von Niels in den amerikanischen Vornamen »Neil«. Daraus resultierte nunmehr der Name Neil van Steenberg.

1932, als die USA eine schwere Wirtschaftskrise erlebte, begann Neil van Steenberg Psychologie zu studieren. 1935 erwarb er seinen Doktortitel an der Universität von Chicago. Ab 1936 assistierte er als stellvertretender Professor an der Universität von Utah in Salt Lake City. Seinen Töchtern erzählte er später, dass es unmöglich gewesen sei, in Utah (Mormonenstaat) eine Anstellung zu bekommen, wenn man kein Mormone war. 1939 bekam er ein »Carnegie«-Stipendium für herausragende Studierende. In dieser Zeit arbeitete er an Forschungsprojekten der University von Iowa, Iowa City. 1940 wurde er Leiter der neugegründeten National Youth Administration in Washington, D.C. Dort arbeiteten verschiedene Persönlichkeiten, wie z.B. Eleonore Roosevelt, daran, eine Agentur zu etablieren, um jungen Menschen, vor allem jungen Frauen, Bildung und Arbeit zu vermitteln. Neil J. van Steenberg heiratete im Zeitraum zwischen 1930 und 1950 noch zwei Mal, beide Ehen wurden in diesem Zeitraum auch wieder geschieden.

> Am 20. März 1945 kam Steenbergs Einheit in Worms an, konfiszierte in der Neusatzschule Räumlichkeiten und bezog dort Quartier.

Vorbereitungen auf den D-Day

Ein Jahr später, 1941, zog er nach Washington, D.C., um sich der U.S. Army anzuschließen. Er wurde zunächst als Leutnant eingestellt und diente ab 1943 als Hauptmann bei der 4. Infanteriedivision, der sog. »Ivy Division«. Diese wurden neben vielen anderen US-Einheiten am 26. Januar 1944 nach England verlegt, um sich auf den D-Day vorzubereiten, den Sturmangriff aller alliierten Verbände auf die deutschen Befestigungen in der Normandie und die Etablierung eines Brückenkopfes am 6. Juni 1944. Er gab an, dass es damals vorteilhaft gewesen sei, Offizier zu sein, da man »nicht mit seinen Stiefeln durchs tiefe Wasser waten musste und dabei nass wurde, sondern mit den Armeefahrzeugen das Land trockenen Fußes erreichen konnte«.

Am D-Day wurde seine Einheit für die Landung an der Utah Beach vorbereitet. Von hier aus bewegte sich die 4. US-Infanteriedivision über die Normandie und hatte als erste US-Einheit Kampfkontakt mit deutschen Einheiten. Über Falaise in der Region Calvados ging es nach Paris. Hier betrat die Division, neben den französischen Einheiten, als erste US-Einheit Paris.

Von hier aus ging es nach Belgien und Holland. Schwere Gefechte und Verluste erlebte die Einheit bei der Ardennenschlacht und im kalten Winter von 1944/1945. In der verheerenden Schlacht vom Hürtgenwald verlor die 4. Division fast ein Drittel ihrer Soldaten.

Von dort aus erreichte van Steenbergs Division Deutschland und kämpfte sich über die Eifel Richtung Süden bis Worms vor, wo sie am 20. März 1945 ankam, in der Neusatzschule Räumlichkeiten konfiszierte und Quartier bezog. Außerhalb und innerhalb von Worms gab es nur noch geringen Widerstand durch die deutschen Truppen.

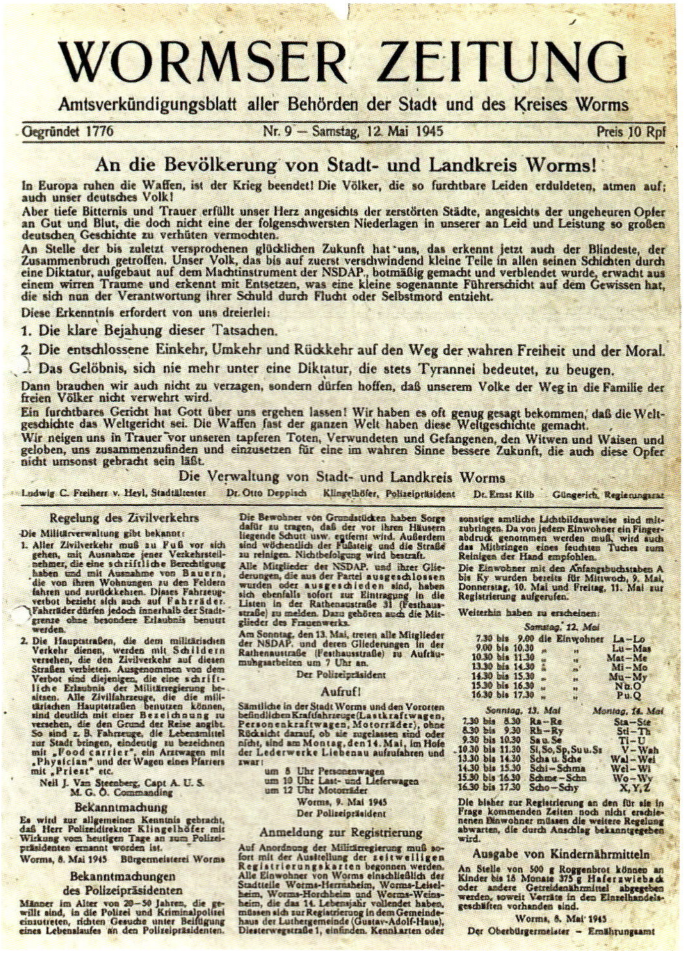

WORMSER ZEITUNG

Amtsverkündigungsblatt aller Behörden der Stadt und des Kreises Worms

Gegründet 1776 | Nr. 9 – Samstag, 12. Mai 1945 | Preis 10 Rpf

An die Bevölkerung von Stadt- und Landkreis Worms!

In Europa ruhen die Waffen, ist der Krieg beendet! Die Völker, die so furchtbare Leiden erduldeten, atmen auf; auch unser deutsches Volk!

Aber tiefe Bitternis und Trauer erfüllt unser Herz angesichts der zerstörten Städte, angesichts der ungeheuren Opfer an Gut und Blut, die doch nicht eine der folgenschwersten Niederlagen in unserer an Leid und Leistung so großen deutschen Geschichte zu verhüten vermochten.

An Stelle der bis zuletzt versprochenen glücklichen Zukunft hat uns, das erkennt jetzt auch der Blindeste, der Zusammenbruch getroffen. Unser Volk, das bis auf zuerst verschwindend kleine Teile in allen seinen Schichten durch eine Diktatur, aufgebaut auf dem Machtinstrument der NSDAP., botmäßig gemacht und verblendet wurde, erwacht aus einem wirren Traume und erkennt mit Entsetzen, was eine kleine sogenannte Führerschicht auf dem Gewissen hat, die sich nun der Verantwortung ihrer Schuld durch Flucht oder Selbstmord entzieht.

Diese Erkenntnis erfordert von uns dreierlei:

1. Die klare Bejahung dieser Tatsachen.
2. Die entschlossene Einkehr, Umkehr und Rückkehr auf den Weg der wahren Freiheit und der Moral.
3. Das Gelöbnis, sich nie mehr unter eine Diktatur, die stets Tyrannei bedeutet, zu beugen.

Dann brauchen wir auch nicht zu verzagen, sondern dürfen hoffen, daß unserem Volke der Weg in die Familie der freien Völker nicht verwehrt wird.

Ein furchtbares Gericht hat Gott über uns ergehen lassen! Wir haben es oft genug gesagt bekommen, daß die Weltgeschichte das Weltgericht sei. Die Waffen fast der ganzen Welt haben diese Weltgeschichte gemacht.

Wir neigen uns in Trauer vor unseren tapferen Toten, Verwundeten und Gefangenen, den Witwen und Waisen und geloben, uns zusammenzufinden und einzusetzen für eine im wahren Sinne bessere Zukunft, die auch diese Opfer nicht umsonst gebracht sein läßt.

Die Verwaltung von Stadt- und Landkreis Worms

Ludwig C. Freiherr v. Heyl, Stadtältester   Dr. Otto Deppisch   Klingelhöfer, Polizeipräsident   Dr. Ernst Kilb   Güngerich, Regierungsrat

Regelung des Zivilverkehrs

Die Militärverwaltung gibt bekannt:

1. Aller Zivilverkehr muß zu Fuß vor sich gehen, mit Ausnahme jener Verkehrsteilnehmer, die eine schriftliche Berechtigung haben und mit Ausnahme von Bauern, die von ihren Wohnungen zu den Feldern fahren und zurückkehren. Dieses Fahrzeugverbot bezieht sich auch auf Fahrräder. Fahrräder dürfen jedoch innerhalb der Stadtgrenze ohne besondere Erlaubnis benutzt werden.
2. Die Hauptstraßen, die dem militärischen Verkehr dienen, werden mit Schildern versehen, die den Zivilverkehr auf diesen Straßen verbieten. Ausgenommen von dem Verbot sind diejenigen, die eine schriftliche Erlaubnis der Militärregierung besitzen. Alle Zivilfahrzeuge, die die militärischen Hauptstraßen benutzen können, sind deutlich mit einer Bezeichnung zu versehen, die den Grund der Reise angibt. So sind z. B. Fahrzeuge, die Lebensmittel zur Stadt bringen, eindeutig zu bezeichnen mit „Food carrier", ein Arztwagen mit „Physician" und der Wagen eines Pfarrers mit „Priest" etc.

Neil J. Van Steenberg, Capt A. U. S.
M. G. O. Commanding

Bekanntmachung

Es wird zur allgemeinen Kenntnis gebracht, daß Herr Polizeidirektor Klingelhöfer mit Wirkung vom heutigen Tage an zum Polizeipräsidenten ernannt worden ist.

Worms, 8. Mai 1945   Bürgermeisterei Worms

Bekanntmachungen des Polizeipräsidenten

Männer im Alter von 20–50 Jahren, die gewillt sind, in die Polizei und Kriminalpolizei einzutreten, richten Gesuche unter Beifügung eines Lebenslaufes an den Polizeipräsidenten.

Die Bewohner von Grundstücken haben Sorge dafür zu tragen, daß der vor ihren Häusern liegende Schutt usw. entfernt wird. Außerdem sind wöchentlich der Fußsteig und die Straße zu reinigen. Nichtbefolgung wird bestraft.

Alle Mitglieder der NSDAP. und ihrer Gliederungen, die aus der Partei ausgeschlossen wurden oder ausgeschieden sind, haben sich ebenfalls sofort zur Eintragung in die Listen in der Rathenaustraße 31 (Festhausstraße) zu melden. Dazu gehören auch die Mitglieder des Frauenwerks.

Am Sonntag, den 13. Mai, treten alle Mitglieder der NSDAP. und deren Gliederungen in der Rathenaustraße (Festhausstraße) zu Aufräumungsarbeiten um 7 Uhr an.

Der Polizeipräsident

Aufruf!

Sämtliche in der Stadt Worms und den Vororten befindlichen Kraftfahrzeuge (Lastkraftwagen, Personenkraftwagen, Motorräder), ohne Rücksicht darauf, ob sie zugelassen sind oder nicht, sind am Montag, den 14. Mai, im Hofe der Lederwerke Liebenau aufzufahren und zwar:

um 8 Uhr Personenwagen
um 10 Uhr Last- und Lieferwagen
um 12 Uhr Motorräder

Worms, 9. Mai 1945
Der Polizeipräsident

Anmeldung zur Registrierung

Auf Anordnung der Militärregierung muß sofort mit der Ausstellung der zeitweiligen Registrierungskarten begonnen werden. Alle Einwohner von Worms einschließlich der Stadtteile Worms-Herrnsheim, Worms-Leiselheim, Worms-Horchheim und Worms-Weinsheim, die das 14. Lebensjahr vollendet haben, müssen sich zur Registrierung in dem Gemeindehaus der Luthergemeinde (Gustav-Adolf-Haus), Diesterwegstraße 1, einfinden. Kennkarten oder sonstige amtliche Lichtbildausweise sind mitzubringen. Da von jedem Einwohner ein Fingerabdruck genommen werden muß, wird auch das Mitbringen eines feuchten Tuches zum Reinigen der Hand empfohlen.

Die Einwohner mit den Anfangsbuchstaben A bis Ky wurden bereits für Mittwoch, 9. Mai, Donnerstag, 10. Mai und Freitag, 11. Mai zur Registrierung aufgerufen.

Weiterhin haben zu erscheinen:

Samstag, 12. Mai

7.30 bis 9.00	die	Einwohner	La–Lo
9.00 bis 10.30	„	„	Lu–Mas
10.30 bis 11.30	„	„	Mat–Me
13.30 bis 14.30	„	„	Mi–Mo
14.30 bis 15.30	„	„	Mu–My
15.30 bis 16.30	„	„	N u. O
16.30 bis 17.30	„	„	P u. Q

	Sonntag, 13. Mai	*Montag, 14. Mai*
7.30 bis 8.30	Ra–Re	Sta–Ste
8.30 bis 9.30	Rh–Ry	Sti–Th
9.30 bis 10.30	Sa u. Se	Ti–U
10.30 bis 11.30	Si, So, Sp, Su u. Sz	V–Wah
13.30 bis 14.30	Scha u. Sche	Wal–Wei
14.30 bis 15.30	Schi–Schma	Wel–Wi
15.30 bis 16.30	Schme–Schn	Wo–Wy
16.30 bis 17.30	Scho–Schy	X, Y, Z

Die bisher zur Registrierung an den für sie in Frage kommenden Zeiten noch nicht erschienenen Einwohner müssen die weitere Regelung abwarten, die durch Anschlag bekanntgegeben wird.

Ausgabe von Kindernährmitteln

An Stelle von 500 g Roggenbrot können an Kinder bis 18 Monate 375 g Haferzwieback oder andere Getreidenährmittel abgegeben werden, soweit Vorräte in den Einzelhandelsgeschäften vorhanden sind.

Worms, 8. Mai 1945
Der Oberbürgermeister – Ernährungsamt

In der *Wormser Zeitung* vom 12. Mai 1945 wenden sich neben Cpt. van Steenberg als befehlshabender Offizier der offiziellen Militärverwaltung sowie Freiherr von Heyl, Dr. Otto Deppisch, Polizeidirektor Klingelhöfer, Dr. Ernst Kilb (SPD) und Regierungsrat Güngerich an die Wormser Bevölkerung.

Stadtkommandant Van Steenberg mit Schäferhund.

Kommandant von Worms

In Worms nahm er den Kontakt zu verschiedenen verbliebenen Stadtältesten, Geistlichen und bekannten Bürgern auf und begann mit der Reorganisation der Stadt. Er berief Ludwig Cornelius Freiherr von Heyl zu Herrnsheim, der der DVP angehörte, zum Stadtältesten, und dieser führte die Stadtgeschäfte vom 23. März bis 21. Mai 1945. Durch einen Aufruf im Amtsverkündigungsblatt in der *Wormser Zeitung* vom 12. Mai 1945 sprach von Heyl erstmals die Wormser Bevölkerung an, bat alle Bürger, ihren Arbeitsplatz wieder aufzusuchen und warb um Vertrauen. In diesem Informationsblatt wurden neben Cpt. van Steenberg als befehlshabendem Offizier der offiziellen Militärverwaltung und Freiherr von Heyl auch Dr. Otto Deppisch, Polizeidirektor Klingelhöfer, Dr. Ernst Kilb (SPD) und Regierungsrat Güngerich erwähnt.

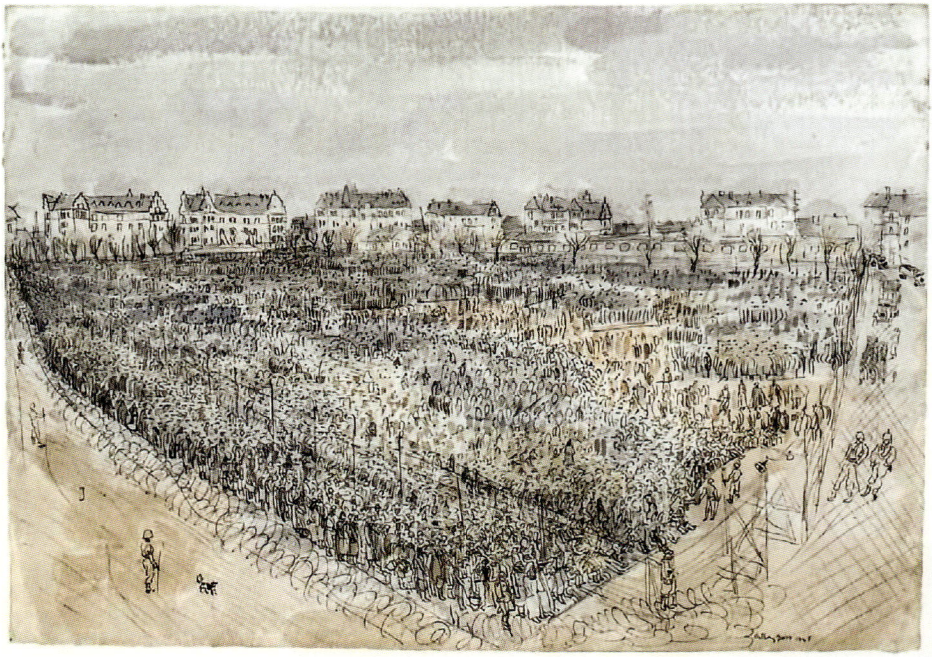

Im Gefangenenlager in der Kemmelkaserne waren bis zu 20 000 Gefangene inhaftiert.

Danach fiel Captain van Steenberg eine Rede Freiherr von Heyls in die Hände, die er bei der Verabschiedung des Wehrbezirkskommandeurs Oberst Walter noch während des Krieges gehalten hatte. Heyl wurde vorgeworfen, er habe unpassend freundliche und lobende Worte für Walter gefunden. Der Lederbaron erhielt zwar die Möglichkeit, sich vor dem amerikanischen Geheimdienst CIC (Counter Intelligence Corps) zu rechtfertigen, lehnte dies aber ab mit der Begründung, dass er ein reines Gewissen habe. Das bewog Steenberg, ihn abzusetzen und den sozialdemokratischen Lehrer Dr. Ernst Kilb mit seinem Amt zu betrauen. Kilb, ein ausgewiesener Nazi-Gegner, war in im »Dritten Reich« manchen Schikanen ausgesetzt gewesen. Er hatte im Ersten Weltkrieg ein Bein verloren und war bereits bei seiner Amtsernennung nicht gesund. Er starb am 6. Januar 1946 nach einer schweren Erkrankung.

Die Besatzungsmacht etablierte in der ehemaligen Kemmel-Kaserne ein Gefangenenlager für die Tausende gefangengenommenen Wehrmachts- und SS-Soldaten. Auf dem ehemaligen Exerzierplatz war in nördlicher Richtung durch die Bombardierung ein riesiges Loch entstanden, das nochmals von den Gefangenen erweitert werden musste, um ihre Fäkalien zu entsorgen. In diesem Lager waren bis Juli 1945 bis zu 20 000 Gefangene der unterschiedlichsten Waffengattungen inhaftiert und wurden nach Überprüfung wieder frei gelassen.

In dieser Zeit arbeitete eine unbekannte Wormser Sekretärin für Neil J. Steenberg, deren Mann an Krebs litt. Cpt. van Steenberg fragte sie, ob es jemanden gebe, der für ihn ein Bild malen könne. Daraufhin malte sie ihm selbst ein Motiv aus den Schweizer Bergen. Das Bild *Die Jungfrau* wurde von ihr mit Namen »Yos Münrher« signiert. Höchstwahrscheinlich stammen von ihr auch noch zwei weitere Bilder. Die Sekretärin bekam sehr viele Dollars dafür, sodass sie ihrem kranken Ehemann davon Medikamente kaufen konnte.

Seinen beiden Töchtern verbat Steenberg, den Satz »Ich bin am Verhungern« allzu leichtfertig auszusprechen.

Viel berichtete der wortkarge und introvertierte Neil J. van Steenberg nicht von seiner Militärzeit, aber er erzählte, dass viele Menschen in Worms, die in den zerbombten Ruinen lebten und unter Hunger litten, dankbar für jegliche Hilfe durch die Amerikaner gewesen seien. Viele Wormser Bürger hätten damals Waren- und Hilfsleistungen auch mit ihrem persönlichen Tafelsilber bezahlt. Deshalb verbat er später seinen beiden Töchtern, den Satz »Ich bin am Verhungern« allzu leichtfertig auszusprechen.

Büro in Lampertheim

Im Juli 1945 wechselte der Besatzungsstatus in Rheinland-Pfalz, sodass Worms unter französische Besatzung fiel. So verlegte Steenberg sein Büro nach Lampertheim, da das dortige Gebiet unter der US-Besatzung stand.

Ein Porträt von Cpt. Neil van Steenberg, das an seinem Schreibtisch im zweiten Büro in Lampertheim hing, malte er selbst. Hinter dem Bild steht »Lampertheim Sept–Oct 1945«. Er hat es mit nach Hause in die USA genommen. Die Diensträume in Lampertheim befanden sich im Gasthaus »Zum Vater Jahn« in der Blücherstraße und dem benachbarten Haus Keim in der Steinstraße. Ein Historiker beschrieb damals den Offizier als »deutschfreundlich und offen für die Anliegen aller Bürger«. Am 27. September 1945, um 15 Uhr, fand seine Verabschiedung statt.

Der weitere Weg führte Cpt. van Steenberg nach Berlin, wo er mit hoher Wahrscheinlichkeit bis zum 1. September 1949 in der militärischen Verwaltung für das Thema Bildung verantwortlich war. Eine weitere Quelle, die Steenbergs Kinder besitzen, besagt, dass er im Zeitraum von 1945 bis 1949 an der Freien Universität Berlin als Psychologe tätig war. Da die Universität am 4. Dezember 1948 gegründet wurde, kann man davon ausgehen, dass er ca. neun Monate dort tätig war. In diesem Zeitraum bekam er den Rang eines Majors verliehen.

1950 wurde er als psychologischer Berater beim Verteidigungsministerium ins Pentagon berufen. In dieser Zeit lernte er in einer Bar in Washington, D.C., seine Frau Anne Heister kennen, deren Vorfahren ursprünglich aus Bonn stammten. Sie war viele Jahre bei der NASA beschäftigt gewesen. Die beiden heirateten

Oben: Van Steenberg mit Kameraden, Worms, Juni 1945.
Mitte: Als Psychologe in den 60er-Jahren.
Rechts: Familienfoto, 1970.

und bekamen die Töchter Kirsten (1954) und Ingrid (1957). 1960 verließ Steenberg als Oberstleutnant den aktiven Militärdienst und arbeitete als Psychologe für private Firmen an psychologischen Studien mit. Als Pensionär war er an der Planung einer alternativen High School in Arlington, Virginia, beteiligt.

Anne und Neil blieben bis zum Tode Neils am 3. Februar 1974 verheiratet. Er wurde 76 Jahre alt und verzichtete auf einen Grabstein. Dem Wunsch, seine Asche in den Wind zu zerstreuen, kamen die Familienangehörigen nach. §

EINSATZ UND GEMEINSCHAFTSSINN

EIN PORTRÄT DER KARL-MARX-SIEDLUNG

VON MARGITA KÖHLER-EICHBERGER

Richtfest für den ersten Bauabschnitt 1933. Durch die bauerfahrenen Handwerker konnten die Kosten für die Siedlerhäuser noch unterschritten werden.

Die Karl-Marx-Siedlung, im Süden von Worms, ist die einzige Wormser „Vorstädtische Kleinsiedlung“ aus dem Bauprogramm von 1931, am Ende der Weimarer Republik. Gebeutelt durch die Weltwirtschaftskrise und die Folgen des verlorenen Ersten Weltkriegs war es eine Zeit des politischen und wirtschaftlichen Niedergangs mit hoher Arbeitslosigkeit, Wohnungsnot und politischen Unruhen. Angesichts der politischen Instabilität gelang es der damaligen Regierung nur noch mithilfe von Notverordnungen zu agieren. Für die Fürsorgeempfänger in den Städten und Kommunen sah das Notprogramm vor, mit einem Haus von minimalen Anprü-

Foto: Stadtarchiv Worms, F 5449-82.

chen, in Eigenbau und mit einem Garten zur Selbstversorgung, die ärgste Not der Familien zu lindern und damit weitere soziale Unruhen zu verhindern und die öffentlichen Kassen zu entlasten. Von 1931 bis 1935 entstanden in Deutschland in fünf Bauabschnitten ca. 65 000 Siedlerstellen.

Auch Worms hatte sich für das Bauprogramm beworben, kam aber erst beim zweiten Bauabschnitt zum Zuge. Das ausgewählte Bauland für die Wormser Kleinsiedlung war die Gemarkung »Rohrlache«, die zum städtischen Hospitalfonds gehörte und unter anderem zum Abbau von Kies diente. Bis 1935 wurden hier 128 Siedlerstellen fertiggestellt. Das Gebiet liegt an der Bahnlinie Worms–Mannheim. Begrenzt wird die Siedlung im Süden durch den Altbach (südlicher Lauf des Eisbaches), die Grenze zwischen Rheinhessen und der Rheinpfalz. Dahinter liegen auch heute noch rechts und links der Straße nach Bobenheim-Roxheim, der alten B 9, landwirtschaftlich genutzte Felder. Links der Straße befindet sich eine kleine Erhebung, der Adlerberg, an dem steinzeitliche Siedlungsspuren und ein Gräberfeld, bekannt als Adlerbergkultur, und frühe bronzezeitliche Funde mit Hockergrab aus der Zeit um 2000 v. Chr., geborgen wurden. Hinter dem Adlerberg ist der Wormser Flughafen. Im Osten kommt man, vorbei am bekannten »Gnadenhof« von Besitzerin Carry Lerch, früher auch die »High Chaparral«, ein Ponyreithof im Westernstyle, zum Wormser Naherholungsgebiet Wäldchen. Dass die alte Frankenthaler Straße entlang der Siedlung auch schon von den Römern genutzt wurde, belegt der römische Meilenstein (Kopie) an der Klosterstraße, dem nördlichen Eingang der Siedlung, aus den Jahren 293/305 n. Chr. Er zeigt an, dass die Stadt der Vangionen eine Leuge (römisches Längenmaß, entspricht 2,22 Kilometern) entfernt ist.

Emblem der Siedlergemeinschaft Karl-Marx-Siedlung.

Die Siedlung entsteht

Das Bauprogramm sah für ein Haus Kosten von 2500 Reichsmark vor. Dieser Betrag sollte für die Erschließung des Gebietes, den Bau des Hauses und der Anlage des Gartens reichen. Um im Zeitrahmen und mit der fachlichen Versiertheit bauen zu können, konzentrierten sich die städtischen Verantwortlichen bei der Auswahl der Bewerber, neben den vorgeschriebenen Kinderreichen und Kriegsversehrten, besonders auf arbeitslose Baufacharbeiter. Die Auswahl zahlte sich aus. So konnte der Erstellungspreis pro Siedlerstelle sogar noch unterschritten werden. In festen Gruppen zusammengestellt, wurde Straßenzug um Straßenzug errichtet. Keiner wusste vorher, welches Haus er mit seiner Familie beziehen würde. Erst nach Fertigstellung eines Bauabschnittes wurde durch das Los die Verteilung der Häuser vollzogen. Diese besonderen Umstände, die große Not der Zeit, der Mut für einen Neuanfang, gemeinsames Bauen und das spätere Leben unter sehr harten Bedingungen verbanden die

Siedlerhaus Oktober 1935. Jedes Haus und jeder Garten waren gleich angelegt. Am Haus befanden sich eine Wasch- und Futterküche, ein Geräteschuppen, ein Stall für Kleinvieh und daneben eine Hühnerstall.

Im Sommer 1937, zum 5-jährigen Bestehen der Siedlung, wurde das erste Rosenfest in der Wirtschaft Im Rosengrund (früher Holz), am nördlichen Eingang der Siedlung, gefeiert. Im Vordergrund der römische Meilenstein.

Einweihung der Klein-Kinderschule »Bethlehem« am 31. August 1935. Der Bau wurde von der »Sophie von Heyl zu Herrnsheim'schen Wohlfahrtsanstalt zu Worms« finanziert. Die Vorsitzende des evangelischen Missionsfrauenvereins, Frau Baronin Eva-Marie von Heyl (Dame mit Hut), übergibt den Schlüssel.

Familien zu einer Gemeinschaft und schafften so mit der Zeit eine eigene Identität als Siedler der Rohrlache.

Jedes Haus und jeder Garten waren gleich angelegt und durften nicht verändert werden. Am Haus befanden sich eine Wasch- und Futterküche, ein Geräteschuppen, ein Stall für Kleinvieh und daneben der Hühnerstall. Die Gärten waren mit Bäumen und Hecken bepflanzt. Es gab genaue Anweisungen zur Bear-

Foto oben: Stadtarchiv Worms, 10367; Mitte: H 653; rechts unten: Stadtarchiv Worms, M 28925.

beitung wie zur Bepflanzung der Beete. Der Miet-/Pachtvertrag sah vor, wer seine Miete nicht pünktlich bezahlte, sein Anwesen nicht ordnungsgemäß bewirtschaftete oder nicht ausreichend für die Gemeinschaft Dienste leistete, riskierte, dass die Eigentumsübertragung auf Erbpacht, später als Heimstätte, nach zehn Jahren nicht vollzogen wurde.

Nach Siedlungsprogramm war vorerst kein fester Straßenbelag vorgesehen. Die matschigen Wege bedeuteten für die Kinder auf ihrem Weg in die Schule – in die Augustinerschule die kleinen oder in die Neusatzschule die großen – immer schmutzige Schuhe und den Spott der Stadtkinder. Dies galt für die Erwachsenen gleichermaßen, die für die Stadt immer ein zweites Paar Schuhe dabei haben mussten. Auch der Anschluss an die städtische Kanalisation, Gas und Strom waren so schnell nicht vorgesehen. Wasser sollte aus dem Grundwasser gepumpt werden. Da dieses sehr eisenhaltig und weder zum Trinken noch zum Wäschewaschen geeignet war, musste bald, 1934, eine Wasserleitung gelegt werden.

Wasser sollte aus dem Grundwasser gepumpt werden. Da dieses sehr eisenhaltig und weder zum Trinken noch zum Wäschewaschen geeignet war, musste bald, 1934, eine Wasserleitung gelegt werden.

Schon gleich nach der Fertigstellung des letzten Bauabschnitts im Mai 1935 konnte auch die Klein-Kinderschule »Bethlehem«, finanziert aus Mitteln der »Sophie von Heyl zu Herrnsheim'schen Wohlfahrtsanstalten zu Worms«, am 31. August d.J. eingeweiht werden. Der evangelische Missionsfrauenverein unter Vorsitz der Freifrau Eva-Marie von Heyl übergab bei einer großen Feier den Schlüssel. Schwestern des Diakonissenhauses in Nonnenweiher übernahmen die Betreuung der Kinder.

Der entstandene Seelsorgebezirk »Rohrlache« wurde der Magnus-Gemeinde angegliedert. Eine Straßenbeleuchtung erhielt die Siedlung 1937. Strom wurde in die Häuser erst 1940 gelegt, und das auch nur, weil es zu einem landesweiten Skandal kam. Eine Hebamme musste mit einer Taschenlampe, die von der 10-jährigen Tochter der Niederkommenden gehalten wurde, eine Entbindung durchführen.

Rohrlache, Rosengrund und Karl-Marx-Siedlung

Offiziell hieß die Siedlung nach der Gemarkung Rohrlache »Rohrlach-Siedlung« oder einfach »die Rohrlache«. Nach der nationalsozialistischen Machtübernahme im März 1933 wurden alle Kleinsiedlungen in den »Reichsbund der Kleingärtner und Kleinsiedler« Deutschlands und ab 1935 im »Deutschen Siedlerbund« zusammengefasst. Die Siedlergemeinschaften hatten auf unterster Ebene für die Sicherstellung des Siedlerauftrages, nämlich für die Erwirtschaftung des Ertrages aus den Siedlerstellen und, im nationalsozialistischen Geist, für die Förderung der Gemeinschaft zu sorgen. Schon 1935 tauchte der Name Siedlung »Rosengrund« und die Siedlergemeinschaft »Rosengrund« auf. Im Sommer 1937, zum 5-jährigen Bestehen der Siedlung, wurde das erste Rosenfest in der Wirtschaft »Im Rosengrund« (früher

Postkarte Siedlung »Rosengrund«, 1939/1940. In der mit Rosen festlich geschmückten Siedlung wurde das Rosenfest mit einer Rosenkönigin gefeiert.

»Untere« Lassallestraße mit Blick auf die Schulbaracke, Januar 1951.

Holz), am nördlichen Eingang der Siedlung gelegen, gefeiert. Die Siedlung war mit Rosen festlich geschmückt, und eine Rosenkönigin wurde gewählt.

Auch wenn die Siedlung unter dem nationalsozialistischen Diktat stand, so blieben viele Siedler, die meist aus den Arbeitervierteln des Nordends, Neuhausens und der Altstadt stammten, im Grunde ihres Herzens klassenbewusste Sozialdemokraten und Kommunisten. Es wundert daher nicht, dass sich die Rohrlache nach dem Krieg zur »linken« Hochburg entwickelt hatte. Am 27. März 1947 wurde dieser Umstand durch einen Antrag der SPD auf Umbenennung in Karl-Marx-Siedlung, gegen die Stimmen der CDU, in einem Stadtratsbeschluss Rechnung getragen. Gleichzeitig veränderte der Stadtrat auch die Straßennamen. Die ursprünglich Vordere Rohrlache wurde nach dem Arbeiterpolitiker Karl Liebknecht benannt und später, auf Druck der CDU, in Stauffenbergstraße. Die Hintere Rohrlache hieß jetzt Friedrich-Engels-Straße.

Foto oben: Stadtarchiv Worms, F 5449-38; unten: Stadtarchiv Worms, F 777-9.

Nicht alle Siedler waren mit der Umbenennung einverstanden. Die »Rohrlache« war ein vertrauter Name und ist bis heute z. B. in den »Rohrlach-Freunden« lebendig. Trotzdem sprachen sich die meisten Bewohner, zuletzt bei einer Befragung parallel der Bundestagswahl 1990, für den Namen Karl-Marx-Siedlung aus.

Nach der Stadtzerstörung 1945 fanden viele Verwandte und Bekannte Aufnahme in der Siedlung. Der Platzmangel durch den Zuzug war groß. Zum Eindämmen des sich daraus ergebenden »Wildbauens« startete die Stadt 1947/1948 unter Aufsicht der französischen Verwaltung die Bautätigkeit von zehn Einzelhäusern in der »unteren« Lassallestraße, durchgeführt von einer Baufirma aus dem Saarland. Die Häuser wurden bevorzugt an vom nationalsozialistischen Regime geschädigte Familien vergeben, wie z. B. an die Familien Groß und Steinbach. In Erinnerung an Elisabeth Groß erhielt der Platz vor der Geschwister-Scholl-Schule 2004 ihren Namen. Die Wormserin, eine überzeugte Kommunistin, war 1944 im Zuchthaus Plötzensee wegen »wehrkraftzersetzender Äußerungen« hingerichtet worden.

Fortschritte

1946 hatte man den Siedlerkindern als Schulgebäude eine Holzbaracke mit vier Sälen errichtet und später erweitert. Nun brauchten die Kinder nicht mehr den langen Weg in die Stadt laufen. Weitere Häuser folgten in der »unteren« Mierendorff- und Schwambstraße und am Kuhriegel, jetzt auch von Wormser Firmen gebaut. Gasleitungen wurden 1950 gelegt. 1952 starteten die Häuser in der Klosterstraße, genannt »Im Loch«. Bis 1957 kamen die hinteren Teile der Lassalle- und Mierendorffstraße, Lerchenweg und Kleiner Rohrlachweg dazu. Der Bauplan sah für die 92 Häuser eine Vergabe von Grundstücken zu je einer Seite für Flüchtlingsfamilien, denen von der Landessiedlungsstelle Rheinland-Pfalz eine

1952 feierten die Siedler zwei Tage ihr 20-jähriges Gründungsfest. Der Gruß des 1. Vorsitzenden der Siedlergemeinschaft Karl Hübner:

»Wenn wir zurückdenken vor zwanzig Jahren und uns in die Schwierigkeiten zurückversetzten, die damals vorhanden waren, so können wir heute stolz sein es doch geschafft zu haben. Wir können an unserem 20. Jahrestage seit Gründung der Karl-Marx-Siedlung uns doch ruhig eingestehen, dass wir damals ein ganz großes Los gezogen hatten, als wir uns als Siedler meldeten, denn diese Chance war nur einmalig in Worms. Vieles der in diesen Jahren geleisteten Arbeit war nur möglich durch einen geschlossenen Gemeinschaftssinn, der alle Siedler umfasst hat, und in diesem Geiste wollen wir weiter arbeiten und unsere Jugend heranziehen, auf dass sie mit demselben Idealismus ihr Erbe antreten mögen, so wie wir es angefangen haben.«

Foto: Privatbestand Fam. Kauffmann.

1954 entstand ein neues Gemeindehaus, das Kindergarten, Krankenpflegestation und Gotteshaus zugleich war. Der Seelsorgebezirk »Rohrlache« wurde selbständig und in Matthäus-Gemeinde umbenannt.

1957 sind 60 Prozent der Männer über 60 Jahren bei 400 Kindern unter 14 Jahren. Die junge Generation fehlte. 50 Männer waren im Krieg geblieben.

Nebenerwerbsstelle in der Karl-Marx-Siedlung in Aussicht gestellt wurde, und die andere Seite für städtische Bedienstete und sonstige Bauwillige, meist Siedlerkinder, vor.

Der Sportverein SG Kickers gründete sich 1949 mit der Abteilung Tischtennis und Gesang. Bis in die 50er-Jahre gab es noch den Ziegenzuchtverein.

Die Siedlergemeinschaft erhielt 1953 eine neue Vereinssatzung. Ihr oberster Grundsatz war: »Die Wahrung und Förderung der Interessen seiner Mitglieder sowie die gegenseitige Kameradschaft und Verbundenheit.« Die Aufgabe sollte die »genossenschaftliche und soziale Betreuung der Mitglieder« sein, das hieß, weiterhin die Förderung der Gartenbewirtschaftung und Kleintierhaltung durch günstigere gemeinsame Beschaffung. Ein Fachberater und ein Zeugwart hatten eine beratende Funktion im Vorstand. Daneben war das Ausrichten von Veranstaltungen und Festen vorgesehen.

Die Kleinkinderschule war 1945 mit drei weiteren Häusern durch Bomben zerstört worden. Schnell hatte man mithilfe der Siedler die Häuser wieder aufgebaut. Aus einer ausgedienten Reichsarbeitsdienstbaracke war die Kleinkinderschule hergerichtet worden. Jetzt fanden in dem Raum neben dem Kindergarten sonntags Gottesdienste, auch die Mütterberatung des Gesundheitsamts statt. 1954 entstand ein neues Gemeindehaus, in dem Platz für Kindergarten, Krankenpflegestation und

Foto oben: Stadtarchiv Worms, F 1443-39.

»Wirtschaft zur Rohrlache« mit Lebensmittelgeschäft Braunwarth & Gebhardt, März 1968. Zum 25. Gründungsfest konnte man stolz einen richtigen Stadtteil mit 250 Häusern und 1200 Bewohnern vorweisen.

Gotteshaus war. Der Seelsorgebezirk »Rohrlache« wurde selbstständig und in Matthäus-Gemeinde umbenannt.

1957 feierten die Siedler über drei Tage ihr 25-jähriges Bestehen. Man konnte stolz einen richtigen Stadtteil mit jetzt 250 Häusern und 1200 Bewohnern vorweisen. Allerdings lag der Anteil der Männern im Rentenalter bei sechzig Prozent, bei 400 Kindern unter 14 Jahren. Die junge Generation fehlte, 50 Männer waren im Krieg geblieben. Die Aufschrift des Mahnmals »Den Toten zum Gedenken, den Lebenden zur Mahnung«, das 1959 auf Initiative der Siedlergemeinschaft in Anwesenheit von Bürgermeister Hirschbiel, Domprobst Gremm und Pfarrvikar Michaelis vor dem Gemeindehaus aufgestellt wurde, erinnert heute noch an die im Krieg gebliebenen und die zivilen Opfer in der Siedlung.

Zwischenzeitlich gab es drei Gaststätten. Sie waren Treffpunkt, Gelegenheit zum Fernsehen und Orte, um Feste zu feiern. Lebensmittelgeschäfte, Bäckerei, Metzgerei, Samenhandlung, Geschäfte für Kleider und Mieder sowie für Haushalts- und Spielwaren, sogar eine Schokoladenfabrik waren entstanden, und Polizeimeister Wohlfarth achtete in der Polizei-Außenstelle in der Stauffenbergstraße auf die Einhaltung der Ordnung, bis die Dienstelle 1969 wieder geschlossen wurde.

1960 konnte dann der letzte geschlossene Bauabschnitt in der Eduard-David-Straße und dem Alten Postweg errichtet werden, hier auch wieder die eine Seite Flüchtlinge, die andere meist bauwillige Siedlerkinder. Es kamen noch Einzelhäuser in der Karl-Ulrich- und Karl-Goerdeler-Straße dazu. 1963 nahm die SG Kickers auf einer vormaligen Schutthalde und Mülldeponie zwischen Bahndamm und Schule einen Fußballplatz in Besitz und begann mit dem Bau des Sportheimes. Im gleichen Jahr gründeten die Abteilung Tischtennis und Gesang, den Tischtennisverein und den Volkschor 1949.

Foto: Stadtarchiv Worms, F 2951-61.

1964: Einweihung der Geschwister-Scholl-Schule als modernste Schule in Worms.

Der Matthäus-Kindergarten ist mit 50 Plätzen für 2- bis 6-Jährige voll belegt und hat eine lange Warteliste.

Die modernste Schule

Durch die Zunahme der Einwohner und steigende Kinderzahl war die alte Schulbaracke längst zu klein und baufällig geworden. Die Einweihungsfeier der neuen Geschwister-Scholl-Schule fand 1964 statt. Die Siedler waren stolz auf den Bau der modernsten Wormser Schule, mit Lehrküche, Schwimmbad und Turnhalle. Aber erst 1969 konnte die Siedlung an die städtische Kanalisation angeschlossen werden. Endlich hatten die regelmäßigen Überschwemmungen in den Straßen ein Ende, und mit dem Verschwinden der Plumpsklos und dem Ausbau der Straßen war ein Stück Moderne eingezogen. 1973 wurde der neue Matthäus-Kindergarten eingeweiht.

Nach der Schulreform in den 70er-Jahren zogen 1981 Klassen mit Förderschulkindern aus der baufällig gewordenen Hagenschule in die leerstehenden Räume des Südflügels der Geschwister-Scholl-Schule ein. Die Siedler feierten mit den Ortsvereinen anfangs Kerbe. Später besann man sich wieder auf das Rosenfest. 1981 gab es, zusammen mit dem Rosenfest, jetzt auf dem Bolzplatz auch ein Kinderfest, das mit einem Zeltcamp für viele

Foto oben: Stadtarchiv Worms, F 2641-62; unten: privat.

1981 gab es zusammen mit dem Rosenfest auch ein Kinderfest, das mit Zeltcamp für viele Generationen ein unvergessenes Erlebnis bedeutete.

Krönungsfoto von Rosenkönigin Sandra 1996/1997.

»Die jüngste Wormser Bürgerinitiative«, schrieb 1974 die *Wormser Zeitung* über die Siedlerbuben, die, alle im Alter von zehn Jahren, zum Sportamt marschierten, um auf das Fehlen von Fußballtoren auf ihrem Spielplatz hinzuwiesen. Mit Erfolg! Stolz nahmen die Kinder, die die Schule schwänzten, um den Aufbau nicht zu verpassen, die Fußballtore in Empfang.

Kindergenerationen ein unvergessenes Erlebnis bedeutete. Die Rosen- und Kinderfeste wurden zunehmend Ereignisse, die großen Zuspruch erlangten. Auch das Stabausfest war ein beliebtes Fest im ganzen Umkreis.

Daneben war und ist den Siedlern mit der Ausstattung des Spiel- und Bolzplatzes, eine kinderfreundliche Siedlung wichtig. »Die jüngste Wormser Bürgerinitiative« schrieb 1974 die Wormser Zeitung über die Siedlerbuben, die, alle im Alter von zehn Jahren, zum Sportamt marschierten, um auf das Fehlen von Fußballtoren auf ihrem Spielplatz hinzuweisen. Mit Erfolg! Stolz nahmen die Kinder, die die Schule schwänzten, um den Aufbau nicht zu verpassen, die Fußballtore in Empfang. Über viele Jahre wurden aus den Einnahmen des Siedlerfeste neue Spielgerät finanziert.

Nichts bleibt, wie es war!

Nichts bleibt, wie es einmal war! Schon längst klagten die Sänger des Volkschors über Nachwuchsmangel. Nachdem der langjährige Vorsitzende Toni Rissler verstorben war, löste sich der Verein

Foto oben: privat; Mitte: Familie Jung; unten: Köhler-Eichberger.

2010 auf. Und auch den Kirchengemeinden fehlen die Mitglieder. Die Matthäusgemeinde musste 2020 mit der Magnusgemeinde in der Stadt fusionieren. Allerdings wagten die SG Kickers noch den Ausbau ihres Siedlerheimes mit Funktionsräumen und Ausschank zum Spielbetrieb und hoffen bald ihre Spielerzukunft mit einem Rasenplatz zu sichern. In den 80er- und 90er-Jahren verschwanden die meisten Geschäfte, die umliegenden Supermärkte, wie Esbella, später EDEKA und ALDI, konnten günstiger ihre Waren anbieten. Auch die Gastwirtschaften schlossen mit der Zeit ihre Türen. Der mobile Sparkassenservice und die Poststelle stellten bis Ende der 90er-Jahre ihren Dienst ein. Nur noch wenige Handwerksbetriebe, Friseurgeschäfte, ein Rechtsanwalt und ein Architekt sind in der Siedlung ansässig. Seit 2010 gibt es allerdings »Hebelseierlei Geschenke und mehr« in der Schwambstraße. Dies war dem günstigen Umstand geschuldet, dass Marco Hebel in einer Eierfarm gearbeitet hatte und dadurch die Nachbarn mit frischen Eiern beliefern konnte. Dies brachte seine Frau Tanja auf die Idee, ihre Kellerräume in ein Geschäft umzufunktionieren: Mit Poststelle, dem Verkauf von frischen Eiern und Nudeln, Schulartikeln, Zeitschriften, Süßwaren und Geschenken sowie mit einem Lieferservice für ältere Bewohner und einem Ticketverkauf richtet sie sich mit ihrem Angebot nach den Bedürfnissen der Siedler.

Seit zehn Jahren gibt es »Hebelseierlei Geschenke und mehr«. Mit Poststelle, dem Verkauf von frischen Eiern und Nudeln, Schulartikeln, Zeitschriften, Süßwaren und Geschenken sowie mit einem Lieferservice für ältere Bewohner und einem Ticketverkauf richtet sie sich mit ihrem Angebot nach den Bedürfnissen der Siedler.

Blick in die Zukunft

Wie überall, ist auch bei den zu Ende des Jahres 2019 gezählten 1126 Einwohnern der demografische Wandel sichtbar. Nur ein Drittel (32 Prozent) der Bewohner ist zwischen 20 bis 50 Jahren, knapp die Hälfte (44 Prozent) zwischen 50 bis 80 Jahren alt. Erfreulicherweise ist die Zahl der Kinder in den letzten Jahren stetig angestiegen. Der Matthäus-Kindergarten ist mit 50 Plätzen für Zwei- bis Sechsjährige voll belegt und hat eine lange Warteliste. Auch die Grundschulklassen sind gut gefüllt.

Schon 1993 hatte die Siedlergemeinschaft ihre Satzung geändert. Endlich konnten auch Frauen Mitglied sein, zuvor war nur der Mann als Familienoberhaupt registriert. Im Laufe der Zeit war der genossenschaftliche Aspekt in den Hintergrund getreten. Die Siedlergemeinschaft sollte jetzt Interessensvertretung der Siedlung sein und mit der Organisation von Festen als Integrationsfaktor für Alt- und Neusiedler dienen. Besonders die Bewahrung der Lebens- und Wohnqualität sollte im Vordergrund stehen. Demzufolge forderten die Anwohner bei der Planung für den Bau der B 47 neu eine umwelt- und anwohnerfreundliche Tieflage der Trasse unter der Bahnlinie hindurch. Alle Bemühungen waren vergebens! Die voraussichtlich 2021 fertiggestellte sogenannte »Stadtautobahn« wird in Hochlage gebaut sein und zukünftig Tag und Nacht den Verkehr direkt an der Siedlung vorbeiführen.

Foto: Köhler-Eichberger.

Karolina Walker, 31 Jahre alt, stammt aus einer Familie der ersten Generation. Sie wohnt in einem der wenigen Siedlerhäuser, das sich noch weitgehend im Originalzustand befindet. Sie fühlt sich hier wohl und beobachtet, dass viele aus ihrem Jahrgang mit ihren Familien wieder zurück in die Siedlung gekommen sind.

Die Siedler bangten auch immer um den Erhalt ihrer Grundschule, besonders, wenn in manchen Jahren nicht genügend Schulkinder da waren. Das Förderzentrum möchte schon lange seine Außenstellen in der Geschwister-Scholl-Schule zusammenlegen. Die aktuelle Planung sieht einen Neubau auf dem anliegenden Sportplatz vor. Dies stößt bei den Anwohnern auf große Ablehnung, da der kleinen Wohnsiedlung die erforderliche Infrastruktur für eine so große Einrichtung fehlt.

2022 wird die Karl-Marx-Siedlung ihren 90. Geburtstag feiern. 70 bis 80 Prozent der ursprünglichen Siedlerhäuser befinden sich noch im Besitz der Gründerfamilien. Viele Häuser wurden, wenn keine Familien mehr da waren, von anderen Siedlerfamilien aufgekauft. Die alten Häuser passte man im Laufe der Zeit, unter Beachtung des Siedlungscharakters, den modernen Anforderungen an. Auf den großen Grundstücken dahinter entstanden Neubauten.

Karolina Walker, 31 Jahre alt, stammt aus einer alten Gründerfamilie. Ihre Eltern und Tanten leben rund um das Großelternhaus in der Friedrich-Engels-Straße. Wenn es ihr Beruf zulässt, kommt sie so oft wie möglich nachhause. Hier wohnt sie in einem der wenigen Siedlerhäusern, das sich noch weitgehend im Originalzustand befindet. Sie fühlt sich in der Siedlung wohl und beobachtet, dass viele aus ihrem Jahrgang mit ihren Familien wieder zurück in die Siedlung gekommen sind. Karolina wünscht sich, wie die anderen jungen Menschen, dass ihre Siedlung den eigenen Charakter bewahren kann, in der aus der einzigen Wormser »Vorstädtischen Kleinsiedlung« in der tiefsten Krise der 30er-Jahre über die Zeit, in Gemeinschaftssinn und durch den Einsatz ihrer Bewohner eine lebens- und liebenswerte Siedlung entstanden ist. §

Foto: Köhler-Eichberger.

EIN MALER VON GROSSER AUTHENTIZITÄT

KLAUS KRIER WURDE 80

VON RICHARD SCHIMANSKI

Im März 2020 konnte der Maler, Zeichner und Grafiker Klaus Krier seinen 80. Geburtstag feiern. Dies ist für mich ein Anlass, an dieser Stelle einige Anmerkungen, Überlegungen und Gedanken zur Arbeit und zur Person Klaus Kriers zu formulieren.

Auch wenn das nun eine Gelegenheit wäre, seine bisherigen eindrucksvollen künstlerischen Leistungen und Erfolge aufzuzeigen, soll meine Betrachtung über eine retrospektive Aneinanderreihung von Daten und Fakten aus der Vergangenheit Kriers hinausgehen. Auch möchte ich an dieser Stelle nicht die gemeinsamen Erlebnisse mit meinem Freund Klaus Krier thematisieren. Ich denke, dass mich das zu sehr mit einbeziehen würde. Stattdessen soll der Versuch unternommen werden, die Bedeutung Klaus Kriers und seiner Kunst in den Mittelpunkt zu stellen. Hier soll es »exklusiv« um Klaus Krier und seine Kunst gehen.

Der Umstand, dass Klaus Krier während des Zweiten Weltkriegs in Worms zur Welt kam, wird für seinen späteren Beruf als Bildender Künstler eine Tragweite entfalten, die im weiteren Verlauf meiner Ausführungen noch zur Sprache kommen wird. Nach Ende des Krieges zog die Familie Krier in die Wonsamstraße im Wormser Stadtzentrum. Es kann nicht als gesichert angenommen werden, dass das Wohnen in dieser Straße, die den Namen ihres ehemaligen Bewohners, des Zeichners und Holzschneiders Anton Woensam (1492–1541), trägt, Einfluss auf Klaus Kriers künftiges berufliches Leben hatte. Sicher ist jedoch, dass der Entschluss, sich der Bildenden Kunst zu widmen, bereits früh feststand, und so begann Krier im Jahr 1954 in Ludwigshafen eine handwerkliche Ausbildung zum Schriftenmaler, die er drei Jahre später erfolgreich abschließen konnte. Nach erfolgreicher Bewerbung konnte Klaus Krier im Anschluss noch im Jahr 1957 das Studium an der Freien Akademie in Mannheim aufnehmen.

Dort erhielt er seine Ausbildung in Gebrauchsgrafik (heute mit dem Begriff Grafikdesign bezeichnet) bei Wolf Magin, in Bildhauerei bei Gerd Dehof und Hans Nagel und er besuchte die Malereiklasse von Prof. Paul Berger-Bergner.

Beim Betrachten von Arbeiten Kriers aus seiner Studienzeit wird erkennbar, dass er bereits zu diesem frühen Zeitpunkt auf einem handwerklich ausgesprochen hohen Niveau steht und dass seinen Gemälden eine eigene, nahezu poetische Anmutung innewohnt. Schon als Student verfügt der Zeichner Klaus Krier über seine eigene »Handschrift«, und es gelingen ihm qualitätvolle Blätter, wie die großformatige Aktzeichnung aus dem Jahr 1959 deutlich werden lässt. In Gesprächen mit ihm wird spürbar, dass seine Studienzeit für ihn bis heute durchweg positiv bewertet wird, und seine Berichte über die gemeinsam mit Studienfreunden unternommenen Auslandsreisen sind noch immer von Enthusiasmus getragen. In Mannheim entstehen auch Freundschaften, die jahrzehntelang Bestand haben und zum Teil noch immer andauern.

> Beim Betrachten von Arbeiten Kriers aus seiner Studienzeit wird erkennbar, welch poetische Anmutung bereits zu diesem frühen Zeitpunkt seinen Gemälden innewohnt.

Trotz der engen zwischenmenschlichen und künstlerischen Bindungen nach Mannheim wählt Klaus Krier seine Heimatstadt Worms weiterhin als Lebensmittelpunkt. Seine Frau Anne und er heiraten im Jahr 1962 und der gemeinsame Sohn Frank wird 1963, die Tochter Nicole 1969 geboren. Im Jahr der Hochzeit liegt auch der Beginn seiner freischaffenden Tätigkeit, die bis heute andauert und hoffentlich noch lange Zeit fortbestehen wird. Es sind annähernd sechs Jahrzehnte, in denen Klaus Krier künstlerisch maßgebende Akzente in seiner Heimatstadt und darüber hinaus setzen konnte und kann.

Großformatiger Akt, 1959.

Die Kunst des Sehens

Mir ist an dieser Stelle wichtig zu betonen, dass ich der – nach dem Zweiten Weltkrieg sich zunehmend etablierenden – strikten Trennung zwischen freier künstlerischer Tätigkeit und auftragsbasierten grafischen Arbeiten nicht folge, da sie mir in zahlreichen Fällen nicht sinnvoll oder auch nicht haltbar erscheint. Dies gilt für die Arbeit Klaus Kriers in besonderem Maß. So zeichnet ihn eine intensive und ernsthafte Auseinandersetzung mit jeder einzelnen Aufgabenstellung aus, vollkommen unabhängig davon, ob es sich hierbei um eine sich selbst gewählte freie Arbeit oder um einen Auftrag zur Gestaltung handelt. Er verfolgt für jedes seiner Bilder oder jede seiner Gestaltungsaufgaben seine ihm eigene Herangehensweise. Da steht am Beginn eine Annäherung oder ein Einarbeiten in das Thema, das bildnerisch zu bewältigen sein wird.

Hierfür setzt sich Klaus Krier mit den unterschiedlichsten Medien auseinander, um einen gedanklichen Einstieg und wesentliche Informationen zu dem zu erhalten, was dann zu seinen Bildern werden wird. Um in eine Thematik ›eintauchen‹ zu können, die er künstlerisch umsetzen will, nutzt er Literatur, Fachzeitschriften, Musik, Filme oder auch Fotografien. Er denkt

Plakat zur Lutherausstellung 1983.

und fühlt sich ein, und aus diesem Prozess heraus reifen dann seine Bildideen. Spätestens jetzt nimmt er seine Stifte zur Hand und beginnt, mithilfe von Skizzen seine Gedanken in Bilder zu übertragen.

Während der Gespräche mit Klaus Krier wird auch schnell erkennbar, dass das Festhalten seiner Gedanken auf einem Blatt Papier die eigentliche Form seines Ausdrucks ist. Er skizziert spontan und mit jeder Art von Stiften auf allem, was irgendwie als Bildträger zu gebrauchen ist. So entstehen zahlreiche kleinformatige Zeichnungen, aus denen er einige selektiert, um sie in Skizzen weiter zu konkretisieren. Dazu reduziert er erneut die Anzahl seiner Entwürfe und zeichnet weiter an der immer kleiner werdenden Auswahl – so lange, bis nur noch ein, zwei oder auch drei Entwürfe verbleiben. Auf diesem Fundament kann er dann seine Bilder aufbauen.

Als wesentliche Grundlage für den gesamten künstlerischen Arbeitsprozess lässt sich Klaus Kriers außergewöhnliches Ver-

Auch die Zerstörungen seiner Heimatstadt gegen Ende des Zweiten Weltkrieges verarbeitete Klaus Krier in seinen Werken.

mögen zu sehen bestimmen. Von der ersten Skizze bis zum fertigen Bild unterliegt alles der permanenten Kontrolle durch seine Augen. Sein Sehen ist der entscheidende Prüfstand, vor dem seine Arbeiten bestehen müssen.

Es ist allerdings nicht nur das prüfende, kritische und kontrollierende Sehen, das den Künstler Krier auszeichnet. Sein Blick auf die Welt ist ungemein interessiert und kann sich von allen sichtbaren Erscheinungen, die ihn umgeben, faszinieren lassen. Der Drang zum genauen Beobachten und zum dauernden Hinsehen bestimmt seine Weltsicht und wird so für das künstlerische Schaffen Klaus Kriers wesentlich. Mit anderen Worten: Es ist seine Fähigkeit, auf die Erscheinungen dieser Welt neugierig zu sein und zu bleiben. Sie ist die Grundlage für Klaus Kriers Kunst. Seine Art zu sehen macht es ihm möglich, alles immer wieder neu und immer wieder anders wahrnehmen zu können. Hier ist der Schlüssel dafür, dass Klaus Krier mit seiner Kunst nie stehenbleibt, sondern ständig Neues in seine künstlerische Arbeit einfließen kann.

In Worms Maßstäbe gesetzt

Um dies aber überhaupt erkennen zu können, muss Kunst erst einmal öffentlich sichtbar werden. Klaus Kriers Arbeiten konnten in großem Umfang wahrgenommen werden. In einer kaum überschaubaren Anzahl von Ausstellungen und Ausstellungsbeteiligungen hatten Besucherinnen und Besucher die Gelegenheit zur Auseinandersetzung mit seinen Werken. Hieraus resultiert auch eine weitreichende Präsenz seiner Kunst in vielen privaten und öffentlichen Sammlungen. Sichtbar wurden die Ergebnisse der künstlerischen Tätigkeit Klaus Kriers darüber hinaus in Raum- und Ausstellungsinstallationen, in Buch- und Buchtitelgestaltungen, Katalogen und Dokumentationen, Erscheinungsbildern und Plakaten. Seine grafischen Arbeiten prägten oftmals die Erscheinung des öffentlichen Raums der Stadt Worms in einer ausgesprochen positiven Weise. So kreierte er gemeinsam mit der Familie Gems – um nur ein Beispiel zu nennen – bereits 1973 das mittlerweile zum ›Klassiker‹ gereifte Wormser Backfischfest-Herz, und unter der Vielzahl der Erscheinungsbilder, die Krier insbesondere für kulturelle Anlässe geschaffen hat, sollen aus aktuellem Anlass seine Arbeiten zum Lutherjubiläum im Jahr 1983 in Erinnerung gerufen werden. Hier wird deutlich, dass Kriers Bearbeitung des Themas auch nach fast dreißig Jahren noch nichts von seiner Prägnanz und künstlerischen Überzeugungskraft verloren hat, Martin Luther mit künstlerischen Mitteln in die Jetztzeit zu überführen.

Gemeinsam mit Familie Gems kreierte Klaus Krier bereits 1973 das mittlerweile zum ›Klassiker‹ gereifte Wormser Backfischfest-Herz.

Zusammenfassend kann gesagt werden, dass seine freie Kunst wie auch seine künstlerisch gestalteten Auftragsarbeiten eine hohe Aktualität ausstrahlen und immer eine Anmutung mitbringen, die sie unmissverständlich als zeitgenössische Kunst ausweisen. Auch das macht Klaus Krier zu jedem Zeitpunkt zu einem modernen Künstler und seine Kunst zu moderner Kunst. Um dies zu unterstreichen, greife ich auf den französischen Philosophen, Schriftsteller und Kritiker Roland Barthes zurück:

»[...] das Moderne ist [...] die Schwierigkeit, aktiv die Veränderungen der Zeit zu verfolgen, nicht nur auf der Ebene der großen Geschichte, sondern im Innern dieser kleinen Geschichte, deren Maßstab die Existenz eines jeden Einzelnen von uns ist.«[1]

Hier klingt *in nuce* an, was sich in den Ergebnissen von Klaus Kriers künstlerischer Arbeit manifestiert. An seiner Kunst wird sichtbar, dass es ihm gelingen konnte und auch weiterhin gelingen wird, »aktiv die Veränderungen der Zeit zu verfolgen«. Und insbesondere in seiner freien Kunst finden sich durchgängig Bildthemen, »deren Maßstab die Existenz eines jeden einzelnen von uns ist.« So verarbeitet Klaus Krier seine eigenen Erinnerungen an die Schrecken des Zweiten Weltkrieges, in dem er dem Vergessen die Bilder von der Zerstörung seiner Heimatstadt entgegenstellt.

Darüber hinaus dreht sich die Kunst Klaus Kriers von Beginn an in allen nur denkbaren Facetten um das Bild des Menschen als existierendes Wesen. Dies sagt auch Entscheidendes über den Menschen Klaus Krier aus, was ich mithilfe eines seiner Bilder

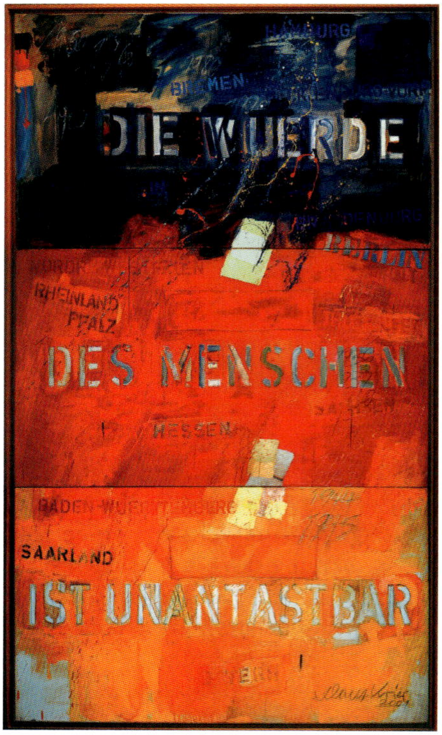

Einen Satz aus dem Grundgesetz machte Klaus Krier in einem Beitrag zur Ausstellung »Kunst gegen rechte Gewalt« zum Thema.

versuchen möchte, auf den Punkt zu bringen. Für die Teilnahme an der Ausstellung »Kunst gegen rechte Gewalt«, die im Jahr 2001 (!) im Foyer des Wormser Theaters stattfand, wählte der Künstler ein großformatiges Gemälde, auf dem er den Satz »Die Würde des Menschen ist unantastbar« aus Artikel 1 des Grundgesetzes zu Kunst gemacht hat. Der Inhalt dieser Aussage kann für den Menschen Klaus Krier programmatisch gelten. Aus dieser Haltung heraus schafft er seine Kunst, und mit eben dieser Haltung begegnet er auch seinen Mitmenschen. Das ist es, was letzten Endes seine hohe Authentizität ausmacht. §

Anmerkungen

1 Roland Barthes anlässlich der Verleihung des Archiginnasio d'oro an seinen Freund, den italienischen Filmregisseur Michelangelo Antonioni im Jahr 1980. Der Archiginnasio d'oro ist die höchste Auszeichnung, welche die Stadt Bologna zu vergeben hat und die seit 1963 jährlich an Personen vergeben wird, die Besonderes auf den Gebieten der Wissenschaften, der Kunst und der Kultur geleistet haben. Hier zitiert nach: Roland Barthes, »Lieber Antonioni«, in: *Michelangelo Antonioni*. Reihe Film 31, hrsg. von Peter W. Jansen und Wolfram Schütte, München und Wien 1984, S. 65–70.

STEIN WAR SEIN METIER

DER KÜNSTLER THEODOR HERRMANN

VON MARTINA WIRTHWEIN

Den Künstler Theodor Herrmann kennen wohl eher jene, die sich mit seinen Arbeiten beschäftigt haben, obwohl sich die meisten seiner Werke im öffentlichen Raum befinden und alles andere als unbedeutend waren. Das schon mal vorweg. Wer also war dieser Mann, der seine in Stein gehauenen Spuren in Worms und in der Region hinterlassen hat?

Theodor Herrmann wurde am 31. August 1907 in Worms geboren. Ursprünglich wollte er Gewerbeschullehrer werden, doch wie es manchmal so läuft im Leben, kam es anders. Denn der Vater, ein Bildhauer, starb 1923 mit nur 48 Jahren, und so lag es am jungen Theodor als ältestem von neun Kindern, das Geschäft des Vaters zu übernehmen. Was ihn übrigens von den Pflichten, Soldat zu werden, entband, nachdem die Mutter ein entsprechendes Gesuch bei der Behörde eingereicht hatte. Die Entscheidung des Vaters, dem Sohn die gleiche Lehre angedeihen zu lassen, war eine gute Entscheidung, denn zweifellos besaß Theodor das Talent, die Fußspuren des Vaters völlig auszufüllen.

Ausgebildet wurde er von 1922 bis 1925 bei Adam Schambach in Bensheim. Zudem besuchte Herrmann drei Semester der Wormser Bauschule und verließ diese mit mehreren Auszeichnungen. 1925 bis 1928 verschlug es ihn nach München, genauer gesagt auf die Staatsschule für angewandte Kunst, die früher als Kunstgewerbeschule bezeichnet wurde. Dort war er als Bildhauervolontär und Bildhauer tätig. Somit also bestens vorbereitet, geprüft und buchstäblich eingearbeitet in die Materie, stieg er 1928 in das elterliche Geschäft auf dem Gelände in der Alzeyer Straße 1 ein, auf welchem im Laufe der Jahre Dutzende Steinquader abgeladen und die schönsten Figuren herausgearbeitet wurden. Ausschließlich von Hand, versteht sich.

Theodor Herrmanns Werkstoff war der Stein. Er war ein konservativer Künstler. Seine Arbeiten zeichnen sich durch Geradlinigkeit sowie durch religiöse Symbole aus. Dabei war der Wormser

Links oben: Sandsteine zum Gedenken an die Opfer des Zweiten Weltkrieges auf dem Hauptfriedhof Hochheimer Höhe; rechts oben: Madonnenfigur am Eckhaus in der Gewerbeschulstraße am Kreisel Richtung Alzeyer Straße; rechts: Altar in der Nikolauskapelle.

nicht wirklich ein tiefgläubiger Mensch. Doch in der Religion fand er scheinbar seinen künstlerischen Anker. Seine Werke sind an vielen Orten in Worms und in der Region zu finden. Vor allem auf den Friedhöfen hat er unzählige Grabdenkmäler geschaffen und künstlerisch gestaltet. Ja, man kann sagen, dass hierauf sogar sein Hauptaugenmerk lag.

Doch nicht nur: Manchmal muss man auch genauer hinsehen und den Blick schon mal in die Höhe wandern lassen. Beispielsweise, um die Madonnenfigur am Eckhaus in der Gewerbeschulstraße am Kreisel Richtung Alzeyer Straße zu sehen oder den Adler auf dem Giebel der Martinskirche. Ebenfalls Werke Herrmanns sind die Sandsteine zum Gedenken an die Opfer des Zweiten Weltkrieges auf dem Hauptfriedhof, der Altar in der Nikolauskapelle sowie das dortige Sakramentshäuschen – welches übrigens die letzte Arbeit Herrmanns war.

Fotos: Martina Wirthwein.

Links: Sakramentshäuschen in der Nikolauskapelle im Wormser Dom; rechts: erneuerte Barockfigur des heiligen Johannes Nepomuk am Wormser Tor in Herrnsheim.

Wer am Südportal des Domes steht und hinaufschaut, sieht die Kreuzblume – sie ist ebenfalls aus der Hand des Wormser Künstlers, der auch am Wiederaufbau der Synagoge beteiligt war, sowie auf dem Judenfriedhof und bei Restaurierungsarbeiten im Park des Heylshofs mitgewirkt hat. Eine der bedeutendsten Arbeiten ist die Erneuerung der Barockfigur des heiligen Johannes Nepomuk, jener im Laufe der Jahrhunderte verwitterten Figur am Wormser Tor in Herrnsheim. Der damalige Pfarrer dankte dem Bildhauer und dessen Mitarbeitern »für die so überaus einfühlsame Nachbildung der zerstörten Nepomuk-Figur«.

Zudem widmete sich der Künstler liebevoll der »religiösen Kleinkunst«. Damit gemeint sind kleine Rund- und Reliefplastiken in Form von Krippen, Kruzifixen und Heiligendarstellungen. Diese hatten in der späten Nachkriegszeit beim Wiederaufbau vieler Haushalte eine besondere Bedeutung. Aus seiner Münchner Zeit stammen Portraitzeichnungen und Skizzen, die von seinen Kindern in Ehren gehalten werden.

Wer sich jetzt wundert, dass bisher von keiner Meisterprüfung die Rede war: Das kommt jetzt. Denn Theodor Herrmann wirkte sozusagen in einer Zeit, in der die Meisterprüfung nicht bindend für die Ausübung eines Handwerks war. Das änderte sich aber, und so musste der damals 54-Jährige noch einmal die Schulbank drücken – sehr zu seinem Verdruss, wie vonseiten der Familie schmunzelnd angemerkt wird – und absolvierte die Meisterprüfung. Sein Meisterstück ist der Heilige Christophorus, der mittlerweile am Haus des Sohnes angebracht ist. Theodor Herrmann starb am 26. Oktober 1971 in Worms. Seine Kunst lebt jedoch weiter. §

Fotos: Martina Wirthwein.

GEORG RICHARD ROEß

EIN (FAST) VERGESSENER WORMSER SCHRIFTSTELLER

VON FRANZ ROBERT RÖß

In Hochheim gibt es die Georg-Richard-Roeß-Straße, eine kurze Straße mit wenigen Hausnummern, von der Dreihornmühlgasse auf ein ehemaliges Fabrikgelände abzweigend. Diese kleine Straße entdeckte ich im Jahre 2013 zufällig und war doch überrascht ob der Nachnamensgleichheit (von dem kurzen Namen Röß gibt es mehrere Schreibweisen). Allein der Straßenname hatte meine Neugier geweckt. Etwa zeitgleich erhielt ich durch den letzten Bäcker von Herrnsheim, Walter Röß, den »Stammbaum der Familie Röß aus Herrnsheim«, erstellt von Familienforscher Til Schrecker. Damit wollte ich die Erwähnung und die verwandtschaftlichen Beziehungen feststellen. Die sind gegeben, aber sie liegen mehrere Generationen und zirka 250 Jahre zurück. Im Jahr 2013 war unter dem Straßenschild noch der Zusatz »Wormser Schriftsteller 1872 bis 1945« angebracht. Dieser Zusatz fehlt mittlerweile.

Alle Abbildungen: Stadtarchiv Worms, Abt.170/6.

Bei meinen ersten Recherchen stieß ich auf das Büchlein *Wormser Profile*. In diesem wurde am Ende des Beitrags Georg Richard Roeß als »Sonderling und Trinker« bezeichnet, was ich sehr unwürdig fand. Eine gewisse Verwunderung und Verärgerung haben mich zu weiteren Nachforschungen und Verfassung dieses Aufsatzes angeregt.

Georg Richard Roeß wurde am 2. Oktober 1872 in Worms, Kämmererstraße 5 geboren, wo sein Vater einen Manufakturwarenhandel betrieb. Als »Georg Roeß« wurde er ins Geburtsregister eingetragen, Sohn des Kaufmanns und Manufakturwarenhändlers Johann Roeß und dessen Ehefrau Elisabeth geb. Schütz aus dem Odenwald. Den zweiten Vornamen Richard legte er sich als junger Erwachsener selbst zu, aus seiner großen Verehrung für Richard Wagner heraus.

Er ging in Worms ins Gymnasium bis zur Obersekunda, in Würzburg erlangte er die Matura. Danach studierte er in Würzburg, Heidelberg und Zürich. Zunächst war er im Studienfach Jura eingeschrieben. Später kamen Germanistik, Geschichte und Literatur hinzu. Auf einer Visitenkarte von 1909 gab er sich als »Schriftsteller und Regievolontär« am »Großherz. Hoftheater« in Karlsruhe aus. Bis nach dem Ersten Weltkrieg war er Zeitungsredakteur in Mainz. Da er in dieser Funktion nach dem Krieg bei den französischen Besatzern aneckte, zog er sich 1920 in den Odenwald, seine zweite Heimat, als freier Schriftsteller zurück, in das »Erbhaus meiner Mutter zwischen Fürth und Lindenfels«. Hier war der Großvater fünfzig Jahre Staats- und Gemeindeförster gewesen. In dieser Zeit entstand das Werk *Bischof Burchard*, das anlässlich der 900-Jahr-Feier des Wormser Doms vor prominentem Publikum aufgeführt wurde. 1926 erschien das Theaterstück *Die Wormser*, in dem er sich mit dem Kampf zwischen der Einhaltung obrigkeitsverfügter Vorschriften und bürgerlichen Freiheitsrechten auseinandersetzte. Am Wormser Spiel- und Festhaus wurde das Stück mehrmals aufgeführt.

Friedrich von Schoen ging von Worms weg nach München und Bayreuth. Georg Richard Roeß blieb seiner Heimatstadt treu und schrieb Stücke, die für Worms angebracht waren.

Als Mitarbeiter der *Wormser Zeitung* setzte sich Georg Richard Roeß in vielen Beiträgen vor und nach der Jahrhundertwende mit der Frage auseinander, was die Wormser mit dem Spiel- und Festhaus erreichen wollten. Sollte es ein Festspielhaus sein, eine Bühne für Volksschauspiele oder ein Haus für Volksfeste, was schon der Erbauer und Förderer Friedrich von Schoen zur Diskussion gestellt hatte (Stichworte Sedansfest, Rosengartenfest, Backfischfest, Festspiele oder Volksschauspiele oder Volksfest)?

Worms, vor allen Dingen von Schoen, konnte und wollte sich in den 1880er-Jahren durchaus mit Bayreuth und seinen Festspielen, die ebenso wie Worms gerade im Entstehen waren, vergleichen. Nur merkten Leute mit Einfluss sehr schnell, dass

WORMSER VOLKSBÜHNE e. V.
GEGRÜNDET 1908
Verein zur Pflege mod. und klassischer Literatur.

1. Aufführung — Spielzeit 1926/27

Sonntag, den 26. September 1926, im Städt. Spiel- und Festhaus, Worms

Uraufführung
unter Mitwirkung Wormser Bürger und Bürgerinnen
und des Schauspielers Franz Sauer

DIE WORMSER
Heimatspiel in 5 Akten (8 Bilder) von Georg Richard Roeß

Spielleitung: Valentin Gölz

Personen:

Heinrich, der siebente, der deutsche König . . . Hans Ritter
Ebbo, Truchseß von Waldburg, kaiserlicher Bote . . Ernst Günter
Gerbod, Markgraf von Baden / Gernod, Gaugraf von Büdingen } seine Begleiter . . Hermann Sonneck / Heinz Düball
Heinrich, Graf von Saarbrücken, Bischof von Worms . . Franz Sauer
Landolf von Hoheneck, sein Geheimschreiber u. Kanzler . . Joh. Bopp
Wernher v. Wambold, bischöfl. Burggraf von Worms . . G. Hermann
Wipo, sein Waffenknecht . . . Ludwig Maier
Udalrich, Vogt von Lorsch, Burggraf auf Starkenburg . . Ernst Müller
Ezzo von Elz . . Val. Bangert
Gozzo v. Greifenklau . . Otto Muth
Gerlach v. Grafenweg . . August Ruhn
Liemar von Leinigen . . Friedr. Steiner
Scheinfeld v. Schwarzenberg . . W. Armknecht
Diroff von Dalberg . . Gg. Reither
(Domstiftsherrn von St. Peter u. Paul der Domkirche zu Worms)
Pippin von Papenburg / Poppo von Piepenberg } fahrende Sänger an des Bischofs Hof . . Lena Kircheis / Gretel Schmitt
Diemo, sein Kämmerer . . . Joseph Hornef
Der Ritter Herbord . . . August Ruhn
Wortwin, der Schwanenwirt . . . Valentin Bangert

Dietrich Mangold zum Maulbeerbaum, Münzmeister, Bürgermeister . . . Valentin Gölz
Siegfried / Richilde } seine Kinder . . . Erwin Freitag / Heddy Engelbach
Herzlieb, Richildens Gürtelmagd . . . Luise Guthmann
Freidank zum Rohrhaus, Schwertfeger . . . Ludwig Dorn
Henne zum Riesen, Hufschmied . . . Alfred Ende
Helmbrecht unter den Lauben, Bartscherer . . . Otto Weyrich
Richbod zum Rosenbaum, Wildwerker . . . Ernst Menge
Helmschrot zum Fischereck, Fischhändler . . . Jakob Lottermann
Hezil zum roten Hause, Weinschröter . . . David Volz
Lutz Lang zur Liebenau, Weingärtner . . . Karl Ohein
Dietleib, zum Schöneck, Rotgerber . . . Philipp Roßmann
Pilgram unter den Schwertfegern, Gewandschneider . . Herb. Pöhlmann
Aser ben Issachar zum Gutruf / Levi ben Raphtali zur Trommel } Wormser Juden . . Ernst Menge / Karl Ohein
Ludolf / Lupold } Zunftvorsteher der Tuchschneider-Bruderschaft u. Stadtpedelle . . Willi Stark / Hans Zilles
Gerbert / Grimoald } städtische Waffenknechte . . Rudolf Balz / Hans Ritter
Der Henker . . . Friedrich Steiner

Bürger und Bürgerinnen. / Ratsherrn. / Kinder. / Städtische und bischöfliche Waffenknechte. / Ritter und Reisige. / Mönche. Priester und Meßknaben. / Vier Heerhornbläser. / Steinsche und Starkenburger Waffenknechte.

Ort der Handlung: Worms — Zeit: Vom ersten Mai bis zum St. Martinstag 1233

Bühnenbilder: Philipp Hotz. //// Die Pausen werden durch Glockenzeichen bekannt gegeben. //// Inspizient: Otto Reeg.

Anfang 7½ Uhr — Kassenöffnung 6½ Uhr — Ende 10½ Uhr

Preise der Plätze: Lauben und Sessel 3,50 RM., Obere Sperrsitze 3,– RM., Vord. Sperrsitze 2,– RM., Empore 1. Reihe und Stühle 1,50 RM., Sängerbühne 1,– RM., Empore hintere Reihen –,80 RM.

Vorverkauf: Verkehrsbüro und an der Theaterkasse des Festspielhauses am Samstag, den 25. 9. 26. Nachmittags von 3 – 5 Uhr und Sonntag, den 26. 9. 26. von 11 – 1 Uhr vormittags.

Preis 10 Pfennig

Links: Titelblatt zum Heimatspiel *Die Wormser* von Georg Richard Roeß; rechts: Programm der Volksbühne zur Uraufführung.

die Stadt keinen Richard Wagner hatte und nicht die finanziellen Mittel besaß. Stattdessen schrieb der Berliner Dramaturg Dr. Hans Herrig das Theaterstück *Drei Jahrhunderte am Rhein*, was die Wormser schnell in *Drei Jahrhunderte Langeweile am Rhein* umbenannten (Anekdote von Georg Richard Roeß in der *Wormser Zeitung*). Der aus Worms stammende Komponist Friedrich Gernsheim, nach dem ebenfalls eine Straße in Worms benannt ist, schrieb zur Eröffnung des ersten Spiel- und Festhauses 1889, des Volkstheaters, unter anderem den *Gemischten Eingangschor*.

Friedrich von Schoen zog aus der oben genannten Erkenntnis die Konsequenz und ging von Worms weg nach München und Bayreuth. Georg Richard Roeß blieb seiner Heimatstadt treu und schrieb Stücke, die für Worms angebracht waren, vor allen Dingen aus finanzieller Sicht, Stücke mit wenigen Berufsschauspielern und vielen Laiendarstellern. In diesem Sinne bezeichnete er das erste Wormser Theater wegen seines relativ einfachen Bühnenaufbaus als »erste festgebaute deutsche Shakespearebühne«, er war eben durch sein Studium Theaterfachmann und Realist.

Von 1873 an wurde am 2. September deutschlandweit der Sedanstag begangen. Dieser Gedenktag wurde mit der Zeit für die Bevölkerung immer langweiliger, die Begeisterung ließ stark nach. Man wollte ein anderes Fest.

Anschließend:
In sämtlichen Räumen und im Garten des Städtischen Spiel- und Festhauses:

Rosenfest

mit grossem Konzert, Bazar und Tanzvergnügen.

(Hierüber besonderes Programm.)

Text-Dichtung zu den Knabenchören.

Zum Ersten Bild:

Heil, heil dem Sieger,
Selig heimgekehrt,
Schlingt den Kranz dem Helden
Hold um Helm und Schwert!
Maienlaub und Blüten
Wohl in die Eichenkron'!

Not, Nacht und Zagen
Scheucht dein starker Arm,
Burgunds Banner ragen
Ob dem Sachsenschwarm:
Schling', o Worms, die Eichenkränze
Ehre nie Dir fehl',
Hoch laß' ruhmreich glänzen
Hehr Sankt Michael! —

Heil, heil dem Sieger,
Selig heimgekehrt,
Schlingt den Kranz dem Helden
Hold um Helm und Schwert!
Siegsruhm gottbeschieden
Jubelnd Dich umklingt,
Der durch Sieg den Frieden:
Siegfried — selig bringt! —
Heil, heil dem Sieger,
Selig heimgekehrt,
Schlingt den Kranz dem Helden
Hold um Helm und Schwert!

Zum Dritten Bild:

Es waren zwei Königskinder,
Die hatten einander so lieb,
Die konnten zusammen nicht kommen,
Das Wasser war viel zu tief ...

Ein Reif ist zur Nacht jäh gekommen,
Der fiel auf die mailiche Pracht,
Da sind die Blüten verglommen,
Vergangen die Frühlingspracht ...

Es waren zwei Königskinder
In leuchtender Herrlichkeit,
Die mußten sich scheiden und meiden,
Und Liebe lohnt' mit Leid ...

Zum siebenten Bild:

Licht am Rheine lacht ein Garten,
Trägt der Rosen reich und viel,
Treue Recken sein' zu warten,
Ringen dort in tapf'rem Spiel:
Lichte Blumen dort am Rheine,
Rosenpracht im Mondenschein —
König Gibich heißt sein Hüter,
Kriemhilds Rosen blüh'n am Rhein!

Zog der Lenz hold in die Lande,
Scheucht' den Winter grimm hinaus,
Schüttet er zum Brautgewande
Brennend seine Rosen aus:
Hörner werben, Helden reiten,
Maienritt zum grünen Rhein —
Wie sie sterben, wie sie streiten,
Kriemhilds Rosen blüh'n am Rhein!

Rosenkränzlein, Rosenkronen
Winken dort dem Sieger rot,
Selig Locken, selig Lohnen,
Wem den Mund die Herrin bot:
Lichte Blumen dort am Rheine,
Rosenpracht im Mondenschein —
König Gibich heißt sein Hüter,
Kriemhilds Rosen blüh'n am Rhein!

Gg. R. Roeß.

Dem Rosenfest zu eigen
für nun und alle Zeit
Aus immergrünen Zweigen
Ein Kränzlein liegt bereit:

Gott geb', daß lang es kränzet
Den frühen Rosentag,
Bis dort am Rhein uns glänzet
Der roten Rosen Hag!

Tu digna summa laude,
Dir Stadt ist es geweiht,
Wormatia – semper gaude
In alle Ewigkeit! —

Georg Richard Roess.

Ankündigung und Gedicht zum Rosenfest.

Georg Richard Roeß war Mitinitiator und Mitorganisator der Rosenfeste, die ab 1904 mit Konzerten, Schauspielen und Volksbelustigungen gefeiert wurden. Er schrieb hierzu die Festschriften und Aufrufe, meist in Gedichtform. Die Rosenfeste mit ihrem anspruchsvollen Programm dauerten mehrere Tage. 1933 ist daraus das Backfischfest hervorgegangen.

Georg Richard Roeß war ein sehr hilfsbereiter, Kinder liebender Mensch. So schrieb er Stücke, die von Laiengruppen aufgeführt wurden, z. B. für das Wormser Kinderhilfswerk. Dieses brauchte Geld zur Errichtung des Kindererholungsheims Hoher Darsberg im Odenwald, das viele Wormser in ihrer Schul- und Ferienzeit bis in die 1980er-Jahre kennengelernt haben.

Dass Roeß schon um 1900 über Worms hinaus bekannt war, sieht man daran, dass sein Stück *Am Heiligen Abend – ein Weihnachtsspiel aus großer Zeit 1870/71* in Wiesbaden 1898 verlegt und 1901 in Augsburg uraufgeführt wurde. In Köln erhielt er den »außerordentlichen Schillerpreis« für den besten Beitrag, ein Gedicht über Friedrich Schiller. Auch wurde er im *Lexikon der deutschen Dichter und Prosaisten*, herausgegen von Franz Brümmer, Leipzig 1913 erwähnt. In *Vom Rhein. Monatsblatt des Wormser Altertumsvereins* beschrieb er den Schillerturm in Herrnsheim. Zitat: »Hier in einem stillen, einfachen Stübchen

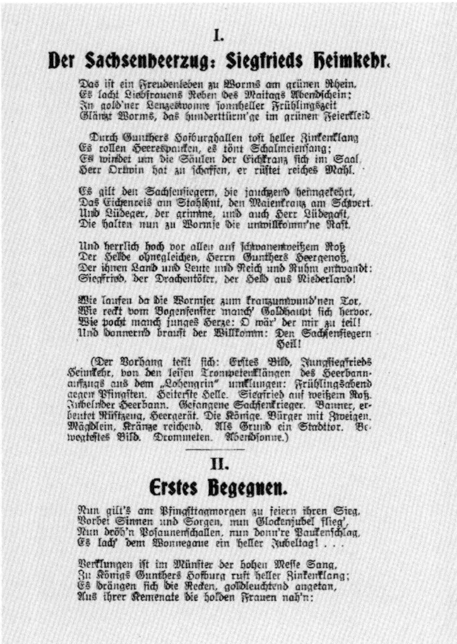

I.

Der Sachsenheerzug: Siegfrieds Heimkehr.

Das ist ein Freudenleben zu Worms am grünen Rhein.
Es lacht Liebfrauens Reben des Maitags Abendschein;
In gold'ner Lenzeswonne sonnheller Frühlingszeit
Glänzt Worms, das hunderttürm'ge im grünen Feierkleid

Durch Gunthers Hofburghallen tost heller Zinkenklang
Es rollen Heerespauken, es tönt Schalmeiensang;
Es windet um die Säulen der Eichkranz sich im Saal,
Herr Orkwin hat zu schaffen, er rüstet reiches Mahl.

Es gilt den Sachsensiegern, die jauchzend heimgekehrt,
Das Eichenreis am Stahlhut, den Maienkranz am Schwert.
Und Lüdeger, der grimme, und auch Herr Lüdegast,
Die halten nun zu Wormse die unwillkomm'ne Rast.

Und herrlich hoch vor allen auf schwanenweißem Roß
Der Helde ohnegleichen, Herrn Gunthers Heergenoß,
Der ihnen Land und Leute und Reich und Ruhm entwandt:
Siegfried, der Drachentöter, der Held aus Niederland!

Wie laufen da die Wormser zum kranzumwund'nen Tor,
Wie reckt vom Bogenfenster manch' Goldhaupt sich hervor,
Wie pocht manch junges Herze: O wär' der mir zu teil!
Und donnernd braust der Willkomm: Den Sachsensiegern
Heil!

(Der Vorhang teilt sich: Erstes Bild, Jungsiegfrieds Heimkehr, von den leisen Trompetenklängen des Heerbannaufzugs aus dem „Lohengrin" umklungen: Frühlingsabend gegen Pfingsten. Heiterste Helle. Siegfried auf weißem Roß. Jubelnder Heerbann. Gefangene Sachsenkrieger. Banner, erbeutet Rüstzeug, Heergerät. Die Könige. Bürger mit Zweigen. Mägdlein, Kränze reichend. Als Grund ein Stadttor. Bewegtestes Bild. Drommeten. Abendsonne.)

II.

Erstes Begegnen.

Nun gilt's am Pfingsttagmorgen zu feiern ihren Sieg.
Vorbei Sinnen und Sorgen, nun Glockenjubel flieg',
Nun dröh'n Posaunenschallen, nun donn're Paukenschlag,
Es lach' dem Wonnegaue ein heller Jubeltag! . . .

Verklungen ist im Münster der hohen Messe Sang,
Zu Königs Gunthers Hofburg ruft heller Zinkenklang;
Es drängen sich die Recken, golbleuchtend angetan,
Aus ihrer Kemenate die holden Frauen nah'n:

1. JAHRGANG SONDER-NUMMER AUGUST 1904

VOM·RHEIN·

MONATSBLATT·DES·WORMSER·ALTERTUMSVEREINS·

INHALT

Die Nibelungen von Georg Richard Roess, mit Joseph Sattler's Bilderschmuck aus der Reichsausgabe des Nibelungenliedes. — Siegfried und Kriemhild, Epilog von G. R. Roess.

DIE NIBELUNGEN.

»Uns ist in alten maeren wunders vil geseit,
von helden lobebaeren, von grôzer kuonheit,
von fröuden hôchgeziten, von weinen und von klagen,
von küener recken striten, muget ir nu wunder hoeren sagen.«

Vor Sonnenaufgang aus verdämmernden Morgentagen unseres jugendlichen Volkes kam ein Lied. Aus ureinfachen Wurzeln entsprungen, sprosst es heran, bis es zum mächtigen Weltgedicht heraufgewachsen als Hoheslied des Deutschtums prangend dasteht, urwaldriesengleich, voll Wonne und Weh, voll Liebe und Leid, voll Jubel und Jammer: Das Nibelungenlied.

Wohl kein zweites Weltvolk, das Homers nur ausgenommen, nennt einen solchen Rheingoldhort sein eigen, der ihm Sinn und Seele, Art und Weise, Sein und Wesen so jugendquellbornfrisch verherrlicht und verklärt, als Deutschlands Stämme in dem Lied der Nibelungen, dieser »schönsten Blüte am stolzen Stamme des alten Kaisertums der Hohenstaufen«. Es ist sein fluchbefreiter Nibelungenschatz, beglückender und reiner, bleibender und reicher, als dessen gleissend Erz. Ein hohes Lied der deutschen Art und Weise, Tüchtigkeit und Tugend, Tapferkeit und Treue, ein rauschender Hochgesang, wie keiner klang, von seines schlichten Heldentumes Herrlichkeit erklingt das Lied des namenlosen Sängers, oder es richtiger zu sagen, der verschollenen und vergessenen Liedgesellen, denn darüber besteht nun doch in unseren Tagen wohl kein Zweifel mehr, dass auch unser Heldensang, gleich dem hellenischen, dem reichen Schoss des Volkes selbst heraus entwachsen.

Nicht Meister Pilgerim von Passau rauschten es die Donauwellen. Nicht Heinrich von Ofterdingen raunte es Thüringens Tannenwald: Das ganze deutsche Volkstum selbst sang seine Nibelungen.

»Ihr naht euch wieder, schwankende Gestalten.« In neuem Gewande kommen sie uns heute, die alten Wormser Recken. Aus dem prächtigen, bildgeschmückten Lateinletterndruck der von der Reichsdruckerei zu Berlin herausgegebenen, im Verlage von J. A. Stargardt erschienenen Monumental-Ausgabe des Nibelungen-Liedes blicken die allvertrauten Gestalten und Gesichter, helmumglänzt und schwertumgürtet. Das Reich, das neue selbst hat ihnen ihr neues Prachtgewand gegeben. Im Schatten der Reicheseiche selber ertagte ihnen ein neuer Sommer. Das kaiserliche Deutschland gab seinen Ahnenhelden ein wahrhaft kaiserlich Gewand.

Ein eigenartiger Meister, der durch sein Bilderwerk zur »Rheinischen Städtekultur« weltbekannte Joseph Sattler, lieh dem Werke seine meisterhafte Kunst und wirkte ihm den wundervollen Königsmantel. Einige der Initialen und Zierstücke aus dem Werke selbst können wir, dank der Güte der Reichsdruckerei, in den Originalstöcken hier zum Abdruck bringen. Ueber diesen Bildschmuck und seine Bedeutung werden Berufenere sprechen. Wir wollen in diesen Blättern nur den Blick wieder einmal wandern lassen über des alten Heldenliedes jahrhundertelanges Werden und Wachsen, über die vielverschlungenen Wege und Wandlungen der deutschen Ilias, des ewigen Liedes von der Nibelungen Not. — Aus den letzten Gründen unserer Göttersage strömt sein Urquell von den

Links: Nachdichtung der *Nibelungen* von Goerg Richard Roeß; rechts: einer der Beiträge zum Monatsblatt *Vom Rhein*.

weilte der grosse Dichter, zurückgezogen von Gesellschaft und Welt, dem Don Carlos in gestaltender Arbeit sich widmend.« In dem Aufsatz beschrieb er umfangreich den Einfluss Heribert von Dalbergs, Intendant des Mannheimer Nationaltheaters, auf Schiller und die Förderung seines Werkes. Bis heute ist allerdings nicht nachweisbar, ob der berühmte Dramatiker jemals in Herrnsheim war.

Das Hauptanliegen von Georg Richard Roeß war aber das Nibelungenlied und die germanische Mythologie. So spannte er in mehreren Aufsätzen des Monatsblattes *Vom Rhein* zwischen 1904 und 1907 einen Bogen von der griechischen Mythologie über die germanischen Sagen, dem Nibelungenlied – *Die Nibelungen* von Hebbel, waren damals noch sehr frisch – über Richard Wagner und seine Opern bis zu der indischen Mythologie, wie wir sie später wieder bei Hermann Hesse finden. Klingsor, Siddhartha und Nirvana, nur als Beispiel, wurden schon von Georg Richard Roeß thematisiert.

Die Fragen, die auch für die aktuellen Nibelungen-Festspiele von Bedeutung sind – Was spielen wir? Was führen wir auf? Wo spielen wir mit welchen Schauspielern? – waren schon vor über hundert Jahren die gleichen, was die Sache so interessant und spannend hält. Daran wird sich wahrscheinlich nichts ändern,

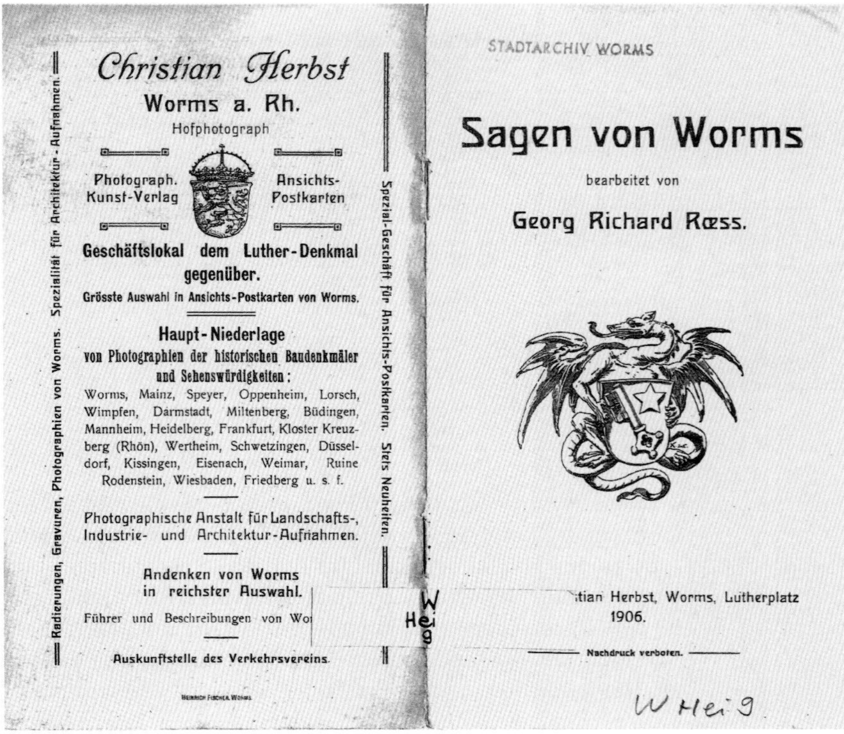
Christian Herbst
Worms a. Rh.
Hofphotograph
Photograph. Kunst-Verlag
Ansichts-Postkarten
Geschäftslokal dem Luther-Denkmal gegenüber.
Grösste Auswahl in Ansichts-Postkarten von Worms.
Haupt-Niederlage
von Photographien der historischen Baudenkmäler und Sehenswürdigkeiten:
Worms, Mainz, Speyer, Oppenheim, Lorsch, Wimpfen, Darmstadt, Miltenberg, Büdingen, Mannheim, Heidelberg, Frankfurt, Kloster Kreuzberg (Rhön), Wertheim, Schwetzingen, Düsseldorf, Kissingen, Eisenach, Weimar, Ruine Rodenstein, Wiesbaden, Friedberg u. s. f.
Photographische Anstalt für Landschafts-, Industrie- und Architektur-Aufnahmen.
Andenken von Worms in reichster Auswahl.
Führer und Beschreibungen von Wo
Auskunftstelle des Verkehrsvereins.
Radierungen, Gravuren, Photographien von Worms. Spezialität für Architektur-Aufnahmen.
Spezial-Geschäft für Ansichts-Postkarten. Stets Neuheiten.
W Hei 9

STADTARCHIV WORMS
Sagen von Worms
bearbeitet von
Georg Richard Rœss.
…tian Herbst, Worms, Lutherplatz
1906.
Nachdruck verboten.
W Hei 9

Titelseite zu *Sagen von Worms.*

sonst wären die Festspiele langweilig und tot. Für zukünftige Festspiele könnte sich als Anregung ein Fachmann/-frau mit den Gedanken und Werken des Georg Richard Roeß auseinandersetzen. Vielleicht würde dann der »Schriftsteller und Heimatdichter« nach seinem Tode wie so manch anderer Künstler noch die ihm gebührende Anerkennung und Aufmerksamkeit erfahren.

Zusammenfassend sei gesagt: Georg Richard Roeß hat über 100 Gedichte geschrieben; Manuskripte für 24 Schauspiele liegen im Stadtarchiv, unzählige Aufsätze, Theaterkritiken, Zeitungsberichte, Bearbeitungen der Sagen um Worms. Darüber hinaus übersetzte er die *Historia Episcopatus Wormatiensis* von Johann Friedrich Schannat, Mainz, aus dem Jahr 1734, und die *Kirschgartner Chronik* vom Lateinischen ins Deutsche.

Noch im Februar 1944 schrieb er einen Artikel über die Judenverfolgungen. Eine Veröffentlichung in der *Wormser Tageszeitung*, dem »Amtsblatt der Stadt Worms und Veröffentlichungsblatt der NSDAP«, wurde aber abgelehnt mit der Begründung, dass der Bericht so abgefasst sei, dass »die armen Juden zu bedauern wären«, was »so nicht gebracht werden kann«, unterzeichnet mit »Heil Hitler!« (Original-Durchschlag im Stadtarchiv)

Wormser Tageszeitung

Amtsverkündigungsblatt des Gaues Hessen-Nassau u. der Kreisleitung Worms der NSDAP. • Amtsblatt des Landrats, der Stadt Worms u. sonstiger Behörden
Verlag: Worms am Rhein, Wollstraße 2, Fernruf 5353 • Geschäftsstellen: Wollstraße 2 und Römerstraße 56
Schriftleitung: Worms a. Rh., Römerstraße 56, Fernruf 5141
Postschließfach 83 • Postscheckkonto: Ludwigshafen 4674 der Vereinigten Zeitungsverlage Cayrim, Haller & Co., Worms am Rhein
Bankkonto: Vereinigte Zeitungsverlage Cayrim, Haller & Co., Worms am Rhein, bei der Deutschen Bank, Filiale Worms am Rhein

Worms am Rhein

Sehr geehrter Herr Roess! den 16. 2. 1944

Sie werden sicher schon von Dr. Jllert unterrichtet worden sein, um was es geht: der Artikel in dieser Form kann nicht gebracht werden. Sie ziehen diese Sachen falsch auf. Schon die Ueberschrift "Wormser Juden-Jagden" bringt uns in Konflikte. Sie sprechen dann meist von Juden Verfolgungen, und gar oft klingt daraus heraus, wie die "armen Juden" eigentlich zu bedauern waren. Heute muss aber positiv lediglich das Schädliche dieser Rasse herausgestellt werden. Ich habe mir Mühe gegeben den Artikel durch Streichungen druckgerecht zu machen, aber der Hauptschriftleiter hält die Arbeit auch in dieser Form noch nicht für tragbar Es hätte z. B. die Pestgeschichte zu einer scharfen Anklage gegen die Juden gemacht werden können. Bringen wir die Arbeit so, dann hauen wir bestimmt daneben. Ich weiss, dass es Ihnen wahrscheinlich schwer fällt, nun die Arbeit nur nach dieser Seite aufzuziehen, aber wir können diese nur so bringen. Sehen Sie also mal zu, was sich noch machen lasst.

Besten Gruss und Heil Hitler!

H. Krautkrämer

EF 36a K-0653

Schreiben der *Wormser Tageszeitung* an Roeß, in dem ihm mitgeteilt wird, dass einer seiner Artikel wegen seiner zu judenfreundlichen Richtung nicht gedruckt werden könne.

Zwar führte Georg Richard Roeß wohl tatsächlich über lange Jahre einen Kampf gegen den Alkohol und verstarb am 2. Januar 1945 an den Folgen der Sucht im Philipps-Hospital von Goddelau, wie Carl J.H. Villinger anlässlich seines 100. Geburtstags in den *Wonnegauer Heimatblättern* (Beilage der WZ, Oktober 1972) schrieb, doch schmälert das weder seine große Leistung als Heimatdichter und Übersetzer – Villinger bezeichnete ihn auch als »halbes Genie« –, noch widerspricht es seinem offenen menschenfreundlichen Wesen. Dass seine von Dr. Friedrich M. Illert gesammelten Werke am 21. Februar 1945 beim Bombenangriff auf Worms verbrannt und unwiederbringlich verloren seien, wie Villinger glaubte, entspricht glücklicherweise nicht ganz den Tatsachen, denn im Stadtarchiv lagern noch fast die kompletten Aufzeichnungen, Original-Manuskriptbücher und -hefte, Briefe, Gedichte usw.

Der Nachlass von Georg Richard Roeß, der sich, noch zu seinen Lebzeiten seit 1933 im Stadtarchiv befindet und den Zweiten Weltkrieg überlebt hat, wurde noch ergänzt durch den Nachlass seiner Schwester Anna Oehl geb. Roeß mit Briefen, Zeitungsausschnitten, Fotos. Der Sohn von Anna Oehl, Erwin Oehl gab 1987 den Nachlass seiner Mutter mit den oben erwähnten Unterlagen an das Stadtarchiv. Georg Richard hatte bis an sein Lebensende regen Briefkontakt mit ihr. Er schickte ihr immer wieder Teile seiner Veröffentlichungen und Zeitungsausschnitte. Der größte Teil hiervon ist sicherlich noch nicht gesichtet, bearbeitet, veröffentlicht oder gedruckt worden. Einige seiner Werke sind im wissenschaftlichen Teil der Stadtbibliothek katalogisiert. Diesen Schatz innerhalb der Mauern von Worms gilt es zu heben und das Andenken an Georg Richard Roeß zu bewahren. Im Jahre 2022 ist der 150. Geburtstag von Georg Richard Roeß. Vielleicht könnte man bis dahin eine Gesamtausgabe seines noch vorhandenen Werkes veröffentlichen. §

DIE DALBERGER UND DER WEIMARER MUSENHOF

VON VOLKER GALLÉ

Von einem Musenhof spricht man, wenn ein Fürst sein höfisches Leben wesentlich durch Künstler gestalten lässt. In der europäischen Geschichte, seit dem Mittelalter, waren es eher Herrscherinnen oder aber Herrscher kleinerer Fürstentümer, die so betrachtet wurden und werden. Politische Ohnmacht und kultureller Einfluss gingen häufig Hand in Hand. Das bekannteste Beispiel für einen solchen Musenhof ist der Hof von Sachsen-Weimar-Eisenach, der von Herzogin Anna Amalia begründet und von ihrem Sohn Carl August fortgeführt wurde. Mit der überregional wirksamen Weimarer Klassik sind Wieland, Goethe, Schiller und Herder gemeint.

Vor allem Schiller und Herder standen in engem Kontakt zu den drei Dalbergbrüdern Karl Theodor, Wolfgang Heribert und Johann Friedrich Hugo. Schloss Herrnsheim war der Stammsitz der Kämmerer von Worms genannt Dalberg. Heute noch verweisen der englische Garten und das klassizistische Schlossgebäude auf die Zeit um 1800. Da war Wolfgang Heribert zwar Schlossherr, lebte und wirkte aber am kurpfälzischen Hof in Mannheim und widmete sich dort dem Theater. Karl Theodor wurde 1772 kurmainzischer Statthalter in Erfurt und 1802 Mainzer Erzbischof. Als Fürstprimas des Rheinbundes residierte er ab 1803 in Regensburg und Aschaffenburg. Er veröffentlichte vor allem philosophische Schriften. Johann Hugo Friedrich modernisierte von 1784 bis 1789 das kurtrierische Bildungswesen und wirkte danach als freier Musiker, Komponist und Autor, zuletzt in Aschaffenburg. Schloss Herrnsheim wurde als Sommersitz genutzt. Die 1883 versteigerte Bibliothek, die Wolfgang Heribert und sein Sohn Emmerich Joseph in Herrnsheim aufgebaut hatten, zeigt das europaweite und interdisziplinäre Interesse ihrer Gründer, aber auch Bezüge zu Aufklärung und Weimarer Klassik. So finden sich im Katalog Werke von Lessing, Heinse, Schubart, Wieland, Herder, Schiller und Goethe.

Nach der gefeierten Uraufführung der *Räuber* holte Wolfgang Heribert Schiller nach Mannheim, wo *Die Verschwörung des Fiesco zu Genua* und kurze Zeit später *Kabale und Liebe* entstanden.

Das Mannheimer Nationaltheater

Die Beziehung Schillers zu Wolfgang Heribert (1750–1806) stammt aus seiner Mannheimer Wirkungszeit zwischen 1782 und 1785. Als der pfälzische Kurfürst Karl Theodor 1777 auch bayrischer Kurfürst wurde und daraufhin seine Residenz von Mannheim nach München verlegte, verödete das höfische Leben an Rhein und Neckar. Um dem entgegenzuwirken, schlug er in seiner Funktion als stellvertretender Präsident der Hofkammer die Gründung eines Theaters vor. Ein Jahr später wurde er der erste Intendant des Mannheimer Nationaltheaters. Der Begriff »Nationaltheater«, den sich auch andere Bühnen ab dieser Zeit zulegten, sollte zum einen auf eine deutsche Bühnensprache hinweisen, zum anderen auf eine Öffnung der Hoftheater für die bürgerliche Öffentlichkeit. Als Dramaturg des Hamburger Nationaltheaters hatte Lessing in seiner zwischen 1767 und 1769 entstandenen *Hamburgischen Dramaturgie* diesbezüglich neue Akzente gesetzt.

Mit dieser Idee verbunden war auch die Beauftragung von Autoren für neue Stücke. Wolfgang Heribert übersetzte Shakespeare für seine Bühne und schrieb selbst Stücke. In seiner Komödie *Montesquieu oder die unbekannte Wohlthat* beispielsweise zeichnete er den französischen Aufklärer als mildtätigen Privatmann, möglicherweise ein gewollter Spiegel seiner selbst. Aber auf diese Art und Weise kam auch die Uraufführung von Friedrich Schillers *Die Räuber* am 13. Januar 1782 in Mannheim zustande. Obwohl der Intendant dem adelskritischen Text durch eine Verlegung der Handlung ins Mittelalter die politische Spitze zu nehmen suchte, wurde das Stück zu einem überregional wirksamen und enthusiastisch gefeiertem Erfolg. Ein Zeitzeuge berichtete:

> »Das Theater glich einem Irrenhaus, rollende Augen, geballte Fäuste, heisere Aufschreie im Zuschauerraum. Fremde Menschen fielen einander schluchzend in die Arme, Frauen wankten, einer Ohnmacht nahe, zur Tür. Es war eine allgemeine Auflösung wie ein Chaos, aus dessen Nebeln eine neue Schöpfung hervorbricht.« (zitiert nach Wikipedia)

Daraufhin holte Wolfgang Heribert Schiller 1783 als Theaterdichter nach Mannheim und gab drei weitere Stücke in Auftrag. 1784 wurde das Drama *Die Verschwörung des Fiesco zu Genua*, das im Untertitel als »republikanisches Trauerspiel« gekennzeichnet war, in Mannheim aufgeführt, kurze Zeit später *Kabale und Liebe* als »bürgerliches Trauerspiel«. Im selben Jahr hält Schiller in Mannheim vor der kurpfälzischen »Deutschen Gesellschaft« einen programmatischen Vortrag zur Frage »Was kann eine gute stehende Schaubühne eigentlich wirken?« Seine Rede wird unter dem Titel *Die Schaubühne als eine moralische Anstalt betrachtet* veröffentlicht. Darin heißt es:

Zur Feier des 100-jährigen Bestehens des Mannheimer Hof- und Nationaltheaters Mannheim. Zu sehen sind neben einer Ansicht des von Lorenzo Quaglio entworfenen Gebäudes und einer Schillerbüste die Schauspieler August Wilhelm Iffland, Johann David Beil, Johann Michael Boeck und Heinrich Beck sowie Intendant Wolfgang Heribert von Dalberg).

»Die Schaubühne ist mehr als jede andere öffentliche Anstalt des Staats eine Schule der praktischen Weisheit, ein Wegweiser durch das bürgerliche Leben, ein unfehlbarer Schlüssel zu den geheimsten Zugängen der menschlichen Seele.« (zitiert nach Wikisource)

Es geht Schiller um eine politisch nützliche Veranstaltungsform im Sinn populärer Aufklärung, bei der sich der Gemeingeist über das individuelle Erleben im Kollektiv herstellen lässt. Nachdem Schillers Vertrag nicht verlängert wird, verlässt er Mannheim in Richtung Sachsen, hält aber bis 1785 noch Briefkontakt mit Wolfgang Heribert. Bei einer Lesung des Anfangs seines *Don Carlos* in Darmstadt hatte er den Weimarer Herzog Carl August kennengelernt, der ihn zum »Weimarer Rat« ernannt hatte. Während Mannheim ihn und seine Wirkung verlor, gewann ihn Weimar.

Österreichische Nationalbibliothek, Bilarchiv.

Schattenriss von Johann Friedrich Hugo von Dalberg als Student.

Komponist und Philosoph

Der Jüngste des »trefflichen deutschen Brudertriumvirats«, so Christian Friedrich Daniel Schubart 1788 in seiner *Vaterlandschronik*, war Johann Friedrich Hugo (1760–1812). Der Komponist und Klaviervirtuose gab Konzerte in europäischen Hauptstädten wie Paris und London. Johann Gottfried Herder wurde 1776 auf Betreiben Goethes und Vermittlung Karl Theodors von Dalberg als Generalsuperintendent nach Weimar berufen. Zehn Jahre später nahm Johann Hugo brieflichen Kontakt mit ihm auf, schickte ihm eine Liedkomposition und schlug ihm eine gemeinsame Shakespeare-Oper vor. Aus diesem Projekt wurde jedoch nichts. In weiteren Briefen tauschten sich beide über Spinozas Philosophie aus. Johann Hugo, der den wegen seiner Absolutismuskritik auf dem Hohenasperg inhaftierten Schubart bereits 1782 besucht hatte, interessierte sich auch für die politischen Gedanken Spinozas. In einem Traktat hatte dieser die These vertreten, der Verlust eines Königs könne statt zu einer Republik auch zur Thronusurpation eines Tyrannen führen. Dem stimmte er zu, verteidigte aber Cromwell als Schöpfer der englischen Verfassung.

Im April 1788 lud er Herder zu einer Italienreise ein, die beide gemeinsam mit Sophie von Seckendorf vom August des Jahres bis zum Juli 1789 unternahmen. Herders Reisetagebuch ist veröffentlicht, von Johann Hugo gibt es keine Aufzeichnungen. Da es zum Konflikt wegen der durch Johann Hugo ausgesprochenen finanziellen Einladung kam und Herder auch die Begleiterin nicht sonderlich sympathisch war, kehrte man getrennt zurück. Die sechzehn Briefe zwischen Herder und Johann Hugo danach bezeugen jedoch einen weiterhin freundschaftlichen Austausch der beiden.

1791 schickt Johann Hugo sein unter dem Titel *Vom Erfinden und Bilden* anonym erschienenes Hauptwerk nach Weimar. Dalberg bearbeitet darin nicht nur antike Musiktheorien, sondern reflektiert das eigene Schaffen, das er beobachtend beschreibt und mit physiologischen Forschungen zur Wahrnehmung verknüpft:

> »Oft habe ich dies an mir selbst erfahren; in den Augenblicken, wenn mich die Bildung einer neuen Idee beschäftigt, fühle ich mich in einer höheren Spannung; das Blut rollt schneller, die Nerven empfinden feiner, die Organe sind elastisch gespannt, ja in den höchsten Momenten der Begeisterung schwebt die Seele in einer fremden Region.« (Fritz von Dalberg, S. 106)

Dass das zu Herders ästhetischer Philosophie passt, schreibt Johann Hugo in einem Brief aus dem Jahr 1800 mit Blick auf Herders im selben Jahr erschienene Schrift *Kalligone*, die sich gegen Kants Einordnung der Ästhetik richtet:

Silhouetten-Sammlung Schubert, Handschriften-Abteilung der SUB Göttingen.

»Das, was Sie suchen, den hellen Lichtpunkt, das Medium der Farben und Töne – ist auch mein Traum, Dichten und Streben seit langen Jahren. Darum freute es mich so sehr, das Prinzip der Fortschreitung – Bewegung (oder Erregbarkeit und Vibrirung der elastischen Körper, welches ich in meiner Schrift als den Grund aller Musik feststellte und zu entwickeln gesucht habe) auch bei Ihnen zu finden.«

Und nach kenntnisreichen musiktheoretischen Ausführungen pflichtet er Herders Kritik an Kant mit den Worten bei:

»Längst hatte ich an den Blasphemien und der schnöden Behandlungsarth der Musik in der ›Kritik der Urteilskraft‹ meinen Aerger. Darum Heil Ihnen, Bester! daß Sie unsere schöne und erhabene Kunst so ritterlich vertheidigt – und aus der niedern Stufe, in die sie die Königsberger Kritik versetzt hatte, wieder zum Himmel und zu den Sternen erheben. Daß ich den kritischen Unhold 2 Mahl angeführt habe, mögen Sie und die Musen verzeihen. Gott weiß, welcher böse Traumgott mich dazu verführte.« (S. 42)

Mäzen und Philosoph

Karl Theodor (1744–1817) stand vor allem mit Friedrich Schiller in freundschaftlichem Austausch. Schiller widmete ihm seine 1793 erschiene Schrift *Über Anmut und Würde* sowie seine Dramen *Don Carlos* (1787) und *Wilhelm Tell* (1804). Dem *Tell*-Manuskript mit der Widmung hatte er ein Gedicht »An Karl Theodor von Dalberg« angegliedert, mit dem er ihn charakterisierte.

Wenn rohe Kräfte feindlich sich entzweien
Und blinde Wut die Kriegesflamme schürt,
Wenn sich im Kampfe tobender Parteien
die Stimme der Gerechtigkeit verliert,
Wenn alle Laster schamlos sich befreien,
Wenn freche Willkür an das Heilge rührt,
Den Anker löst, an dem die Staaten hängen
– Das ist kein Stoff zu freudigen Gesängen.

Doch wenn ein Volk, das fromm die Herden weidet,
Sich selbst genug, nicht fremden Guts begehrt,
Den Zwang abwirft, den es unwürdig leidet,
Doch selbst im Zorn die Menschlichkeit noch ehrt,
Im Glücke selbst, im Siege sich bescheidet
– Das ist unsterblich und des Liedes wert,
Und solch ein Bild darf ich dir freudig zeigen:
Du kennts, denn alles Große ist dein eigen.

Karl Theodor residierte ab 1771 in Erfurt als Mainzer Statthalter und war dort auch für die Kontakte zu den Höfen von Weimar, Gotha und Meiningen zuständig. Dadurch kamen häufige Kontakte zu Wieland, Goethe, Herder und Schiller zustande. Über zwei Jahrzehnte lud er zu offenen Salons ein, die auch von Goethe, Herzog Carl August und Schiller besucht wurden. Nicht Standeszugehörigkeit bestimmte die Einladungen, sondern das durch die Aufklärung aufkommende bürgerliche Bildungsideal eines Geistesadels. Im Erfurter Ballhaus gastierte zudem mehr-

Literatur

Michael Embach / Joscelyn Godwin, *Johann Friedrich Hugo von Dalberg (1760–1812) – Schriftsteller, Musiker, Domherr*, Trier 1998.
Michael Embach, »Rheinischer Adel und Deutsche Klassik – die Beziehungen der Dalbergbrüder zum ›Weimarer Musenhof‹, in: Peter Ensberg / Jürgen Kost (Hrsg.), *Klassik-Rezeption – Festschrift für Wolfgang Düsing*, Würzburg 2003, S. 19–34.
Volker Gallé / Michael Embach, *Fritz von Dalberg zum 200. Todestag*, Worms 2012.
Herbert Hömig, *Carl Theodor von Dalberg – Staatsmann und Kirchenfürst im Schatten Napoleons*, Paderborn 2011
Liselotte Homering, »Wolfgang Heribert von Dalberg als Theaterleiter und Autor«, in: Volker Gallé / Werner Nell (Hrsg.), *Zwischenwelten – das Rheinland um 1800*, Worms 2012, S. 69–94.
Michael Ludscheidt (Hrsg.), *Aufklärung in der Dalbergzeit – Literatur, Medien und Diskurse im Erfurt des späten 18. Jahrhunderts*, Erfurt 2006.
Martin A. Völker, *Raumphantasien, narrative Ganzheit und Identität – eine Rekonstruktion des Ästhetischen aus dem Werk und Wirken der Freiherren von Dalberg*, Hannover 2006.

mals Goethes Weimarer Hoftheater, im Jahr 1791 mit Schillers *Don Carlos*.

Karl Theodor war aber nicht nur Mäzen und Gesprächspartner für die Weimarer, sondern veröffentlichte selbst philosophische Schriften, so im Jahr 1791 *Grundsätze der Ästhethik*. Wie sein jüngerer Bruder Johann Hugo setzte er pädagogisch und politisch auf die Wirkung der Ästhetik, die er als Spiegel einer im Grunde harmonischen Welt verstand und als »bildende Kraft« erlebte. Moral und Schönheit setzte er in Bezug wie Unmoral und Hässlichkeit. Beispiele für Letzteres waren für ihn »Sittenverderbnis, politische Ränke, habsüchtige Kriege, Negerhandel und mancher despotische Missbrauch rechtmäßiger Gewalt.« (nach Hömig, S. 59) »Vaterlandsliebe« sah er verwirklicht durch die patriotische Tugend aufgeklärter Staatsbürger, zu denen er auch die Regierung zählte. Dazu brauche es eine Verfassung, die den Gedanken der Aufklärung verpflichtet sei. Wie Schiller kritisierte er damit auch den Mangel an Schönheitsgefühl in der Ästhetik Kants, den er brieflich mit seinem Anliegen kontaktierte. Schillers Schrift *Über Anmut und Würde* ist auch aus dem Gespräch mit Karl Theodor heraus entstanden. Aber anders als Karl Theodor sieht Schiller mit Schmerz und Lust auch die Schattenseiten des Schönen. In seinem Begriff von Anmut ist die durch Reflexion erworbene Freiheit der Menschenwürde mit Schönheit versöhnt. Die aufklärerische Utopie einer sich harmonisch spiegelnden Weltweisheit wird mit der Anstrengung des kategorischen Imperativs Kants in eines gebracht.

Carl Theodor von Dalberg.

Die Dalbergbrüder wirkten an der Epochenschwelle zur Moderne. Damit saßen sie letztlich zwischen den Stühlen, zwischen Aufklärung und Romantik, zwischen Adel und Republik und zwischen Deutschland und Frankreich. Und obwohl sie um 1800 in Kreisen der Intellektuellen hochgelobt wurden, stießen nachfolgende Meinungsmacher sie vom Thron. Es blieb bestenfalls eine Erinnerung in der bildungsbürgerlichen Provinz. Die Dalberg-Akademie in Schloss Herrnsheim hat das Ziel, diesen verloren gegangenen Schatz zu heben, um der rheinischen Zwischenwelt neue Zukunft einzuatmen. Die linksrheinische Aufklärung mit der besonderen Bedeutung Rousseaus, das kulturelle Potenzial des deutschen Föderalismus, die Vernetzung mit Mannheim, Aschaffenburg, Erfurt und Weimar, ein europäisches Denken mit Interesse an zunächst fremden Welten – all das kann ihr Thema sein. §

Quelle: Herzog August Bibliothek Wolfenbüttel

KULTUR UND BEGEGNUNG IM WESTEND

DER LUTHERSALON DER WORMSER LUTHERGEMEINDE

VON CHRISTIAN SCHMITT

Seit dem April des Jahres 2019 lädt die evangelische Luthergemeinde Worms einmal im Monat zum »Luthersalon« ein: Am letzten Freitag eines Monats (außer in den Monaten Januar, Juli und Dezember) geht es im gemeindeeigenen Luthersaal (Friedrich-Ebert-Straße 45) mit einem etwa einstündigen Programm und in einer dem jeweiligen Thema angepassten Form um Kultur oder Theologie, um Sujets aus Musik, Kunst, Literatur oder Geschichte. Danach besteht die Möglichkeit, den Abend gesellig und zwanglos bei Wein und Brezeln ausklingen zu lassen. Der Eintritt ist frei; am Ausgang wird eine Kollekte zur Kostendeckung erbeten.

Schon nach kurzer Zeit etablierte sich die Reihe als markantes und vom Publikum gut angenommenes Element des kulturellen Angebotsspektrums in Worms.

Die Idee zu diesem abendlichen, kulturell-kommunikativen Treffs geht auf Fritz Delp zurück, den im Mai 2020 in den Ruhestand eingetretenen Pfarrer des Südbezirks der Luthergemeinde. Sein Kollege, Simon Pascalis (Nordbezirk), der Kirchenvorstand sowie der Kirchenmusiker der Gemeinde, Christian Schmitt, nahmen die Anregung bereitwillig auf und unterstützten Pfarrer Delp bei der Konzeption der neuen Reihe. Beteiligt an der Programmgestaltung ist auch die Evangelische Erwachsenenbildung Worms-Wonnegau, deren Leiter Prof. Dr. Werner Zager sich spontan zur dauerhaften Zusammenarbeit bereit erklärt hatte.

Kulturelle Veranstaltungsreihen gehören schon seit Langem zum Profil der Luthergemeinde: So prägte etwa der beliebte, von Carola Martin organisierte »Mittwochstreff« jahrzehntelang die

Astrid Haag sang Lieder von Kästner, Tucholsky und anderen, am Klavier wurde sie von Christian Schmitt begleitet.

evangelische Senioren-Bildungsarbeit in Worms. Der Luthersalon richtet sich allerdings nicht bevorzugt an ältere Menschen, denn als Abendtermin (Beginn: 20 Uhr) ermöglicht er auch Erwerbstätigen den Besuch. Die Gemeinde versteht den Luthersalon als Angebot für alle, mit einer interessanten Thematik in Berührung zu kommen und dabei auch die Gemeinschaft mit anderen zu pflegen.

Bereits mit der Premiere am 26. April 2019 wurde die keinesfalls auf im engeren Sinn Kirchliches begrenzte Themenvielfalt des Luthersalons deutlich: Mit einer Collage aus darstellerischer Performance, Rezitation und Musik nahm sich die Wormser Schauspielerin und Sängerin Astrid Haag, unterstützt von der Cellistin Katharina Schmitt und Christian Schmitt am Klavier, des vergnüglichen Themas »Dada« an.

Einen historisch-politischen Akzent setzte Fritz Delp, Neffe von Pater Alfred Delp, der im Mai über den SPD-Politiker, Schriftsteller und Widerständler Carlo Mierendorff (1897–1943) referierte.

Der Rezitator Deichelmann präsentierte im Juni die erste Ausgabe seines neuen Formats »Karl-Heinz Deichelmann liest …«. Im Mittelpunkt stand der amerikanische Schriftsteller Charles Simmons mit seinen unter dem Titel *Lebensfalten* veröffentlichten Erzählungen. Christian Schmitt kontrapunktierte die Lesungen mit eigens für diesen Abend komponierten Klavierstücken.

Ganz im Zeichen eines besonderen Musikgenres stand die August-Ausgabe des Luthersalons: »Vuelvo al sur« war das Motto des Tango-Abends, den Katharina Schmitt (Cello) und Christian Schmitt (Klavier) präsentierten. Sie spielten Tango-nuevo-Kompositionen von Astor Piazzolla, viele davon in eigenen Bearbeitungen.

Foto: Andreas Stumpf

Im September referierte Prof. Dr. Werner Zager zum Thema »Was ist (uns) heilig?«. Musikalische Intermezzi steuerte Christian Schmitt am Cembalo bei.

Lieder nach Texten von Kästner, Tucholsky u.a. bot Astrid Haag, am Klavier begleitet von Christian Schmitt, im Oktober: »Und ruh von meinem Vaterlande aus ...« lautete der Titel eines Chansonabends, der einen Mix aus poetischen und humoristischen Liedern brachte und in dem auch das politische Chanson einen Platz hatte.

Unter dem Motto »Vom Karneval der Tiere« sprach Kantor Christian Schmitt bei dem die Premierensaison beschließenden Abend am 25. November 2019 über das Thema »Tiere in der Musik«. Der mit musikalischen Beitragen an Klavier, Cembalo und Kleinorgel gespickte Vortrag war gleichzeitig der Abschluss einer Vortragsreihe der Evangelischen Erwachsenenbildung.

Nach dem ersten Jahr konnten die Veranstalter ein positives Fazit des neuen Formats ziehen: Unter Einbeziehung von Wormser Gastkünstlern und -künstlerinnen und getragen von der Initiative haupt- und ehrenamtlicher Mitarbeiter und Mitarbeiterinnen bot der Luthersalon ein abwechslungsreiches Programm von einer großen Themenbreite, das allmonatlich ein großes Publikum in den Luthersalon lockte. So gut war der Zuspruch, dass viele Zuhörer und Zuhörerinnen sogar noch im Flur Platz nehmen mussten.

> **Bereits mit der Premierenveranstaltung wurde die keinesfalls auf im engeren Sinn Kirchliches begrenzte Themenvielfalt des Luthersalons deutlich.**

Corona im Jahr 2020

Das Jahr 2020 begann im Luthersalon mit einem historisch-literarisch-musikalischen Abend von besonderem Reiz: Im Zentrum standen Joachim Ringelnatz und seine Tätigkeit als Bibliothekar bei der historisch bedeutsamen und einflussreichen Adelsfamilie Yorck von Wartenburg, die u. a. durch das Engagement Peter Yorcks im Widerstand gegen Hitler besondere Bekanntheit erlangte. Pfarrer Delp referierte über die geschichtlichen Zusammenhänge, Astrid Haag las Ringelnatz-Poesie und trug weitere Gedichte in Form von Chansons und musikalischen Rezitationen vor, die ihr Klavierbegleiter Christian Schmitt komponiert hatte.

Die weiteren für das erste Halbjahr 2020 geplanten Termine mussten zunächst aufgrund der Corona-Beschränkungen abgesagt werden: ein Carl-Spitzweg-Abend mit Pfarrerin Dorothea Zager, ein literarisch-musikalischer Abend zu dem Schriftsteller und Friedensaktivisten Frank Arlig mit Enno Pigge (Hannover) und Susanne Bohn (Heidelberg), ein Abend der Reihe »Karl-Heinz Deichelmann liest ...« (Anton Tschechow: *Die Dame mit dem Hündchen*) sowie ein historischer Vortrag mit Stadtarchivar Prof. Dr. Gerold Bönnen. Diese Veranstaltungen sollen nach Möglichkeit im Folgejahr nachgeholt werden.

Für die zweite Jahreshälfte wurden, sofern es die Regelungen zum Abhalten öffentlicher Veranstaltungen zulassen, folgende

Lutherkirche am Abend.

Themen vorgesehen: im August ein Abend mit Kantor Christian Schmitt, der Kurioses und Unterhaltsames zum Thema Orgel: »Die Orgeln sind wie züchtige Jungfrauen« vorstellte, und im September ein Vortrag mit dem Titel »Utopien vom Rand der Gesellschaft – Der Wormser Schriftsteller und Astrologe Peter Bender« (Referent: Kulturkoordinator Volker Gallé). Im Oktober referierte Prof. Dr. Werner Zager zum Thema »Der Baum als biblisches Symbol«, und zum Abschluss im November stand ein kulturgeschichtlich-musikalischer Beitrag von Kantor Christian Schmitt über »Robert Schumanns Waldszenen«, bestehend aus einer Einführung und einer konzertanten Darbietung am historischen Bechstein-Flügel im Kirchenraum, auf dem Programm.

Auch in der Zukunft soll nach dem erklärten Willen der Gemeinde der Luthersalon ihr Veranstaltungsangebot, zu dem neben den gottesdienstlichen Zusammenkünften und den Treffen zahlreicher Gruppen ohnehin regelmäßige Konzerte und Vortragsveranstaltungen gehören, um viele anregende Facetten erweitern. Mögen sich auch weiterhin viele davon angesprochen und dazu eingeladen fühlen, sich im Luthersalon Kultur zu begegnen – und Begegnung zu kultivieren. §

Foto: Christian Schmitt.

Fidanka Ruseva

VON MARGITA KÖHLER-EICHBERGER

Die 47 Jahre alte Fidanka Ruseva und ihr Mann betreiben seit vier Jahren in Worms in der Luisenstraße ein bulgarisches Lebensmittelgeschäft.

Die Familie stammt aus Warna, der Hafenstadt an der nördlichen bulgarischen Schwarzmeerküste. Auch dort hatte sie schon ein Lebensmittelgeschäft.

Der große Wunsch der Familie war immer, nach Deutschland auszuwandern. Deshalb hatte Fidankas Mann einige Zeit vorher eine Arbeit bei einer Abbruchfirma in der Nähe von Worms angenommen. Als er genug Geld verdient hatte und eine Wohnung fand, konnten seine Frau und die beiden Söhne 2011 nach Worms nachkommen.

Frau Ruseva berichtet, dass die erste Zeit in Deutschland nicht so einfach war. Keiner von ihnen sprach Deutsch. Deshalb besuchten die Eheleute zwei Jahre lang die Sprachschule. Zum Glück konnten sie alle gleich Arbeit finden. Frau Ruseva arbeitete als Verkäuferin in einem türkischen Spezialitätengeschäft.

2016 sollte sich dann endlich ihr großer Traum erfüllen, sie eröffneten ihr eigenes Lebensmittelgeschäft in der Luisenstraße.

Im Angebot haben sie Lebensmittel, Obst, Gemüse und Spirituosen aus Bulgarien. Das Geschäft wurde von Anfang an gut angenommen. Zu den Kunden gehören viele Bulgaren, aber auch Russen, Rumänen und Türken. Bei einem ›Kaffee zum Mitnehmen‹ hat sich das Geschäft mittlerweile zu einem Treffpunkt von vielen Einwanderern aus Südeuropa entwickelt.

Auch ihre beiden Söhne konnten sich in Deutschland zwischenzeitlich eine Existenz aufbauen, ein Sohn lebt in Berlin, der andere in Worms. Er ist bereits verheiratet und hat zwei Kinder.

Wenn man Frau Ruseva fragt, ob sie ihren Schritt bereut hat, die Heimat zu verlassen, so verneint sie dies. Sie und ihr Mann sind sehr zufrieden mit dem, was sie erreicht haben und fühlen sich in ihrer neuen Heimat angekommen.

THEATER CURIOSUM KURIOS GING'S LOS

VON JULIAN RÖMER

Das ganze Ensemble: Freude über die erste gelungene Inszenierung der Fontane-Novelle *Unterm Birnbaum*.

Worms ist eine Theaterstadt! Jugendliche können sich bei der Nibelungenhorde, der Szene9 oder den Theaterteens ausprobieren, wohingegen Erwachsene bei der VHS Theaterwerkstatt oder der Volksbühne mitwirken. Das Theater im Museumshof bietet eine Bühne für Jung bis Alt. Egal ob im Wormser oder im Lincoln, im Freien oder bei den Festspielen – das Spiel auf der Bühne scheint den Wormsern zu liegen und zu gefallen. Seit 2019 wird dieser Kreis durch ein neues Ensemble erweitert: das THEATER CURIOSUM.

Aber wozu braucht es noch eine weitere Theatergruppe? Die Idee verselbstständigte sich im Dezember 2018 bei Andreas Hartmann, Florian Walter und Julian Römer, die seit vielen Jahren bei den Projekten der Theaterpädagogin Kirsten Zeiser engagiert waren. Da sie aufgrund ihres Alters den Theaterteens entwuch-

Fotos: Markus Dietz.

sen, fassten sie den Entschluss in Kooperation mit jener eine Alternative für sich und weitere Entwachsene auf die Bühne zu stellen: ein Theater für junge Erwachsene, um ihnen weiterhin die Möglichkeit zu bieten, sich selbst weiterzuentwickeln, Spaß zu haben und in fremde Welten eintauchen zu können.

So wuchs ein Kreis von etwa zwanzig Darsteller*innen und Helfer*innen zusammen, die sich allesamt seit etlichen Jahren kannten und die von der Neugier und der Lust am Ungewöhnlichen, eben dem Kuriosum, geweckt wurden. Die Motivation war also vorhanden, selbst etwas auf die Beine zu stellen. Bis im Oktober 2019 die Premiere von Fontanes *Unterm Birnbaum* im Lincoln stattfand und am Ende der tosende Applaus die Gruppe für ihre Arbeit belohnte, war es jedoch noch ein langer Weg.

Zwar hat man nach etlichen Jahren im Theatergeschäft schon eine ungefähre Idee davon, welche Schritte im Hintergrund vollzogen werden müssen, doch wie viel Arbeit das ist und wie viel Freizeit dabei geopfert werden musste, lässt sich kaum rekonstruieren. Schließlich stand man nicht nur auf der Bühne, sondern war auch in vielen Rollen hinter der Bühne aktiv. Überlegen Sie doch einmal mit, was alles bis zu einer Premiere notwendig ist! Die folgende Auflistung bietet zumindest einen kleinen Einblick in das Geschehen:

Die Arbeit begann wie erwähnt im Dezember 2018. Zahlreiche Überlegungen wurden angestellt, wie die Gruppe aufgebaut werden soll, von der Anzahl und dem Alter der Darsteller, über die künstlerische Ausrichtung, die Struktur bis hin zum Namen. Etliche Mails wurden hin- und hergeschickt, Treffen abgehalten bis im März ein erstes Konzept und der Name feststand.

Doch ohne Bühne und Darsteller kann es auch kein Theaterensemble geben. Daher trat man an Michaela Langner heran, die man bereits aus vorherigen Projekten der Theaterteens kannte. Dank ihr und der generellen Offenheit des Lincolns für die Wormser Kulturszene konnte die Zusammenarbeit mit dem LincolnTheater auf dem Obermarkt problemlos in die Wege geleitet werden. Die Darsteller*innen entstammten dem Freundeskreis, der sich im Laufe der vielen Theaterjahre angesammelt hatte. Schließlich brauchte es auch ein Stück, das am Ende aufgeführt werden sollte. Die Novelle *Unterm Birnbaum* von Fontane bot sich zu seinem 200. Geburtstag als relativ seltenes Theaterstück gut für unser Debüt an.

Ende Mai kam es so zu einem ersten Treffen mit einem Großteil der Beteiligten und einem ersten Herantasten an die Textgrundlage. Das Stück wurde vorgestellt, Rollen wurden ausprobiert und in den Köpfen der Autoren bereits besetzt. Dass man sich bereits kannte, hatte den Vorteil, dass man sehr gut einschätzen konnte, wer für welche Rolle geeignet ist oder wer sich gerne einer Herausforderung stellen wollte. Über die Sommermonate wurde der Text somit in eine dramatische Fassung umgearbeitet.

Dass man sich bereits kannte, hatte den Vorteil, dass man sehr gut einschätzen konnte, wer für welche Rolle geeignet ist oder wer sich gerne einer Herausforderung stellen wollte.

Die drei Regisseure übernahmen die Rolle der Gier (Julian Römer), der Arroganz (Florian Walter) und des Todes (Andreas Hartmann).

Viel Schweiß floss hier vor allem bei Andreas Hartmann, der den Text größtenteils allein erarbeitete.

Währenddessen planten Julian Römer und Florian Walter Organisation und Durchführung. Woher bekommen wir Bühnenbild, Kostüme und Requisiten? Wie soll das überhaupt aussehen und wie bezahlen wir das? An welchen Terminen spielen wir? Wie legen wir die Proben? Eine besondere Aufmerksamkeit erhielt sicherlich die Frage, ob wir drei am Ende selbst auf der Bühne stehen konnten. Sie erinnern sich, eigentlich wollten wir selbst Theaterspielen und fanden uns auf einmal in der Verwaltung einer Theatergruppe wieder.

Anfang August begannen die Proben, die uns vor neue Herausforderungen stellten: Alles, was wir uns in den letzten Monaten im stillen Kämmerlein überlegt hatten, musste nun in die Praxis umgesetzt werden. Waren wir vorher also bereits als Organisatoren und Autoren aktiv, war nun der Regisseur gefragt. Präziser: Drei Regisseure waren gefragt. Niemand von uns hat eine Schauspiel- geschweige denn Regieausbildung, und so verließen wir uns wieder auf unsere Erfahrung, Intuition und einige Fachliteratur. Wieder standen wir vor zahlreichen Überlegungen: Wie baut man eine Probe auf? Wie leitet man die Gruppe so an, dass sie die eigenen Vorstellungen umsetzen kann? Wie bekommt man die Stimme einer 22-Jährigen so trainieren, dass sie klingt wie die einer alten Frau?

Mit dem Beginn der Proben wurden auch die Bühnen-, Masken- und Kostümbildner instruiert, die bereits im Hintergrund sammelten, unsere Ideen umsetzten und mit viel Engagement eigene Vorschläge einbrachten. So wurde selbst am Tag der Premiere noch an Kleinigkeiten gefeilt. Dazu gehört auch die Technikabteilung, die zwar auf ein solides Grundgerüst im

Szene aus dem Stück *Unterm Birnbaum*.

Lincoln aufbauen konnte. Dennoch mussten aber Scheinwerfer repariert, LEDs aufgebaut, die Musik eigens für die Aufführung aufgenommen, bearbeitet und an die Dramaturgie des Stückes angepasst werden.

Nebenbei musste die Presse informiert, Plakate und Flyer mussten entworfen, gedruckt und verteilt werden. Der Vorverkauf wurde geregelt, die Dankeschön-Geschenke für die Helfer mussten organisiert werden. Ab und zu soll es sogar vorgekommen sein, dass einige von uns ihrem eigentlichen Tagwerk nachgingen, z. B. in der Uni gesichtet wurden.

Spannend für die Regisseure war auch die Analyse der Durchlaufproben. Da sie selbst große Zeit auf oder hinter der Bühne verbrachten, hatten sie keine Möglichkeit, ihren Darstellern zuzuschauen und Tipps und Wünsche weiterzugeben. So wurden die Proben gefilmt und in stundenlanger Arbeit Szene für Szene auseinandergenommen. Übrigens wurde nicht nur die Probe, sondern auch die Aufführung gefilmt und als Andenken zur Verfügung gestellt.

Curiosinet

Trotz aller Anstrengungen versüßte die überaus positive Resonanz unsere Arbeit und festigte den Entschluss, dieses Projekt in Zukunft fortführen zu wollen. Schließlich standen der Spaß und das Ausprobieren immer im Fokus, sodass sich im Frühjahr 2020 ein Wunsch unserer Darsteller*innen und damit ein ganz anderes Projekt anband: Die Rede ist von unserem Improvisationsabend, dem »Curiosinet«. Und obwohl »Improvisation« das Spontane forciert, steckt in Wahrheit mindestens genauso viel Arbeit und Vorbereitung dahinter, dies in ein unterhaltsames Format umzuwandeln.

Die Improvisation hat auf der Bühne normalerweise eine eher untergeordnete Rolle, denn der Schauspielende mimt eine Rolle, die er nach dem Gusto der Regie und des Textbuches umsetzt. Oft bekommt man daher zu hören, wie erstaunlich und schwierig es wohl sei, sich spontan etwas Sinnvolles zu überlegen und daraus eine Geschichte zu bauen. Wir wollen Sie an dieser Stelle daher ermutigen und darauf hinweisen: Sie improvisieren Ihr komplettes Leben, es gibt kein Drehbuch, an dem Sie sich orientieren können. Falls Sie also schon immer mal selbst Theater spielen wollten, seien Sie mutig und nutzen die Improvisation als Ihre Chance!

Mittlerweile konnte trotz Corona unser neues Stück *Das Gespenst von Canterville* sehr erfolgreich über die Bühne gehen.

Dieser Improvisationsabend im März 2020 war gleichzeitig das Schlusskapitel vor der langen Pause, verursacht durch das Virus CoVid-19, das noch das komplette Jahr Teil der Planungen sein sollte. Nach anfänglicher Ungewissheit folgten der Probenstopp und Absagen sämtlicher Veranstaltungen. Es war klar, dass wir in einer absoluten Ausnahmesituation sind! Doch das »Curiosum« in unserem Namen kommt nicht von ungefähr. Wir möchten doch neugierig sein und unser Leben mit vielen Ideen bereichern. Daher verlegten wir die Proben kurzerhand in die Digitalität und nutzten die Videotelefonie zu unseren Gunsten: Um miteinander in Kontakt zu bleiben und weitere Ideen zu besprechen, war dies ausreichend und einige Texte und kleine Videos konnten erarbeitet werden. Doch einer unserer Darsteller formulierte so treffend auf die Frage, wann denn Theater für ihn Spaß mache: »Für mich ist diese Frage einfach zu beantworten: Gemeinsam.«

So waren wir heilfroh, als unsere Proben im Juni 2020 mit viel Abstand und Mundschutz wieder im Freien stattfinden konnten. Damit begannen die Vorbereitungen für das Herbststück und wie diese ablaufen können, das wissen Sie ja mittlerweile. Ob es allerdings genauso abläuft, lässt sich aktuell (Juni 2020) noch nicht absehen. Sicherlich wird es die ein oder andere Besonderheit geben, auf die zu achten sein wird. Das Lincoln als unsere Heimat soll aber bestehen bleiben und die Zusammenarbeit weiter intensiviert werden.

Zum Schluss bleibt uns nur zu sagen: Wenn es nach uns geht, soll Worms eine Theaterstadt bleiben! Und wir haben noch sehr viele Ideen, um das Theaterleben in dieser Stadt aktiv auszubauen, egal zu welcher Zeit, an welchem Ort und unter welchen Bedingungen. Deshalb ein gut gemeinter Rat zum Schluss: Bleiben Sie kurios! §

GELEBTE INTEGRATION, MITTEN IN WORMS

EIN BESUCH BEI KUBIS E.V.

VON ANNE MICHEL

Jedes Jahr wird bei der traditionellen Neujahrsfeier ein schönes Märchen mit Musik und Tanz aufgeführt.

Dicht an dicht stehen die Pokale, glänzend und liebevoll arrangiert, in dem großen Trophäenschrank der Kinder- und Jugendtanzgruppe. Gleich daneben, an der Wand, hängen die zahlreichen Urkunden, die von der überaus erfolgreichen Arbeit zeugen, die hier bei KuBiS, dem Kultur-, Bildungs- und Sportverein Worms e.V., geleistet wird. Fotos von nationalen und internationalen Wettbewerben, auf denen die glücklichen Teilnehmerinnen in ihren farbenfrohen Kostümen strahlend in die Kamera lachen, vervollständigen das Bild. So sehen erfolgsverwöhnte Tänzerinnen aus.

Ich befinde mich in den Vereinsräumen von KuBiS in der Bahnhofstraße 24 in Worms und bin, schon zu Beginn der Runde durch die gepflegten Räumlichkeiten, ziemlich beeindruckt. An meiner Seite der Geschäftsführer des Vereins, Michael Krjukov. Enthusiastisch und routiniert gleichermaßen vermittelt er mir die ambitionierten Ziele und Visionen seiner Vereinsarbeit.

Zu den Aktivitäten des KuBiS e.V zählen u.a. das Schachspielen (hier spielen die Kinder im Albert-Schulte-Park), Klavierunterricht, Sprach- und Malkurse, Kurse zum Erstellen von Videofilmen, zum Umgang mit Medien sowie Turn-, Ballett- und Tanzkurse.

Hier bei KuBiS sind alle Menschen willkommen, die sich von dem vielseitigen Programm angesprochen fühlen. Religion oder Nationalität spielen dabei keine Rolle. Personen aus 17 verschiedenen Herkunftsländern trainieren, lernen, tanzen, malen und musizieren gemeinsam. Gelebte Integration, mitten in Worms.

Ursprünglich wurde der Verein 2005 als russisch-deutscher Kulturverein gegründet. Eine Begegnungsstätte für Russlanddeutsche, Frauen aus der ehemaligen Sowjetunion, jüdische Flüchtlinge, Studierende und Au-pairs. Alle Zusammenkünfte und Aktivitäten fanden in den Vereinsräumen am Wolfsgraben statt.

2011 erfolgte der Umzug in die Bahnhofstraße 24. Der Verein stellte sich breiter auf, erweiterte seine Kurse und Freizeitangebote erheblich. Die Umbenennung in Kultur-, Bildungs- und Sportverein Worms e.V. war folgerichtig und bildet nun auch im Vereinsnamen das Spektrum seiner Angebote ab.

Erneut begannen die Mitglieder die Räume zu renovieren und zu modernisieren. Die dabei entstandenen, nicht unerheblichen Kosten wurden durch vereinseigene Mittel und ehrenamtliche Arbeitseinsätze gedeckt.

Heute präsentieren sich die Vereinsräume in einem ausgezeichneten Zustand und beherbergen eine Vielzahl von Kursteilnehmern.

Farbenfrohe Bilder an den Wänden, geschaffen von den Kindern und Jugendlichen der Malgruppe, künden von den ersten und zweiten Plätzen, die die jungen Nachwuchskünstler bei Malwettbewerben mit internationaler Beteiligung erreicht haben.

Unter dem Motto »Tanzrausch statt Vollrausch« entstehen in der Foto- und Videowerkstatt sachbezogene Filme, die in Zusammenarbeit mit dem Caritasverband, dem Verein »mit Jugend gegen Drogen« und der Stadt Worms, bei Veranstaltungen zur Drogenprävention mit großem Erfolg gezeigt werden.

Eine engagierte Musiklehrerin erteilt u.a. den Kindern im Musikraum kontinuierlichen Klavierunterricht. Die Fortschritte der jahrelangen Übungen lassen sich an den erreichten Zertifizierungen ablesen. Und an den außerordentlich gut besuchten Konzerten, bei denen die jungen Nachwuchspianisten, ihre Fähigkeiten einem breiten Publikum darbieten und beweisen.

Wäre ich ein Vorschulkind, würde ich mich in dem Raum, in dem die Vorschulerziehung stattfindet, wohlfühlen. Unterteilt in Gruppen für die 4- bis 5-Jährigen und 5- bis 6-Jährigen werden die jüngsten Vereinsmitglieder auf die Schule optimal vorbereitet. Die Ausstattung in der Lernstube beinhaltet eine umfangreiche, dem Alter der Kinder angepasste Auswahl von Lernmittel und Spielsachen. Die Zahlen und das Alphabet werden beim Übergang in die Schule keine Hürden sein. Sie begegnen den Kleinen beim gemeinsamen Malen, Basteln, Spielen und Turnen. So macht Vorschule großen Spaß.

Im Mehrzweckraum wird für die etwas Älteren ein qualifizierter Nachhilfeunterricht in Mathe, Deutsch, Englisch und Physik angeboten.

Ambitioniert ist der Kurs »Deutsch als Fremdsprache«. In nur einem Jahr können Lernwillige die Prüfung für das Level B 2

> In nur einem Jahr können Lernwillige beim Deutschkurs die Prüfung für das Level B 2 ablegen. Die russische Sprache kann man natürlich auch bei KuBiS lernen.

KuBiS e.V. kurz gefasst

2005 Gründung des Deutsch-Russischen Kulturvereins
2011 Umbenennung in KuBiS, Kultur-, Bildungs- und Sportverein
Geschäftsführer: Michael Krjukov
1. Vorsitzender: Waldemar Scherer
Anschrift: Bahnhofstraße 24, 67547 Worms
E-Mail: info@kubis-worms.de · Internet: www.kubis-worms.de
Kurse: zzt. werden mehr als 250 Kinder und Jugendliche aus 17 Nationen in verschiedenen Kursen in dem Verein betreut
900 Kinder, Jugendliche und Erwachsene nahmen seit der Gründung an den Vereinsaktivitäten teil

ablegen. Nach erfolgreich bestandener Prüfung dient das Zertifikat als anerkannter Sprachnachweis für Universitäten und Fachholschulen.

Die russische Sprache kann man natürlich auch bei KuBiS erlernen. Interessant ist, dass sich in den Kursen viele Lernende treffen, die familiär keinen Bezug zu Russland haben. Auch in diesem Kurs sind verschiedene Zertifizierungen nach internationalen Standards zu erreichen.

Zum Abschluss unseres Rundgangs führt mich Herr Krjukov in einen Raum, in dem über 1000 verschiedene Kostüme aufbewahrt werden. Staunend betrachte ich die farbenfrohe Pracht. Trachten aus aller Herren Länder hängen nach Größen und Herkunftsländern akribisch geordnet an den Stangen oder liegen sicher verpackt in durchsichtigen Kisten. Ich ahne, dass der Bestand ein Vermögen darstellt. Foto 21

Seit vielen Jahren ist KuBiS sehr erfolgreich in der Kategorie Show- und Volkstanz international. Die Gruppe tanzt auf höchstem Niveau und erreicht jedes Mal bei den Weltmeisterschaften zweite und dritte Plätze. Imponierende Ergebnisse, wenn man bedenkt, dass bei der letzten WM in Braga / Portugal 5000 Kinder aus 50 Ländern an dem Wettbewerb teilnahmen.

Für die WM vom 26. Juni bis 4. Juli 2020 war Rom fest eingeplant. Die Tanzgruppe hatte sich ein Jahr lang intensiv auf die Weltmeisterschaft vorbereitet, die infolge der Corona-Krise nicht ausgetragen wurde. Sehr schade, womöglich hätte es diesmal für den heiß ersehnten ersten Platz gereicht.

Bemerkenswert erscheint mir die Tatsache, dass der Verein sich finanziell selbst trägt und auch die Auslagen für die Auftritte im Ausland fast ohne fremde Hilfe schultert. Überaus dankbar erwähnt Herr Krjukov diesbezüglich die Stadt Worms und einige Sponsoren. Ohne deren freiwillige Zuwendungen wäre es ungleich schwerer, das umfangreiche Angebot aufrechtzuerhalten.

Unser Rundgang endet dort, wo er begonnen hat: vor dem Trophäenschrank. Immer noch vollkommen fasziniert von den

Bei Tanzmeisterschaften stehen KuBiS-Formationen aller Jahrgangsstufen immer auf dem Siegertreppchen, z. B. 2019 in Braga/Portugal (rechts) oder anderswo. Auch im ZDF sind sie schon aufgetreten.

zahlreichen erkämpften Pokalen, schaue ich mir die glänzende Pracht erneut an und würdige ein weiteres Mal das hervorragende Abschneiden der Tanzgruppe bei den verschiedensten Wettbewerben. Für den so sehnsüchtig gewünschten ersten Platz bei einer Weltmeisterschaft der Show- und Volkstanzgruppe drücke ich dem Team alle verfügbaren Daumen.

Herrn Krjukov danke ich abschließend für die zahlreichen Informationen, die aus Platzgründen an dieser Stelle nicht in ihrer Gesamtheit darzustellen sind. Ihm, den Vereinsmitgliedern, den fleißigen Helfern im Hintergrund, und allen, die sich engagieren, wünsche ich für die Zukunft weiterhin großen Erfolg und Freude an der Vereinsarbeit.

Vereine leben von und mit Persönlichkeiten, die sich für eine abwechslungsreiche Freizeitgestaltung einsetzen. KuBiS bietet Menschen aus den verschiedensten Kulturkreisen ein facettenreiches Angebot und leistet dadurch in Worms und Umgebung, einen enorm wichtigen Beitrag zur Integration und einem friedlichen Miteinander! §

FÜR DIE JUGEND AKTIV

DER STADTJUGENDRING WORMS E.V.

VON VALERIE RÖDDER

Der Stadtjugendring Worms (SJR) wurde um 1950 als Arbeitsgemeinschaft der Jugendverbände gegründet und wird seit 1991 als Stadtjugendring Worms e.V. weitergeführt. Seit 1995 ist er anerkannter Träger der freien Jugendhilfe. Als Dachorganisation und Interessenvertreter von derzeit 18 Kinder- und Jugendvereinen und -verbänden nimmt der SJR eine wichtige Rolle im Gemeinwesen der Stadt Worms ein. Er tritt als parteipolitisch unabhängiger Verein für die Durchsetzung der Interessen der zirka 19 500 Wormser Kinder und Jugendlichen von 7 bis 27 Jahren ein. Als Dachverband vertritt der SJR die Interessen seiner Mitgliedsverbände auf kommunaler Ebene.

Fach- und Servicestelle

Der Stadtjugendring ist eine Fach- und Servicestelle. Koordiniert wird diese seit 2018 durch eine hauptamtliche Mitarbeiterin, seit 2020 wird die Arbeit unterstützt durch eine FSJ-Politik-Stelle (Freiwilliges Soziales Jahr).

Der Stadtjugendring organisiert den Arbeitskreis Jugendarbeit, bei dem sich hauptamtliche Mitarbeiter*innen und Ehrenamtliche von Trägern der freien und kommunalen Jugendhilfe zu Themen austauschen und weiterbilden können.

Er vertritt die Belange der Kinder und Jugendlichen in kommunalpolitischen Gremien. Mit drei stimmberechtigten Fachvertreter*innen ist er Mitglied im Jugendhilfeausschuss der Stadt Worms und im Beirat Jugendarbeit vertreten. Beteiligt ist er an öffentlichen Planungsprozessen in der Jugendhilfe, so z. B. seit 2016 an einem Praxisentwicklungsprojekt namens JES mit PEP (Jung-Eigenständig-Stark), das von der kommunalen Jugendstrategie des Landes Rheinland-Pfalz initiiert wurde. Zusammen mit anderen Akteuren der Wormser Jugendarbeit, dem Kinder- und Jugendbüro sowie der Mobilen Jugendarbeit wurde gemein-

V. l. n. r., hintere Reihe: Julian Trutzel (aej), Lukas Beth (aej), Jörg Bürgis (VCP); mittlere Reihe: Johanna Claußnitzer-Piel (aej), Johanna Bonert (BdP), Sebastian Besier (Bdkj); vordere Reihe: Susi Arnold (Abenteuerspielplatz), Gamila Nickel (NABU Worms), Michel Adolf (Lebenshilfe). Auf dem Foto fehlt Linda Stephens (aej).

sam mit Jugendlichen eine Infrastrukturprüfung vorgenommen und es wurden Überlegungen zu Partizipationsprojekten im Eisbachtal (Worms-Horchheim/-Weinsheim) angestellt. Ziel ist es, Jugendliche aus diesem Gebiet in das gesellschaftliche, kulturelle und politische Leben mehr einzubeziehen.

Seinen Mitgliedsverbänden steht der Stadtjugendring beratend zur Seite. Er begleitet sie bei der Entwicklung demokratischer Strukturen, in Fragen der Öffentlichkeitsarbeit sowie bei der bei Beantragung von öffentlichen Förderungen.

Für seine Mitgliedsverbände veranstaltet der SJR Weiterbildungsseminare für ehrenamtlich Tätige zur Erlangung der Jugendleiter*innencard (Juleica). Die Juleica ist ein bundesweit einheitlicher Ausweis für ehrenamtliche Mitarbeitende in der Arbeit mit Kindern und Jugendlichen. Die Ausbildung richtet sich an alle Interessierte ab 14 Jahren. Themenbausteine sind u. a. Entwicklungsprozesse im Kindes- und Jugendalter, Arbeit in und mit Gruppen, Rolle und Selbstverständnis von Jugendleiter*innen, Aufsichtspflicht, Haftung, Versicherung, Kindeswohlgefährdung und Prävention, Organisation und Planung. Zum Erwerb der Juleica ist außerdem ein gültiger Erste-Hilfe-Kurs notwendig, der in Kooperation des Arbeiter-Samariter-Bund (ASB) oder dem JRK (Jugendrotkreuz) angeboten wird.

Der Vorstand

Der Vorstand setzt sich zusammen aus Vertreter*innen der Mitgliedsverbände. In den aktuellen Vorstand für die Amtszeit 2019 bis 2021 wurden Vertreter*innen folgender Mitgliedsorganisationen gewählt: Abenteuerspielplatz (Susi Arnold), Arbeitsgemeinschaft Evangelische Jugend (Johanna Claußnitzer-Piel, Lukas

Foto: Valerie Rödder.

Mitgliedsverbände

Derzeit sind folgende Organisationen im SJR Mitglied:

Abenteuerspielplatz Worms-Neuhausen e.V.
Arbeiter-Samariter-Jugend
Arbeitsgemeinschaft der Evangelischen Jugend (aej)
Bund der Alevitischen Jugendlichen in Deutschland/Worms (Bdaj)
Bund der Deutschen Katholischen Jugend (Bdkj)
Bund der Pfadfinderinnen und Pfadfinder Stamm Bundschuh (BdP)
Christliche Pfadfinderschaft Deutschlands – Stamm Nibelungen (CPD)
Deutscher Alpenverein Sektion Worms (DAV)
DGB-Jugend Stadtverband Worms
Deutscher Jugendverband Entschieden für Christus (EC-Jugend Stadtmission Worms)
Evangelisch-Freikirchliche Gemeinde (Baptisten)
Stamm VCP – Grafen von Eberstein
Jugendrotkreuz
Naturschutzjugend im NABU
Sportjugend
Verband Christlicher Pfadfinderinnen und Pfadfinder Stamm Nibelungen (VCP)
Wormser Stenographenverein 1865 e.V.
UNICEF Worms

Die Lebenshilfe Worms ist beratendes Mitglied.

Kontakt

Stadtjugendring Worms e.V.
Würdtweinstraße 12a
67547 Worms
kontakt@sjr-worms.de
Valerie Rödder (Geschäftsführende Referentin)
Mobil 0173 6198508
www.sjr-worms.de
Facebook und Instagram @sjrworms
Youtube: Stadtjugendring Worms

Beth, Julian Trutzel, Linda Stephens), Bund Deutscher Katholischer Jugend (Sebastian Besier), Bund der Pfadfinder (Johanna Bonert), Naturschutzjugend (Gamila Nickel) und Verein Christlicher Pfadfinder (Jörg Bürgis). Alle diese Organisationen sind Träger der freien Jugendhilfe und können auf langjährige Erfahrungen in der Freizeitarbeit und Ferienbetreuung verweisen. Insbesondere die beiden Vorsitzenden Johanna Claußnitzer-Piel und Sebastian Besier bringen ihren sozialpädagogischen Fachhintergrund mit ein. In Fragen der Inklusion steht dem Vorstand ein Vertreter der Lebenshilfe (Michel Adolf) zur Seite.

Veranstaltungen

Der Stadtjugendring Worms veranstaltet seit etwa 40 Jahren den Weltkindertag auf dem Lutherplatz, immer am dritten Samstag im September. Seit 2018 gestaltet der SJR zusammen mit dem Kinder- und Jugendbüro das Festival »Jugend im Park« (JiP) im Albert-Schulte-Park. In Kooperation mit dem Gauß-Gymnasium organisiert der SJR die Tage der Orientierung. Das sind pädagogische Seminare (drei Tage), die außerhalb des Alltags und der Schule stattfinden – eine Möglichkeit, den mehr auf den Wissensvermittlungen gerichteten Unterricht durch Erfahrungslernen zu ergänzen und zu bereichern.

Seit 1984 koordiniert der Stadtjugendring den Oster- und Herbstferienkalender, der in einer Auflage von 7500 Programmheften erscheint. Durchschnittlich nehmen an den Ferienangeboten der Kinder- und Jugendverbände ca. 2500 Wormser Kinder- und Jugendliche teil. Seit 2018 gibt es auch ein Winter/Pfingstferienkalender.

Der SJR richtet zweimal im Jahr pädagogisch ausgerichtete fünftägige Ferienspiele für jeweils 50 Kinder aus. Sie finden jedes Mal unter einem anderen, von den teilnehmenden Kindern der vorherigen Ferienspiele gewählten Thema statt. So gab es das Motto »Entdecke den Dschungel«, »Helau und Alaaf«, »Experimente« und »Universum«.

Über das Jahr finden regelmäßig kleinere Veranstaltungen und Workshops zu verschiedenen Themen statt. Im Vorfeld der Kommunalwahlen, Landtags- und Europaparlaments-Wahlen organisiert der SJR Gespräche und Diskussionsveranstaltungen mit Jugendlichen und Politiker*innen. Der Stadtjugendring setzt sich ein gegen Rassismus und gegen Sexismus. Hierzu finden immer wieder thematische Veranstaltungen statt.

Cash4Youth

Der Stadtjugendring hat einen Verfügungsfond mit einem Budget von jährlich 5000 Euro für Ideen von Jugendlichen für Jugendliche. Verwaltet wird er von einem Ausschuss des Stadtjugendrings unter Beteiligung junger Menschen. Gefördert wurden bisher Projekte zu den Themen Kunst & Kreativität, Umwelt & Nachhaltigkeit. §

DEUTSCHE VITA IM CAFÉ PINEL

EINE PERSÖNLICHE ERINNERUNG

VON DAVID MAIER

Wir rennen durch die Gänge des Europahauses, verstecken uns in den dunklen Ecken. Unsere hohen Stimmen verlieren sich im Treppenhaus, die kurzen Schritte folgen ihnen nach. Bewegungsmelder? Nur, wenn die Nachbarn ihre Köpfe aus ihren einen Spalt geöffneten Wohnungstüren strecken, um uns mit einem lauten Zischen verständlich zu machen, dass wir uns einen anderen Spielplatz suchen müssen.

Zu zweit schieben wir mit geeinter Kraft die große Holztür auf, kurz geblendet von der Sonne, mittendrin in der Stadt. Spielplatz genug. Manchmal setzen wir uns vor eine Hauswand, legen einen Hut vor uns ab und hoffen, dass uns jemand ein paar Pfennige hineinwirft. Wir machen Fahrradrennen in der Fußgängerzone, während des Starefests. Manchmal legen wir uns auf den Boden und robben uns am Kassenhäuschen des Europa-Kinos entlang, unbemerkt schleichen wir in den Kinosaal. Einmal läuft *Der Prinz aus Zamunda*.

Meistens aber gehen wir einfach ums Eck, nur ein paar Meter, gleiches Haus. Meine Erinnerung will mir nicht mehr verraten, welche Einrichtung das Café Pinel damals hat. Aber der im Raum stehende graue Dunst, das kurze Brennen in den Augen, wenn man den Raum betritt, bleibt mir bis heute im Gedächtnis.

Mein bester Freund steht bei seinem Vater– Toni macht einem Gast gerade einen Cappuccino mit Sahne. Ich kann kaum über den Tresen schauen, sehe die blonde Dauerwelle meiner Schwester. In der einen Hand eine Zigarette, in der anderen die Eiskelle, zwischen rechter Schulter und Kiefer fixiert sie das tragbare Festnetztelefon und schmiedet Abendpläne mit einer Freundin. In den *Tresor* oder vielleicht doch ins *Jux*? Wenn sie nicht bei Toni arbeitet, dann tut sie es bei Ivo, oder sie hängt am Gammi.

Wir hängen hier. Wir sind die Stadtjungs, die Hilfskellner, machen uns ein gemischtes Eis, trinken heimlich Cola, schauen mit großen Augen dabei zu, wie ein Gast in Lederjacke und Cowboy-Stiefeln seinen Likör mit einem Feuerzeug zum Brennen bringt.

Die Zeiten ändern sich. Das Pinel zieht in das Verkehrshäuschen gegenüber, der eine Bruder kommt dazu und schließt sein Café in der Judengasse, der andere geht und eröffnet eine Pizzeria in der Hagenstraße. Die Familien sind in die Vorstadt gezogen. Wir an das eine, die Pinels an das andere Ende. Manchmal kommt Toni mit seiner Frau Erika und den Kindern noch zu Besuch. Wir schauen Deutschland gegen Italien, Berti Vogts gegen Arrigo Sacchi. Wir feiern Tonis Geburtstag im Stiftskeller, die Kinder spielen draußen auf dem Weckerlingplatz – irgendwann, und für so etwas gibt es nie ein bestimmtes Datum, zieht die Zeit unserer Freundschaft davon.

Ab und an, wenn ich in der Stadt bin, in den Semesterferien oder am Wochenende, wenn ich mich vergewissert habe, was noch da und was weg ist, setze ich mich auf die Terrasse unter einen von der Sonne vergilbten und vom Regen verbrauchten, früher einmal roten, Sonnenschirme. Meine Schwester hat ein Haus in Osthofen gebaut. Kein Jugendlicher sitzt mehr am Gammi. Jeden Samstag um 11 Uhr treffen sich eine Mutter und ihre Tochter auf ein Glas Sekt, sie sitzen immer auf der Eckbank. Und draußen, direkt an der Tür, immer derselbe. Als das Café noch gegenüber war, hatte er noch Haare und sie nannten ihn Frosch.

Ich esse schon lange kein Eis mehr. Ich trinke den viel zu heißen Cappuccino. Mit Milchschaum. Und ich sitze Stunden unter dem Sonnenschirm, beobachte die Wormser, wie sie vom Bahnhof aus in die neu gebaute Kaiser-Passage ziehen. Toni setzt sich eigentlich immer zu mir, fragt, wie es meinen Eltern geht, wie das Studium läuft, was die Musik macht. Egal, wann ich in der Stadt bin, Toni ist immer da.

Es gibt keinen, nicht einen einzigen Italiener in Worms, wo man eine so gute Nudel essen kann. Ich schwöre!

Er ist es immer noch, als ich wieder zurück nach Worms komme. Und Frosch ist es auch und die Eckbank ist samstags auch belegt. Die jungen Geflüchteten, die jetzt am Gammi sitzen, werden von manchen genauso schräg angeschaut wie die Jugendlichen in den 80er-Jahren. Meine Kinder bekommen ein Eis, und ich amüsiere mich darüber, dass die Speisekarte zwar seit zwanzig Jahren dieselbe, die Preise wohl aber bereits zum dritten oder vierten Mal überklebt und mit einem schwarzen Faserstift neu beschriftet wurden. Viel zu spät wird mir bewusst, wie gut man hier essen kann. Es gibt keinen, nicht einen einzigen Italiener in Worms, wo man eine so gute Nudel essen kann. Ich schwöre!

Am Nebentisch trinkt der städtische Beamte in seiner Mittagspause die zweite Schorle, ein Kellner tänzelt durch die Tischreihen und schafft es gekonnt, alles zu ignorieren, was nach dem Versuch einer Bestellung aussieht. Toni liest Zeitung. Ich setz mich dazu. Er sagt, dass die Zeit jetzt reif sei. Was habe ich mich früher lustig gemacht über die Leute, die meinen, sie müssten ihre rudimentären Volkshochschulkenntnisse mit den in Deutschland lebenden Italienern teilen – jetzt frage ich ihn: »*Sei stanco?* Bist du müde?« Er fragt, wie es meinen Eltern geht, was die Arbeit, was die Musik macht.

Währenddessen schimpft sein Bruder auf Italienisch über eine vergebene Torchance, die gerade auf dem kleinen Fernseher am Tresen wiederholt wird. Oft hat er auch über die benachbarte Wurstwerkstatt geschimpft, als es sie noch gab. Manchmal schimpft er auch über die Weihnachtseisenbahn für Kinder, die sie jedes Jahr im November vor das Café bauen. Ab dann wird fünf Wochen lang, zehn Stunden am Tag, ein und dieselbe CD aus den Lautsprechern klingen.

Diese Weihnachten sind wir noch mal dort. Ein letztes Mal, ein halbes Leben. Das Café Pinel ist jetzt Geschichte – und ein Teil der meinen wird es auch immer sein. §

DAS BUCH
IM 21. JAHRHUNDERT

VON TOM HENRIK MILIUS

Eragon, Steelheart, Artemis Fowl. Alles großartige Bücher und nur wenige kennen sie, geschweige denn haben sie gelesen. Ich habe diese Bücher gelesen und noch sehr viele weitere dazu. Aktuell bin ich vierzehn Jahre alt und bin so einer der wenigen an meiner Schule (Rudi-Stephan-Gymnasium), der mit solcher Begeisterung liest. Erst vor Kurzem wurde ich vom SWR4 interviewt, weil ein Jugendlicher, der ein gutes Buch einem Film vorzieht, Seltenheitswert hat. Zu meinem Bedauern sterben Bücher langsam, aber sicher aus. Ich berichte hier aus meiner Sicht auf dieses Thema. Das Buch, wie wir es kennen, hat eine durchaus bewegte Geschichte hinter sich. Es hat lange gedauert, bis es zur heutigen Form kam.

Angefangen bei den Höhlenmalereien, über die Sumerer mit der Erfindung der Schrift und ganz am Ende Gutenberg mit seinen beweglichen Lettern. Dank Gutenberg konnten Bücher erstmals in Massen produziert werden und lösten eine Medienrevolution aus. Wie schon die Höhlenmalereien beweisen, hegt der Mensch den Wunsch, Informationen für die Nachwelt festzuhalten. Anfangs wurden noch Steintafeln verwendet, Informationen wurden mühsam eingeritzt. Später wurde Papyrus benutzt, eine aufwendige Prozedur, da dieses Material nicht nur sehr leicht zu zerreißen war, sondern noch zusätzlich zusammen- und aufgerollt werden musste. Dann kam das Papier und gleichzeitig das Buch. Es vermag zwar nicht eine so eindrucksvolle Geschichte wie so manche Steintafel aufweisen, ist dafür aber in der Lage, über mehrere Jahrhunderte hinweg Informationen zuverlässig festzuhalten.

Heute, im Jahr 2020, stirbt das Buch langsam aus. Es wird vom Internet und Online-Informationen verdrängt wie seinerzeit der Papyrus oder das Pergament. Falls für ein Referat Informationen über ein bestimmtes Thema benötigt werden, genügt

ein Mausklick, und alles steht bereit. Wikipedia und andere Plattformen bieten umfangreiche Archive an. Niemand hat Lust und Zeit, in der Bibliothek nach Büchern zum entsprechenden Thema zu suchen, vorausgesetzt die Bibliotheken haben derartiges in ihrem »Lagerbestand«. So viel zu den Sachbüchern.

Die Unterhaltungsbücher, seien es nun Märchen, Romane oder Krimis, werden langsam aber sicher vom E-Book verdrängt. Es gibt mittlerweile sogar sogenannte »Onleihen«, bei denen man sich E-Books ohne Kosten ausleihen kann. Fast niemand kommt mehr auf die Idee, kiloweise Bücher auszuleihen. Zumindest fast niemand.

Ich nehme jedes Jahr am Lesesommer teil, habe in den letzten vier Jahren gewonnen, weil ich immer um die fünfzig Bücher oder mehr gelesen hatte.

Warum ich Bücher mag

Es kommt oft die Frage, warum ich so viel und vor allem so gerne lese. Ganz ehrlich: Ich weiß es nicht so genau. Es lässt sich schwer in Worte fassen. Zum einen, weil in Büchern praktisch alles möglich ist. Es gibt nichts, was es dort nicht geben könnte und wenn man noch so eine ausgeprägte Fantasie hat. Zum anderen entspannt mich das Lesen ungemein. Das sind zwei Gründe, warum ich Bücher so mag.

Gerade deshalb finde ich die bundesweite Aktion des Lesesommers so gut. Ich selbst nehme jedes Jahr teil, habe in den letzten vier Jahren gewonnen, weil ich immer um die fünfzig Bücher oder mehr gelesen hatte, und berichte aus eigener Erfahrung. Vor allem an Teilnehmern im Alter von zwölf bis fünfzehn Jahre mangelte es sehr. Ich war praktisch jeden Tag in der Bibliothek anwesend, um Bücher auszuleihen und ausgeliehene Bücher zurückzugeben. Und ich habe nur ein einziges Mal jemanden am Regal für über Bücher ab dreizehn Jahren gesehen. EINMAL!!!

Was machen die denn heute nur alle? Ganz einfache Antwort: Filme. Netflix, Hollywood und die ganzen Filmemacher liefern unterhaltsameres Material als ein fades Buch. Natürlich gibt es noch viele, die ein gutes Buch schätzen und bei schlechtem Wetter gerne schmökern, aber es gibt mindestens genauso viele, die an solchen Tagen lieber vor dem Fernseher oder am PC sitzen. Ich möchte jetzt nicht die Technik verurteilen. Ich persönlich liebe das Computerspiel *Minecraft* und habe gegen einen guten Film nichts einzuwenden. Aber die momentane Gesellschaft kennt mittlerweile nichts anderes mehr. Zumindest viele unter zwanzig.

Mein erstes Smartphone habe ich mit dreizehn bekommen, wenn auch unter strengen Auflagen, einen Computer durfte ich nur unter Auflagen mitbenutzen. Es gab feste Zeiten, zu denen ich am PC spielen durfte, und das ist heute noch so. Darunter hat mein Leseeifer nicht sonderlich gelitten. Und ganz ehrlich: Ich ziehe ein wirklich gutes Buch einem mäßig guten Film vor. Es wird viel gejammert, Handysucht hier, Videospielsucht da. Diese ganzen, teilweise echt billigen Unterhaltungsmöglichkeiten verdrängen das Buch. Die Dosis macht das Gift. So viel dazu.

Warum Tom Henrik so gerne und viel liest, kann er nicht sagen. Auf jeden Fall ist es für ihn Entspannung pur.

Jetzt komme ich zu einem weiteren »Opfer« des Internets. Zeitungen. Es gibt mittlerweile zusätzlich zu den normalen Nachrichten unzählige Nachrichtenportale, die rund um die Uhr die aktuellsten Informationen bereithalten. Einer Umfrage nach beziehen die wenigsten Jugendlichen ihre Informationen aus Zeitungen, vielmehr wird das Internet zu einer Druckerpresse des 21. Jahrhunderts. Natürlich ist diese Entwicklung nicht unbedingt schlecht, man bedenke nur die vielen Bäume, die der Zeitungen wegen sterben müssen. Mein eigentliches Kernthema sollte ja das Lesen und das langsame Aussterben von Bibliotheken und Büchern sein. Aber meiner Meinung nach muss man das ganze Bild betrachten und kann sich nicht einfach ein paar Mosaiksteinchen rauspicken, um irgendwas hineinzuinterpretieren. So weit meine Sichtweise.

Blick auf die aktuelle Situation

Als Letztes noch ein Blick auf die aktuelle Situation. Da man nicht mehr in die Schulen kann, ist das Internet bis an seine Kapazitäten gefüllt, da fast alle zuhause sind und Videokonferenzen über das Internet laufen. Vielleicht könnte man meinen, dass die Leute aufgrund Coronas nach einer Beschäftigung suchen/suchten und die Bücher wiederentdecken, aber das werden die wenigsten sein. Langsam läuft der Alltag ja wieder an, daher wird das wahrscheinlich auch nicht lange anhalten. Der Alltag vieler Leute wurde ja jetzt digitalisiert, gezwungenermaßen. Also noch weniger Zeit für Bücher. Wenn das Internet ein riesiges Wesen wäre, das mit jedem Menschen ein Stück wächst, müsste es längst den eurasischen Kontinent bedecken. Aber, und das ist meine optimistische Seite, Stromausfälle und anderes treten immer wieder auf und werden auch auftreten. Vielleicht wird irgendwann, wenn die globale Erderwärmung und andere umwelttechnische Probleme abgewandt wurden, irgendein findiger Archäologe nach unseren Spuren forschen und dann auf die Bücher stoßen. Informationen in elektronischer Form haben nicht den Sinn, die Zeit zu überdauern. Möglicherweise kehrt das Buch dann zurück. Denn ich bin fest davon überzeugt, dass das Buch in den nächsten Jahrhunderten keine Überlebenschancen hat. Ich bin echt mal gespannt, ob irgendjemand zwischen zwölf und sechzehn Jahren diesen Text ansatzweise freiwillig lesen wird. Ich halte es zwar eher für unwahrscheinlich, aber Wunder geschehen immer wieder, also, so gesehen ...

Das war meine Sicht auf den Stand der Dinge. Ich freue mich, wenn jemand hiervon zumindest annähernd angesprochen wird und möglicherweise auch noch beim Lesesommer mitmacht. Nur einmal im Monat in die Bibliothek gehen und eins, zwei Bücher ausleihen und *freiwillig* lesen, *das* wäre ein Anfang. Aber jetzt ist es wirklich genug. Ich freue mich und schaue der Zukunft gespannt entgegen. §

LENA FIEBERT MIT DEN HELDEN MIT

VON ULRIKE SCHÄFER

Lena, fast acht Jahre alt, glaubt nicht, dass es bald keine Bücher mehr gibt. Als sie noch nicht selbst lesen konnte, haben ihre Eltern ihr viele Bücher vorgelesen. Deshalb konnte sie schon, bevor sie in die Schule kam, ein paar Wörter lesen und schreiben. Mittlerweile schafft sie spielend ganze Bücher. Beim Antolin-Lesewettbewerb von Westermann, der in der Schule angeboten wird, hat sie schon zweimal eine Urkunde bekommen.

In diesem Jahr hat sie zum ersten Mal am Lesesommer teilgenommen. »Seit ich da mitmache, lese ich noch viel mehr«, erzählt sie. »Ich habe sogar schon ein ganz dickes Buch über den Hamster Humboldt geschafft.« Wenn man sich am Lesesommer beteiligt, muss man mindestens drei Bücher gelesen und auch ein paar Fragen zum Inhalt beantwortet haben, um später bei

Lesen macht Lena Spaß. Ob spannend, oder lustig, ist für sie zweitrangig.

der Auslosung eine Gewinnchance zu haben. Je mehr Bücher man liest, um so besser werden die Chancen, einen tollen Preis zu gewinnen.

Das letzte Buch, das Lena studiert hat, war aus der Reihe »Die drei !!!«. Es hieß *Diebe im Gemüsebeet*. Sie fand sehr spannend, wie Kim, Franzi und Marie den Dieben auf die Schliche kamen, und sie zeichnet sie darum auch alle drei auf ein Extrablatt.

Am besten hat Lena bisher ein Buch von LEGO StarWars gefallen, das *Jagd nach dem Kyberkristall* heißt. Es erzählt die Abenteuer der lustigen Schrottsammlerfamilie Freemaker, die aus ihren Fundstücken Raumschiffe bastelt und damit durch die Galaxis düst. Besonders toll findet Lena, dass Rowan Freemaker, Bruder von Kordi und Zander, die Fähigkeit hat, Kyberkristalle aufzuspüren, die zur Herstellung von Lichtschwertern nötig sind. Deshalb werden sie vom bösen Darth Vader verfolgt und mit Laserstrahlen beschossen. Lena hat richtig mit den Freemakers mitgefiebert. Glücklicherweise konnten sie sich im letzten Moment retten.

Lena mag aber nicht nur spannende, sondern auch lustige Bücher, bei denen sie lachen muss. Besonders gerne liest sie Geschichten, die aus dem Leben gegriffen sind und Situationen beschreiben, die sie selbst kennt. Wenn in einem Buch Muffins oder Pfannkuchen gebacken werden, läuft ihr das Wasser im Mund zusammen, und wenn die Kinder, von denen die Rede ist, lustige oder interessante Dinge tun, bekommt sie oft auch Lust, das Gleiche zu tun.

Natürlich sieht Lena sehr gerne Fernseh- und Kinofilme, aber das Lesen macht ihr einfach genauso viel Spaß. Deshalb hofft sie, dass sie noch viele spannende und lustige Bücher lesen kann. §

DEMOKRATIE LEBEN!

EINE ERMUTIGENDE ZWISCHENBILANZ

VON CLAUDIA KOCH

Das Bundesprogramm *Demokratie leben!* fördert zivilgesellschaftliches Engagement in besonderen Maßen. In ganz Deutschland werden Städte, Kommunen und Landkreise darin unterstützt, Partnerschaften für Demokratie zu bilden, um gemeinsam mit der Zivilgesellschaft Strategien gegen rechtsextreme und andere demokratiefeindliche Tendenzen und Aktivitäten zu entwickeln. Angestrebtes Ziel ist die Stärkung einer interkulturell geprägten Gesellschaft, die Toleranz zeigt gegenüber vielfältigen Kulturen und Lebensentwürfen, und eine Partizipation aller erstrebt und auch ermöglicht. Um Ziele fachlich und inhaltlich umzusetzen und die Projekte und Einzelmaßnahmen zu koordinieren, richtete die Stadt Worms 2015 eine Fach- und Koordinierungsstelle beim Diakonischen Werk Rheinhessen ein, die an das Büro des Oberbürgermeisters angegliedert ist und vom sogenannten

Foto: Karolina Krüger.

federführenden Amt in allen administrativen Dingen unterstützt wird und für die ordnungsgemäße Mittelverwendung und Weiterleiterleitung an Dritte verantwortlich ist.

Für die Entwicklung der Partnerschaften stellt das Bundesministerium für Familie, Senioren, Frauen und Jugend jährlich jeder »Partnerschaft für Demokratie« 40 000 Euro zur Verfügung. Diese Mittel können bei der Fach- und Koordinierungsstelle für förderfähige Projekte und Veranstaltungen beantragt werden. Ein Begleitausschuss von aktuell elf Mitgliedern entscheidet über die eingereichten Anträge. Zur Stärkung der Beteiligung von jungen Menschen an den »Partnerschaften für Demokratie« sieht das Bundesprogramm außerdem die Einrichtung von Jugendforen vor, denen gesondert Fördermittel in Höhe von 10 000 Euro bereitgestellt werden. Die Jugendlichen des Jugendforums entscheiden eigenständig mit Unterstützung der Fach-Koordinierungsstelle, welche Jugendprojekte sie fördern möchten.

Gegenüberliegende Seite: Die Sonne aus dem Nordend scheint jetzt auch im Wormser Süden. V. l.: Claudia Koch, Koordinationsstelle Demokratie leben!, Waldemar Herder, Sozialdezernent, Joachim Harbut, Schmiedepädagoge, Birgit Hadj-Chaib, Leiterin der Spiel- und Lernstube, Jan Hitzler, Abteilungsleiter beim ASB.

Aufbau von Strukturen

Seit Beginn der Partnerschaft leite ich die Fach-Koordinierungsstelle. Der Anfang war nicht leicht. Meine erste Aufgabe war, das Bundesprogramm mit seinen Fördermöglichkeiten und die damit verbundenen Ziele bekannt zu machen. Zunächst musste ich mir deshalb einen Überblick über die zahlreichen Aktivitäten der Vereine, Verbände, Initiativen, Schulen und einzelnen Bürger*innen verschaffen, die sich für ein vielfältiges Miteinander einsetzen und aktiv gegen Extremismus und Menschenfeindlichkeit vorgehen. Bedingt durch die Vielfalt derer, die sich seit vielen Jahren engagieren, fiel es leicht, Kontakte zu knüpfen, Bedarfe zu ermitteln und etwas über ihre Vorgehensweise zu erfahren. Es galt Vertrauen aufzubauen und mit Misstrauen umzugehen, denn es bestand bei manchen Organisationen die Befürchtung, dass die Fachstelle sich in bestehende Strukturen einmischen wolle oder dass Doppelstrukturen aufgebaut werden könnten.

Aus den gesammelten Informationen ergaben sich zahlreiche Fragestellungen. Einige seien hier genannt. Wie können Aktionsnetzwerke und Akteure mit den finanziellen Fördermitteln des Bundesprogrammes gestärkt und ausgebaut werden? Wie finde ich Projektträger? Wie können sich die einzelnen Akteure untereinander stützen und bei Bedarf gemeinsam agieren? Wo bedarf es fachliche Unterstützung? Wer eignet sich als Multiplikator*in? Wie können die regionalen Ziele der Partnerschaft gemeinsam mit den Akteuren und Multiplikatoren umgesetzt werden? Welche Beteiligungsmöglichkeiten an Entscheidungsprozessen haben Bürger*innen in Worms? Welche Informationen sind notwendig, um Interventionen zu planen und umzusetzen?

Aus den Antworten und daraus abgeleiteten Zielen hat sich die Partnerschaft in Worms entwickelt. Dieser Prozess war zeitintensiver und herausfordernder, als ich anfangs vermutet hatte. Ein hohes Engagement, Zuhören, Überzeugungsarbeit leisten, Ideen streuen, strategisches Vorgehen waren gefordert. Die Vielfältigkeit der Aufgaben und die Verantwortung, die ich dabei übernahm, empfand und empfinde ich einerseits als reizvoll, andererseits als große Herausforderung. Im Laufe der Jahre habe ich gelernt, souverän damit umzugehen.

Bislang konnten 32 Projektträger gewonnen und 78 Projekte umgesetzt werden. Mit einigen Projektträgern hat sich im Laufe der Jahre eine intensive Zusammenarbeit entwickelt.

Eigene Ansprüche, vielfältige Erwartungen

Die Partnerschaft für Demokratie ist ein komplexes Gebilde. In erster Linie definiere ich diese Aufgabe über meine persönlichen Werte, Wünsche und Fähigkeiten. Meine eigene Haltung ist die Basis bei meiner Arbeit. Sie gibt mir die Möglichkeit, die Fachstelle zu gestalten und zu prägen. Als Akteurin verfolge ich eigene Ziele, bringe mein Fachwissen und eigene Themen ein. Aber es wirken auch Faktoren von außen, wie die Erwartungen der Organisation und des Arbeitsumfeldes, mit. Als Mitarbeiterin bin ich mit einer Vielzahl von Rollenerwartungen konfrontiert. Ich soll Vernetzerin sein, Mediatorin, Leiterin des Begleitausschusses, Koordinatorin für laufende Prozesse, Moderatorin bei Veranstaltungen, Vermittlerin, Beraterin für Projekte und Organisationen, Strategin für die kommunale Demokratieförderung.

Auch von den Menschen, die sich für Erhalt und Förderung der Demokratie einsetzen wollen und entsprechende Projekte planen, werden Erwartungen an mich herangetragen. Als Beraterin wirke ich unterstützend und stärkend für den Prozess. Hier bin ich nicht verantwortlich für die Ziele, sondern nur für die Begleitung der Akteure bis hin zur Durchführung ihres Projekts. Die Trennung der Rollen immer im Blick zu haben, ist nicht einfach, und manchmal sitze ich auch zwischen den Stühlen. Es galt – und gilt auch heute immer wieder – jeweils für mich zu klären, welche Erwartungen ich erfüllen, welche Rollen ich mit meinen Fähigkeiten und Erfahrungen annehmen kann, wo ich Grenzen aufzeigen muss. Dies war ein notwendiger Lernprozess.

In meiner Funktion lerne ich sehr viele unterschiedliche, interessante Menschen und Akteure kennen, die mir sonst nicht begegnet wären. Dies erlebe ich als persönliche Bereicherung. Aus einigen Begegnungen sind Freundschaften gewachsen.

Projekte

Bislang konnten 32 Projektträger gewonnen und 78 Projekte umgesetzt werden. Mit einigen Projektträgern hat sich im Laufe der Jahre eine intensive Zusammenarbeit entwickelt. Impulse und Ideen der Fach- und Koordinierungsstelle können inzwischen zügig umgesetzt werden. Ein wichtiges Ergebnis dieser Zusammenarbeit ist die von der Fachstelle koordinierte Plattform »Wormser Akteure gegen Rechtsextremismus und Demokratiefeindlichkeit«, auf der wir gemeinsam der interessierten Öffentlichkeit unsere Veranstaltungen vorstellen.

In den Projekten der letzten fünf Jahre spiegeln sich die Themen wider, die eine gesellschaftliche Relevanz haben, die die Wormser*innen bewegen, wofür sie sich einsetzen. So war das Jahr 2016 gekennzeichnet von der Willkommenskultur mit dem Schwerpunkt Teilhabe. Beispielsweise schmiedeten Kinder der Spiel- und Lernstube Nordend unter Anleitung eines Schmiedepädagogen gemeinsam mit Flüchtlingskindern ein Kunstwerk gegen Fremdenfeindlichkeit und für Toleranz allen Menschen gegenüber. »Die Sonne, die für alle über dem Wormser Nordend scheint«, wurde vor Ort an einer Hauswand angebracht.

> In den Projekten der letzten fünf Jahre spiegeln sich die Themen wider, die die Wormserinnen und Wormser bewegen, wofür sie sich einsetzen.

Ein anderes Beispiel: Das Projekt Integration durch Bildung beschäftigte sich mit der Demokratieschulung für internationale Studierende an der Hochschule Worms. Ziel des Schulungsprogramm war es, den ausländischen Studierenden den Einstieg in die deutsche Gesellschaft zu erleichtern und sie für gesellschaftliche Problemstellungen und verschiedene Haltungen zu sensibilisieren. Die eigenen Lebenserfahrungen und die gelernten Grundkenntnisse über das deutsche Gesellschaftssystem gaben die Studierenden an in Worms lebende Kinder und Jugendliche im Schulalter weiter. Auf diesem Weg wurde das Verständnis der verschiedenen Kulturen gefördert und den Studierenden der Zugang zur deutschen bzw. Wormser Gesellschaft erleichtert.

In den Folgejahren stand das Erstarken des Rechtspopulismus und Rechtextremismus im Vordergrund. Mit dem Runden Tisch der Luthergemeinde habe ich Vorträge geplant, die von Demokratie leben! gefördert wurden. Gemeinsam mit Kulturkoordinator Volker Gallé entstand eine Vortragreihe zu aktuellen politischen Themen mit bekannten Autor*innen. Sehr gefragt waren Workshops zu »Stammtischparolen«. Eine große öffentliche Resonanz erfuhr auch die Ausstellung *Die Opfer des NSU und die Aufarbeitung der Verbrechen* samt Begleitprogramm, die, angeregt durch die Fachstelle, gemeinsam mit dem Bündnis gegen Naziaufmärsche und dem DGB Stadtverband im Rathaus umgesetzt wurde.

Mit der Druckwerkstatt »Der kleine Gutenberg« und dem ALISA-Zentrum wurden – und werden auch weiterhin – für Kinder der Pestalozzischule, die in der Regel aus bildungsfernen Elternhäusern stammen, verschiedene Buchdruckprojekte durchgeführt. Die Kinder beschäftigten sich unter anderem mit dem Thema »Wir entdecken das ›alte‹ Worms«. Bei einer Stadtrallye lernten sie wichtige geschichtliche Stätten der Wormser Geschichte kennen. Jedes Kind kümmerte sich um ein Objekt genauer. So lernten sie interessante Seiten ihrer Heimat kennen, die über ihren Lebensalltag im Nordend hinausgehen. Die Informationen verarbeiteten die Kinder in Texten und Linolschnitten,

Projekt »Wir entdecken das alte Worms«: Claudia Koch mit einem Kursteilnehmer in der Druckerwerkstatt »Der kleine Gutenberg«.

Grundschüler haben aufgeschrieben und gemalt: Wie habe ich Corona erlebt? Preisverleihung durch Sozialdezernent Waldemar Herder am Rathaus.

banden sie zu einem eigenen Buch und präsentierten es in einer öffentlichen Ausstellung.

Ein auf den ersten Blick ungewöhnliches Projekt unter dem Dach von Demokratie leben! war das Bienenprojekt eines Kleingartenvereins. Dieses Projekt diente dem Ziel, ein Neben-, teils sogar Gegeneinander der Pächter, bedingt durch ihre Herkunft aus unterschiedlichen Kulturen und den damit verbundenen Sprachbarrieren, in ein Miteinander zu überführen. Die Annahme, dass Honig in vielen Kulturen beliebt ist, mündete in die Idee, gemeinsam in Eigenleistung einen Bienenunterstand zu bauen, Bienenvölker einzusetzen, zu betreuen und Honig für

Fotos: Elke Beck.

den Eigenbedarf zu erzeugen. Alle Projektbeteiligten mussten zusammenarbeiten, diskutieren, gemeinsame Entscheidungen treffen, Verantwortung übernehmen, handwerklichen Fähigkeiten einsetzen, das Imkern erlernen. Das gegenseitige Ansehen der Beteiligten stieg. Auch Kleingärtner, die sich nicht aktiv an dem Projekt beteiligten, zeigten Interesse, kamen miteinander ins Gespräch, brachten Samen und Ableger von Blühpflanzen für den Bienengarten. Die gemeinsame Honigernte war ein Erfolg, und die Träger der Maßnahme sind optimistisch, dass das Projekt weiterhin erfolgreich ist und sich im Laufe der Zeit so förderlich auf die Vereinsgemeinschaft auswirkt, dass Engagement und die Bereitschaft, Verantwortung zu übernehmen, auch in anderen Bereichen des Vereins steigt.

> Alle mussten zusammenarbeiten, diskutieren, gemeinsame Entscheidungen treffen, Verantwortung übernehmen, handwerklichen Fähigkeiten einsetzen, das Imkern erlernen.

Realisierung von Filmprojekten

Mit steigendem Bekanntheitsgrad von Demokratie leben! ist die Bandbreite der geförderten Projekte inzwischen sehr groß. So wurden im letzten Jahr zwei Filmprojekte realisiert, einmal ein Dokumentarfilm zur Situation »ehemaliger« unbegleiteter Flüchtlinge in Worms und zum zweiten ein Clip, der das Ehrenamt in Worms bewirbt (#Wem Ehre gebührt). Aktuell fand ein Schreibwettbewerb statt, der es Schüler*innen der vierten Klassen ermöglichte, über ihre Zeit während der Corona-Pandemie und die damit verbundenen Erlebnisse während der Schulschließungen zu berichten. Auch dies ist ein Beitrag zur Demokratie. Ein fester Bestandteil meiner Arbeit sind die jährlich stattfindenden Demokratiekonferenzen, die ich gemeinsam mit einigen Mitgliedern des Begleitausschusses ausrichte. Sie bieten die Möglichkeit, die Partnerschaft einer breiteren Öffentlichkeit vorzustellen. Nachdem wir verschieden Formate ausprobiert hatten, kam die Ausgestaltung als Fachtag besonders gut an. In diesem Jahr werden aufgrund der Covid-19-Pandemie zwei virtuelle Demokratietage mit Onlineveranstaltungen zum Thema Verschwörungstheorie, Risiken für Jugendliche bei der Nutzung von Messengerdiensten wie Telegram.

Als bedauerlich empfinde ich, dass das Bundesprogramm, das bisher so viele positive Effekte hatte und Erfolge aufweisen kann, als Projekt angelegt ist. Die Förderperioden belaufen sich jeweils auf fünf Jahre. Die mittlerweile zweite Förderperiode endet im Dezember 2024. Alle Bestrebungen, das Programm zu entfristen und somit dauerhaft zu installieren, sind leider bisher nicht gelungen. Somit besteht Planungssicherheit immer nur über einen Zeitraum von fünf Jahren und man weiß nicht, ob und unter welchen Voraussetzungen es weitergeht.

Fazit: Demokratie lebt von Partizipation und vom Mitgestalten, davon, dass jeder und jede seine bzw. ihre Stimme einbringen kann. Davon wünsche ich mir, der Partnerschaft noch mehr. Jede*r, der sich engagieren möchte, ist herzlich willkommen. §

ALT SEIN HEISST NICHT STUMM SEIN

VON VERA PANHOFF-PAPSCH

Elli Olff vor den Europawahlen im Mai 2019 in Frankfurt.

Was ist eine Oma? Wie stellt man sich Omas vor? Omas sind lieb, freundlich, großzügig, bescheiden, eher zurückhaltend und still, mehr für andere da als für sich selbst. Und was sind Omas gegen Rechts? Durchaus anders. Sie sind gern aufmüpfig, politisch, fordernd, anspruchsvoll und kämpferisch. Dabei sind sie manchmal auch laut, vertreten vielleicht sogar eigene Interessen und sind doch ganz klar »Omas«: im entsprechenden Alter und oft freundlich lächelnd.

Omas gegen Rechts gibt es im Internet, auf Facebook und anderswo. Und es gibt sie real, auch in Worms. Vor wenigen Jahren hat sich in Wien die erste Gruppe gegründet, zum Widerstand gegen wachsenden Rechtsextremismus. Macht das Sinn? Was bringen ausgerechnet Omas dafür mit? Sie sind Frauen mit

Fotos: privat.

viel Lebenserfahrung, nicht mehr »total im Stress« durch Beruf und Familie, jenseits von Karriere-Ambitionen. Das erlaubt ihnen freieres Denken und Handeln nach dem Motto: Alt sein heißt nicht stumm sein!

In Wien taten sich Frauen um Monika Salzer, eine Psychotherapeutin, Pfarrerin und Krankenhausseelsorgerin, zusammen, als sie im Herbst 2017 durch Wahlerfolge der rechten FPÖ die freiheitliche Demokratie in Österreich bedroht sahen. Ihnen wurde plötzlich klar, dass Demokratie kein sicheres Erbteil ist, sondern ein über viele Generationen erkämpftes, hohes Gut, das auch wieder verloren gehen kann! Gegen den extremen Nationalismus und die Fremdenfeindlichkeit, die in Österreich immer populärer wurden, waren sie wie andere zum Widerstand bereit. So demonstrierten sieben Omas gegen Rechts im Dezember 2017 in Wien, mit bunten Mützen und ihrem sehr einfachen, einprägsamen Button.

In Wien taten sich Frauen um Monika Salzer zusammen, als sie im Herbst 2017 durch Wahlerfolge der rechten FPÖ die freiheitliche Demokratie in Österreich bedroht sahen.

Wer die Omas als »Gutmenschen« belächelte, dem hielten sie entgegen: »Und was seid ihr dann? Bösmenschen?« Gruppen von Omas gegen Rechts gibt es inzwischen in vielen Ländern Europas, allein in Deutschland über hundert. Sie sind unabhängig voneinander, mit ihrer je eigenen Geschichte. Die Wiener Omas waren mehrheitlich Alt-68er, oft in der Studentenbewegung aktiv. Die Wormser Gruppe ist jünger. Ihre Gründerinnen, Elli Olff und Herta Schindler-Hauser, waren Kolleginnen an der Karmeliter-Realschule. Elli Olff unterrichtete Naturwissenschaften, Herta Schindler-Hauser Sprachen, Ethik und katholische Religion. Als Freundinnen unterhielten sie sich nicht nur über die Schule, sondern z. B. auch über ihre Erfahrungen in Friedensgruppen von Pax Christi oder in der Frauenarbeit der evangelischen Kirche, über die Themen der monatlichen Friedensgebete oder des Weltgebetstags der Frauen, der sich jedes Jahr mit der Lage der Frauen in einem anderen Land befasst. Die Ziele des konziliaren Prozesses aus den 80er-Jahren, »Frieden, Gerechtigkeit und Bewahrung der Schöpfung«, sind für die beiden Frauen heute noch zentral. Sie buchstabieren sich inzwischen nur anders: als Einsatz für gerechten Frieden, Antirassismus, Flüchtlingsarbeit und Klimaschutz.

Im Herbst 2018, bei einer Wanderung im Odenwald, kam ein neues Thema auf. Zufällig waren beide in Zeitungsartikeln auf Berichte über die Wiener Omas gegen Rechts gestoßen. Das faszinierte sie: Sich als ältere Frauen gemeinsam politisch zu Wort zu melden, sich einzumischen, das machte Sinn! Für sie beide, denen aktuell der Aufstieg der AfD Sorgen machte, die in ihrer Unterstützung für Flüchtlinge Fremdenfeindlichkeit miterlebten und die »Bewahrung der Schöpfung«, den Klimaschutz, als immer drängendere Notwendigkeit sahen, lag es nahe, selbst aktiv zu werden, wie die Wiener Omas gegen Rechts. Elli Olff ist selbst Oma, hat zwei erwachsene Enkel, die in Berlin leben. Der

Kontakt ist intensiv, wenn auch inzwischen meist digital. Herta Schindler-Hauser hat zwar Kinder, aber selbst keine Enkel. Das ist für die Omas aber sowieso nicht Bedingung. Für die nachfolgenden Generationen kann jeder und jede Verantwortung übernehmen! Im April 2019 traten Herta Schindler-Hauser und Elli Olff mit einem Flyer erstmals als Omas gegen Rechts an die Wormser Öffentlichkeit. Darin fordern sie die Stärkung der Demokratie und die Achtung der Menschenrechte in einem gemeinsamen, solidarischen Europa. Sie fühlen sich verpflichtet, für die Zukunft ihrer Kinder und Enkelkinder aktiv zu werden, und sind besorgt über zunehmend nationalistische Bestrebungen, Antisemitismus und Fremdenfeindlichkeit.

> Die Wormser Gründungsmütter der Omas gegen Rechts waren anfangs ja nur zu zweit und doch etwas unsicher. Elli Olff wurde von ihrer Tochter bestärkt: »Greta Thunberg hat auch allein angefangen.«

Die Wormser Gründungsmütter der Omas gegen Rechts waren anfangs ja nur zu zweit und doch etwas unsicher. Elli Olff wurde von ihrer Tochter bestärkt: »Greta Thunberg hat auch allein angefangen.« In Worms gab es dann aber schnell Reaktionen auf den Flyer, von Freunden, Bekannten oder einfach Neugierigen. Manche fragten: »Seid ihr denn nur gegen Rechts, nicht auch genauso gegen Links? Nein, nicht genauso. Die Omas nehmen Stellung, sie sind überparteilich, aber ganz entschieden gegen Rassismus, extremen Nationalismus und anderes mehr.

Die Frauen wollen sich aber nicht vor allem abgrenzen, im Gegenteil: Sie sind unbedingt für Zusammenarbeit, wo es hinreichend gemeinsame Überzeugungen gibt. Eine erste Aktion mit anderen fand noch im April 2019 in der Wormser Fußgängerzone statt. Vor der Europawahl warben die Omas gegen Rechts gemeinsam mit »Pulse of Europe« für die Unterstützung demokratischer Parteien, unter dem Motto: »Was immer du wählst, wähl Europa!«

Bald danach trafen sich die Omas dann zum ersten Mal in der Luthergemeinde, mit Unterstützung von Pfarrer Fritz Delp. Die Gruppe wuchs, man vereinbarte regelmäßige Treffen, immer am letzten Dienstag im Monat. Auch ein Mann kam dazu. Zehn bis zwölf Frauen waren dann fast jedes Mal dabei, Omas zwischen 57 und über 80 Jahren: mehrere Lehrerinnen, zwei Sozialarbeiterinnen, eine Frau arbeitet in einem Buchladen, eine andere in einem Labor. Nicht nur bei den Diskussionen, gerade bei gemeinsamen Aktionen lernten die Omas sich immer besser kennen. Am 1. Mai traten sie bei der Kundgebung des DGB auf dem Marktplatz auf. Sie informierten über die Gefährdung des demokratischen Europas durch den Zulauf zu rechten Parteien in Deutschland, Frankreich, Ungarn und Italien z. B., wie auch durch den »Brexit« Großbritanniens. Die Frauen haben durch die eigene Elterngeneration den Faschismus noch vor Augen, als Schuld, Verantwortung und als neue Bedrohung. Mit solchen Sorgen und Ängsten nicht allein zu sein und sie sogar zu einer Kraftquelle werden zu lassen im Engagement gegen Rechts, ist eine gute und wichtige Erfahrung für alle, die in der Gruppe mitarbeiten.

Noch einmal ging es im Mai 19 um die Europawahl, in Frankfurt vor der Alten Oper. Dort kamen Gruppen aus ganz Deutschland zusammen, von Attac über Greenpeace, Kolping oder Pro Asyl bis zu Pax Christi und Pro Familia. Am Rande der Veranstaltung diskutierte man und frau über so unterschiedliche Themen wie Geschlechtergerechtigkeit, die Integration der Geflüchteten oder eine bäuerliche, klimagerechte Landwirtschaft. Es ging um »große Politik« wie um »Frauenthemen«, unter dem Motto »Ein Europa für alle«.

Im September stand dann der Klimaschutz im Mittelpunkt. Die Wormser Omas gegen Rechts traten mit einem Infostand zum Thema CO_2-Einsparung auf. Und sie unterstützten die jungen Leute von »Fridays for Future«, indem sie sich an deren Demos beteiligten. Bei einem Termin im Rathaus mit dem neuen Oberbürgermeister präsentierten sie das Ergebnis ihrer Bürgerbefragung zu möglichen Kohlendioxideinsparungen in Worms. Allein oder mit anderen: Die Wormser Omas gegen Rechts trauen sich was. Sie bleiben nicht stumm. Doch dann wurde alles etwas anders, in Corona-Zeiten.

Diese Omas werden nicht auf Dauer den Mund halten. Alt sein heißt nicht stumm sein. Schlecht gehen können heißt nicht, nicht klar denken können.

Schon seit Herbst 2019 hatten sich die Gruppen beim »Runden Tisch gegen Rassismus und Ausländerfeindlichkeit« der Luthergemeinde überlegt, wie sie am 6. Juni 2020 gemeinsam in Worms Flagge zeigen wollten gegen einen von der NPD angemeldeten »Tag der deutschen Zukunft«. Begleit- bzw. Gegenaktionen wurden diskutiert, die Gruppe der Wormser Omas saß mit in der Runde. Dann lähmte das Virus plötzlich alles. Elli, Herta und ihre Mitstreiterinnen gehörten als Ältere von vornherein zu den sogenannten Risikogruppen, sie sollten und sie wollten sich schützen. Also gab es ab März keine Gruppentreffen mehr. Auch der geplante Auftritt der NPD erschien unwahrscheinlich, wurde seitens der Stadt verboten mit Verweis auf den nicht zu garantierenden Infektionsschutz. Ein Gerichtsbeschluss sah aber schließlich, kurz vor der geplanten Veranstaltung, die Versammlungsfreiheit als das höhere Rechtsgut an, so durfte die NPD marschieren.

Unter den vielen Hunderten Gegendemonstranten waren auch Omas gegen Rechts am 6. Juni in der Wormser Innenstadt unterwegs: Als Ordnerinnen beim Treffen am Mahnmal für die Opfer des Faschismus, beim ökumenischen Gebet vor der Martinskirche oder auch vor dem Bahnhof, als der Klang der Domglocken – vom Band – die Kundgebung der Rechten übertönte. Elli und Herta waren als Einzelne dabei, als Gruppe konnten sie an diesem Tag nicht agieren. Dafür waren aber auch junge Leute aktiv, die die Omas gut kannten, als ihre Lehrerinnen.

Diese Omas werden nicht auf Dauer den Mund halten. Alt sein heißt nicht stumm sein. Schlecht gehen können heißt nicht, nicht klar denken können. Die Corona-Krise selbst liefert dieser Risikogruppe weitere Themen, auch in eigener Sache: Was war

Herta Schindler-Hauser und Elli Olff mit Masken im Garten.

und was ist mit den Altenheimen? Wie »systemrelevant« sind die Schulen? Was bleibt für den Klimaschutz nach der Verteilung der vielen Milliarden für den Wiederaufschwung? Wie wird man in Zukunft die Alten »schützen« – oder sollen sie am besten ganz zu Hause bleiben, unsichtbar werden? An welchen Runden Tischen werden die Omas gegen Rechts sitzen?

Die Omas, mit ihrer Lebenserfahrung, wissen, wo man aufpassen muss. Sie setzen sich ein für die Erhaltung der parlamentarischen Demokratie, für einen freiheitlichen Rechtsstaat, in dem alle Grundrechte gelten und der ein Sozialstaat bleiben soll, auch kein Polizei- und kein Wissenschaftsstaat.

Allein können die Omas nicht viel bewirken. Doch auf einem ihrer Flyer steht: »Willkommen sind auch Opas, Tanten, Kinder, Enkelkinder ...« Wenn so viele sich mit den Omas zusammentun, sieht das schon anders aus. Und die Omas können anderen Schwachen Mut machen.

Übrigens soll Monika Salzer, die Wiener Gründerin der Omas gegen Rechts, in diesem Jahr den Preis der »Stiftung Aufmüpfige Frauen« erhalten. Die Stiftung gibt es wirklich. Seit 2006 zeichnet sie »Querdenkerinnen, Frauen mit radikalem Engagement ... und feministischer Grundhaltung« aus. Allerdings musste wegen Corona die feierliche Preisverleihung im Rathaus von Dortmund auf das nächste Jahr verschoben werden. Auch darin sind die Wormser Omas durchaus auf der Linie der Wiener Gründungsfrau: bei aller Ernsthaftigkeit sind sie auch lebensfroh und unerschrocken, eben »aufmüpfig«. §

Fotos: Vera Panhoff-Papsch.

POLITISCH AKTIV

EIN PLÄDOYER

VON ISABELL LIEFFERTZ

Als junge Aktivistin wurde ich schon oft gefragt, warum ich mich politisch engagiere, und auf diese Frage gibt es nicht nur *eine* Antwort.

Ein Grund für mein Engagement ist meine Familiengeschichte, denn mein Urgroßvater väterlicherseits war Mitglied der Roten Hilfe Deutschlands, mein Opa aktiver Gewerkschaftler und mein Vater ist heute ein Wormser Stadtratsmitglied.

Vor diesem Hintergrund überrascht es vielleicht, dass meine sogenannte Politisierung erst 2018 stattgefunden hat. Zwar hatte ich bereits vorher Interesse an Politik, aber ich war noch nicht bereit, mich in einer Gruppierung oder bei Demonstrationen für meine Positionen einzusetzen.

Dies hat sich dank einer Berlinfahrt der Partei DIE LINKE schlagartig geändert. Denn bei dieser erfuhr ich durch zwei Alzeyer Mitglieder der linksjugend ['solid] vom Nationalsozialistischen Untergrund (NSU) und dem Fall Oury Jalloh. Zur Erklärung: Der NSU war eine deutsche Neonazi-Terrorgruppe, die neun Migranten ermordete, und Oury Jalloh ein Asylbewerber, den Polizisten mit Brandbeschleuniger übergossen und anzündeten. Als wäre das allein nicht schlimm genug, schredderten Mitarbeiter des Verfassungsschutzes NSU-Akten und stellten den kaltblütigen, von Polizisten verübten Mord als Selbstmord dar, obwohl Oury Jalloh an Händen und Füßen gefesselt war.

Als ich Kenntnis von diesen Skandalen erhielt, war ich fassungslos. Meiner Meinung nach sollten solche Probleme in Schulen auf dem Lehrplan stehen, doch das tun sie leider nicht. Deshalb musste ich meine politischen Wissenslücken selbst schließen, und so habe ich durch meine Kenntnisse von bestehenden Missständen in unserem System ausreichend Motivation gewonnen, mich zu engagieren und organisieren.

Bei jenen Missständen handelt es sich unter anderem um Formen der Diskriminierung, wie Rassismus, Antisemitismus, Sexismus und Homophobie, aber auch um den Klimawandel,

Krieg und die immer größer werdende Schere zwischen Arm und Reich.

Am liebsten wäre es mir, gar nicht politisch aktiv sein zu müssen, doch so lange diese Probleme vorherrschen, werde ich es sein, da ich sie allesamt nicht akzeptieren kann. Ich kann nicht hinnehmen, dass Frauen weniger Geld als Männer für die gleiche Arbeit erhalten und immer noch den Großteil der unbezahlten Arbeit in Form von Hausarbeit und Kindererziehung leisten müssen. Ich kann nicht akzeptieren, dass Deutschland das 1,5-Grad-Ziel verfehlen wird und erst 2038 – also viel zu spät – den Kohleausstieg vollziehen will. Ich kann nicht akzeptieren, dass alle zehn Sekunden ein Kind verhungert, während Milliardäre immer reicher werden.

Ich kann nicht akzeptieren, dass alle zehn Sekunden ein Kind verhungert, während Milliardäre immer reicher werden.

Deshalb setze ich mich für eine sozialgerechte und ökologische Welt, frei von Diskriminierung, Ausbeutung und Krieg, ein. Da ich dieses weltweite Ziel als Einzelperson nicht erreichen kann, versuche ich mit Gleichgesinnten auf städtischer und auf Landesebene Verbesserungen zu erwirken, denn Politik fängt im Kleinen an. So setze ich mich zum Beispiel für folgende positive Veränderungen in Worms ein:

— öffentlicher Personennahverkehr (ÖPNV) zum Nulltarif bei gleichzeitigem Ausbau des Liniennetzes und Erhöhung der Taktung

Da mir Umwelt- und Klimaschutz sehr am Herzen liegen, will ich auch in einer nachhaltigen Stadt leben. Um dies zu verwirklichen, halte ich die Verkehrswende, also die Abkehr vom motorisierten Individualverkehr (Autos, Motorrädern usw.) hin zur Nutzung von Bus und Bahn, für einen von vielen notwendigen Schritten. Damit möglichst viele Menschen mitmachen, muss der ÖPNV attraktiv gestaltet sein. Deshalb sollen öfter und auch bis in die Abendstunden Busse fahren. Zusätzlich sind mehr Busverbindungen, wie zum Beispiel in Richtung Tiergarten und Wäldchen, vonnöten. Zu guter Letzt muss der öffentliche Personennahverkehr unentgeltlich werden, damit die Mobilität nicht vom Geldbeutel abhängig ist. Wenn Worms dann irgendwann einen ausgebauten ÖPNV vorweisen kann, sind auch weitere Schritte, wie eine autofreie Innenstadt, denkbar und notwendig.

— Ermöglichung von Jugendzentren in Selbstverwaltung

Obwohl in Worms viele Kinder und Jugendliche leben, spiegelt sich dies noch nicht ausreichend im Stadtbild wider, denn die Möglichkeiten zur Freizeitgestaltung sind nicht ausgeschöpft. Zwar begrüße ich die bestehenden Jugendtreffs und setze mich für ihren Ausbau ein, aber sie sind leider nicht von den Jugendlichen selbst organisiert. Das ist schade, denn junge Menschen sind selbstständig und zur Selbstverwaltung ihrer Treffpunkte fähig, wie sich unter anderem in Mannheim am sogenannten

JUZ zeigt. Deshalb sollte die Stadt, meiner Meinung nach, unentgeltlich Räume zur Verfügung stellen, auf die Jugendliche zugreifen können.

— Sozialpass

Armut existiert nicht nur im globalen Süden, sondern auch in Deutschland und auch in Worms. Aus dieser Armut ergeben sich zwangsläufig Einschränkungen für die Betroffenen, was diskriminierend und ungerecht ist. Mit einem Sozialpass könnten finanziell schwache Personen wieder weitestgehend am gesellschaftlichen Leben teilnehmen, da die Nutzung des ÖPNVs sowie Museums- und Theaterbesuche ermäßigt wären. Da die Stadt Worms mit den Nibelungenfestspielen, dem Festival Jazz&Joy und Theatern eine eindrucksvolle Kulturszene aufweisen kann, wäre es eine Schande, wenn sie nur den Besserverdienenden zugänglich wäre. Außerdem sieht der Sozialpass Verbesserungen in den Bereichen Internetzugang, Gesundheit und Wohnen vor.

Isabell Lieffertz spricht beim Dritten globalen Klimastreik.

— günstiger und bezahlbarer Wohnraum

Wie in vielen größeren Städten, sind auch die Mieten in Worms relativ hoch. Dies ist besonders für Studierende, Azubis, arme Menschen und Alleinerziehende problematisch, weshalb ausreichend günstiger und bezahlbarer Wohnraum notwendig ist, damit diese Personengruppen in Worms wohnen können. Ferner müssen Strategien entwickelt werden, damit Wohnungs- und Obdachlosigkeit bald der Vergangenheit angehören.

— Erklärung zum sicheren Hafen

Wegen Krieg, Konflikten, Naturkatastrophen, Armut und Ausbeutung müssen viele Menschen ihre Heimat verlassen und sich auf eine gefährliche, lebensnotwendige Flucht in Sicherheit begeben. Die Geflüchteten benötigen einen Ort zum Ankommen, also einen sicheren Hafen, wie ihn die »Seebrücke«

nennt. Leider werden die Europäische Union sowie die deutsche Bundespolitik ihrer Verantwortung keineswegs gerecht, weshalb einzelne Städte, wie zum Beispiel Worms, handeln müssen. Kommunen können unter anderem die Seenotrettung unterstützen und Geflüchtete aufnehmen. Allen Lesenden, die sich umfassender informieren wollen, empfehle ich die Internetseite der »Seebrücke«.

Erst 2019 hat sich mein politischer Schwerpunkt in meine Heimatstadt verlagert, was ich der Fridays-for-Future-Bewegung zu verdanken habe.

— Umsetzung der Istanbul-Konvention

Die Istanbul-Konvention ist ein Übereinkommen des Europarats mit dem Ziel, Gewalt gegen Frauen zu verhindern und zu beseitigen. Obwohl diese rechtlich bindende Konvention Anfang 2018 in Deutschland offiziell in Kraft getreten ist, ist sie noch lange nicht umgesetzt. Dies lässt sich auch in Worms beobachten, da sowohl das Frauenhaus als auch die Notruf- und Beratungsstelle nicht ausreichend Unterstützung erhalten – weder finanziell noch personell. Deshalb kann vielen von Gewalt Betroffenen nicht geholfen werden.

Zwar bin ich hauptsächlich in Worms aktiv, aber da nicht alle Veränderungen, die ich mir wünsche, auf kommunaler Ebene erreicht werden können, engagiere ich mich darüber hinaus auch landesweit. Ein Beispiel hierfür ist die Bildungspolitik, bei der es sich laut dem Grundgesetz um Ländersache handelt.

Für Fortschritte setzte ich mich 2018 zuerst bei der linksjugend ['solid] in Alzey und dann ab 2019 als eine von acht Landessprecher*innen dieses Jugendverbandes ein. Erst 2019 hat sich mein politischer Schwerpunkt in meine Heimatstadt verlagert, was ich der Fridays-for-Future-Bewegung bzw. der Wormser Ortsgruppe, die sich in diesem Jahr gründete, zu verdanken habe. Zu meiner politischen Verwurzelung in Worms hat auch die Arbeit in Bündnissen gegen Rechts beigetragen, die sich vor dem Naziaufmarsch am 6. Juni 2020 intensivierte. Darüber hinaus beteilige ich mich des Öfteren mit einem Redebeitrag an Demonstrationen. So habe ich schon zu Erdogans völkerrechtswidrigen Angriffskrieg auf Syrien, im Februar nach dem rassistischen Mordanschlag in Hanau und regelmäßig für Klima- und Umweltschutz meine Stimme erhoben.

Für meine Positionen setze ich mich auch im Rahmen von direkten Aktionen ein. So beteilige ich mich seit 2018 an den Massenaktionen des zivilen Ungehorsams von »Ende Gelände«, um der Forderung nach dem schnellstmöglichen Kohleausstieg Nachdruck zu verleihen, und habe mich bei der Großdemonstration am 6. Oktober 2018 für den Erhalt des Hambacher Waldes eingesetzt.

Da ich stets versuche, den Ausgleich zwischen Theorie und Praxis zu finden, organisiere ich zudem regelmäßig Vorträge zu meinen politischen Schwerpunkten, bei denen es sich unter anderem um Feminismus, Ökologie und Antifaschismus handelt. Letzterem werde ich ab September dieses Jahres im Rahmen eines FSJs bei der Gedenkstätte Osthofen ein Jahr lang vertieft nachgehen. Hierbei kann ich gleich zwei meiner größten politischen Interessen nachgehen, der Bildungs- und Erinnerungsarbeit.

Beim Freiwilligen Sozialen Jahr hört meine Zukunftsplanung natürlich nicht auf. Anschließend will ich studieren und journalistisch tätig sein, um mich auch hauptberuflich mit gesellschaftspolitischen Themen zu beschäftigen und den kritischen Blick zu wahren.

Denn ich bin überzeugt davon, mit Worten etwas erreichen zu können – sowohl hinterm Mikrofon als auch mit Stift und Papier. §

EIN MAHN- UND GEDENKORT FÜR WORMS

VON HEINER BOEGLER

Mehrmals war der Wormser Güterbahnhof in der Zeit des Nationalsozialismus der Ort, an dem für »Zigeuner« und Juden eine Reise ins Ungewisse begann. Am Morgen des 14. Mai 1940 wurden, völlig überraschend für die Betroffenen, von den Behörden aber von langer Hand geplant und vorbereitet, 71 Sinti in Worms verhaftet und von der Polizei zum Güterbahnhof gebracht. Außer 50 Kilogramm Gepäck und 10 Reichsmark durften die Menschen nichts mitnehmen. Ihr zurückgelassenes Eigentum wurde vom Staat eingezogen.

Am Bahnhof wurden die Menschen in Wagen »verladen« und zusammen mit Leidensgenossen aus Mainz, Ingelheim und der Pfalz im Rahmen der Aktion »Umsiedlung von Zigeunern« zunächst nach Asperg bei Ludwigsburg gefahren. Dort wurden ihnen Pässe und Dokumente abgenommen und sie wurden erkennungsdienstlich erfasst. Am 22. Mai wurden sie dann zur vorläufigen Ansiedlung ins polnische Jędrzejów verbracht.

Foto: Philip Schäfer

»Viele starben dort, wurden Opfer von grausamer Folter, Zwangsarbeiten, medizinischen Experimenten und Massenmord (Porajmos)«, schrieben Sevim und Carlo Riva in ihrem Bericht »Sinti und Roma – Wormser mit bewegter Geschichte« (Heimatjahrbuch 2016).

Im September 1940 wurden dann die jüdischen Gemeinden Rheinhessens aufgefordert, Namenslisten für »Umsiedlungen« anzulegen. Die Nazipropaganda wies Theresienstadt als Vorzeige-KZ aus, doch Berichte von Verwandten bereits Deportierter schürten die Ängste vor ungewissen Transporten »in den Osten«.

Bis Dezember 1941 verfügten die Behörden über eine vollständige Erfassung der jüdischen Bevölkerung. Die erste Deportation war nur noch eine Frage der Zeit. Im Januar 1942, als nur noch 185 Juden in Worms lebten, wurde die erste Liste für die Deportation von hundert Personen erstellt, die im Februar und März noch mehrfach abgeändert, erweitert und gekürzt wurde. Am 19. März 1942 mussten sich 81 Wormser und Wormserinnen zwischen 3 und 65 Jahren, darunter auch Herta Mansbacher, auf dem Platz vor der zerstörten Synagoge einfinden, wo man ihre Namen verlas und sie durch die Gaustraße zum Güterbahnhof führte. In Sonderwagen fuhren sie zunächst nach Mainz, wo der endgültige Transportzug zusammengestellt wurde. Er verließ Mainz am 20. März 1942 mit tausend Menschen, die nicht mehr zurückkehrten. Heute weiß man, dass dieser Zug nach Piaski in Polen ging. Es war das »Durchgangsgetto« für die Vernichtungslager in Belzec, Majdanek oder Chełm.

Der in Mainz zusammengestellte Transportzug verließ die Stadt am 20. März 1942 mit tausend Menschen, die nicht mehr zurückkehrten.

Ein Großteil der noch in Worms verbliebenen Juden musste dann ins jüdische Altersheim umziehen. Nur die Ehegatten von Nichtjuden und Teiljuden wurden noch verschont. Zwischen dem 24. und 27. September 1942 wurden dann 93 Menschen, im Schnitt 72 Jahre alt, mit Lastkraftwagen zum Güterbahnhof gebracht, von wo aus sie nach Theresienstadt abtransportiert wurden. Man erzählte ihnen, dort sei ein Altersheim, in dem gut für sie gesorgt würde. Sie mussten sich »einkaufen«, hatten aber auch keine andere Wahl. 77 der Verschleppten fanden dort auf überwiegend unbekannte Weise den Tod (Diese Angaben sind weitgehend wörtlich dem Führer Auf den Spuren des Nationalsozialismus in Worms entnommen.)

Erste Ideen

Diese Ereignisse waren schon vor Jahren Anlass für eine »Führung auf den Spuren des Nationalsozialismus in Worms«. Daraus entstand die gleichnamige, 2005 im Worms Verlag erschienene Broschüre. Karl Saulheimer (1919–2015), unermüdlicher Mahner, durch die Erlebnisse des Zweiten Weltkriegs geprägt, erhob schon damals die Forderung, auf dem Güterbahnhofsgelände zur Erinnerung an die Deportationen eine Lern- und Gedenkstätte zu errichten. Dieser Gedanke fiel bei vielen engagierten Bürgerin-

Gedenken am Güterbahnhof: Roland Graser, damaliger Vorsitzender des Vereins Warmaisa (Mitte), Dr. Fritz Reuter (r.), Karl Saulheimer (3. v. l. mit schwarzem Hut).

Karl Saulheimer (1919–2015), unermüdlicher Mahner, durch die Erlebnisse des Zweiten Weltkriegs geprägt, erhob schon 2005 die Forderung, auf dem Güterbahnhofsgelände zur Erinnerung an die Deportationen eine Lern- und Gedenkstätte zu errichten.

nen und Bürgern, insbesondere beim Bündnis gegen Naziaufmärsche, dem Saulheimer angehörte, auf fruchtbaren Boden, und die Voraussetzungen schienen günstig. Denn der Güterbahnhof, 1864 erbaut und im Jahre 1898 nochmals erweitert, hatte in den 80er-Jahren des letzten Jahrhunderts zunehmend an Bedeutung als Knotenpunkt verloren, sodass die Güterabfertigung 1997 komplett eingestellt wurde. Bis 2004/2005 war ein Teil der Güterhallen an einen Privatmann vermietet, ein anderer Teil wurde zur Lagerung von Waren genutzt. Als es dann um die Frage ging, eine geeignete Fläche für eine Landesgartenschau in Worms zu finden, prüfte das Planungsbüro BS+ verschiedene Möglichkeiten und kam zur Auffassung, dass sich das Bahnhofsgelände besonders für diese Zwecke eigne. Damit schien auch die Verwirklichung eines Gedenkorts in greifbare Nähe gerückt.

Auf Bitte des Bündnisses gegen Naziaufmärsche entwickelte der Wormser Künstler Michael Mahla einen Entwurf, der auf große Zustimmung stieß. Mahlas Konzept sieht eine Verbindung

Fotos: Ulrike Schäfer.

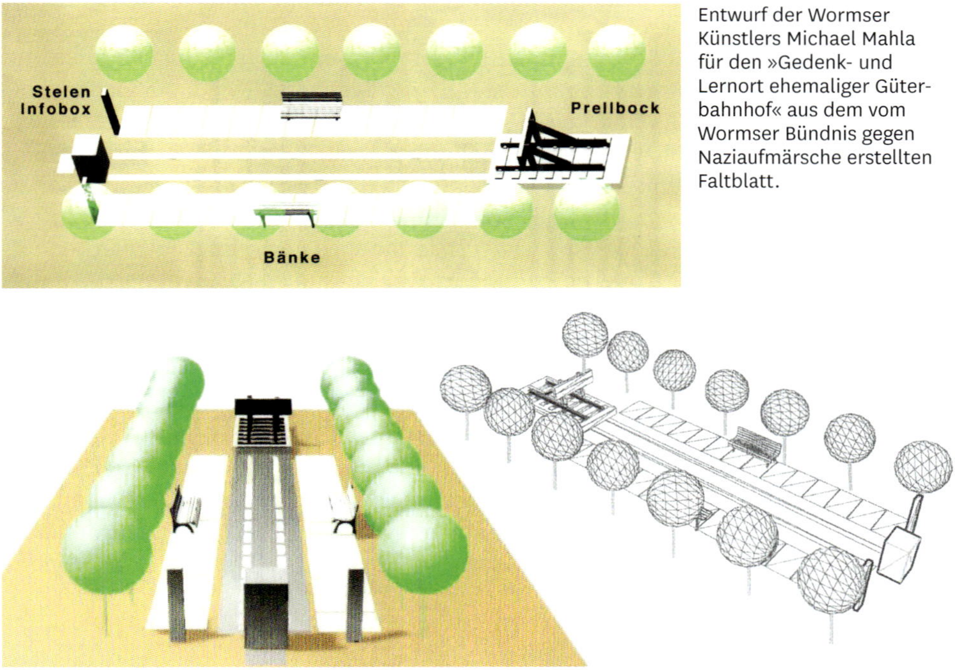

Entwurf der Wormser Künstlers Michael Mahla für den »Gedenk- und Lernort ehemaliger Güterbahnhof« aus dem vom Wormser Bündnis gegen Naziaufmärsche erstellten Faltblatt.

von schriftlicher Information, bildhafter Darstellung und greifbarer Symbolik auf einem rechteckigen Raum von zirka acht mal zehn Metern vor. Auf der einen Seite steht ein Prellbock, in den eine Platte mit den Namen der Wormser Opfer eingelassen ist. Ihm gegenüber befindet sich ein Steinblock mit Guckloch, der von zwei stelenartigen Informationstafeln flankiert wird. Durch das Guckloch kann eine Abfolge von Fotos deportierter Juden und Sinti sowie von Dokumenten aus dieser Zeit gezeigt werden. Beide Elemente, Prellbock und Steinblock mit Stelen, sind durch Stein- oder Schotterwege, die die »Schienen des Todes« symbolisieren, verbunden. Eingefasst wird der Lern- und Gedenkort durch ein Ensemble niedriger Büsche. Das Bündnis stellte den Entwurf in einem farbigen Faltblatt vor und bat die Bevölkerung um einen lebhaften Meinungsaustausch. 2009 fasste der Stadtrat den Beschluss, einen Gedenkort am Güterbahnhof zu schaffen.

Teil der Grünen Schiene

Da sich die Landesgartenschau im Folgenden als eher undurchführbar erwies, entschied sich die Stadt zur Durchführung des Projekts »Grüne Schiene/Soziale Stadt«, das vom Land Rheinland-Pfalz unterstützt wird, und wurde 2014 in das Förderprogramm aufgenommen. In das Sanierungsgebiet sind auch die brachliegenden Flächen entlang der Güterhallenstraße eingeschlossen. Fest eingeplant wurde dort der Lern- und Gedenkort.

Allerdings gab es seither keine Fortschritte. Eine wichtige Bedingung für die Nutzung der ehemaligen Bahnflächen durch die Stadt sei die sogenannte lastenfreie Übertragung der Flächen, hieß es dazu in einem *WZ*-Artikel von 2018. Das erfordere die Umsetzung von Strommasten, die Verlegung von Leitungen und gegebenenfalls eine Sanierung von Altlasten. Zwischenzeitlich ließ die Bahn wissen, dass sie doch noch einige Flächen benötige. Die interne Prüfung sei aber noch nicht abgeschlossen.

Damit der Plan nicht in Vergessenheit gerät, hat das Bündnis gegen Naziaufmärsche wiederholt die Deutsche Bahn AG und ihren Vorstand brieflich aufgefordert, der Stadt doch endlich das Gelände für die Errichtung des Lern- und Gedenkorts zu übereignen, nicht zuletzt auch als Schuldanerkenntnis für die Beihilfe zu den Deportationen. Durch eine Bürgerbefragung und eine Unterschriftensammlung versuchte es, seine Forderungen zu untermauern. Seither reklamiert es die Umsetzung des Mahnmals im vierteljährlichen Rhythmus, wurde aber bisher immer wieder vertröstet.

> Der Bündnis gegen Naziaufmärsche reklamiert die Umsetzung des Mahnmals bei der Bahn im vierteljährlichen Rhythmus, wurde aber bisher immer wieder vertröstet.

Diskussionen um das Mahnmal

In letzter Zeit gab es auch Diskussionen um das Mahnmal. So sollte nicht verschwiegen werden, dass sich Nachfahren rheinhessischer Juden aus schwer nachvollziehbaren Gründen gegen eine gemeinsame Gedenkstätte von Juden und Sinti ausgesprochen haben. Das Bündnis gegen Naziaufmärsche ist jedoch der Meinung, dass die Menschen einzig aus rassistischen Gründen in den Tod geschickt wurden. Eine Trennung darf es nicht geben.

Verschiedentlich wird auch die Meinung vertreten, dass es genügend Erinnerungsstätten in Worms gebe, weitere seien nicht notwendig. Diese Meinung ist in der gegenwärtigen Situation, wo die Gräueltaten der Nazis als Fliegenschiss bezeichnet oder gar geleugnet werden, mehr als gefährlich. Es ist an der Zeit, dass dem Thema in den Schulen ein höherer Stellenwert eingeräumt wird, aber auch, dass Erinnerungsorte wie der geplante dazu beitragen, ein Vergessen zu verhindern.

Um dieses Anliegen zu untermauern, luden das Bündnis gegen Naziaufmärsche und der VVN-BdA am 8. Oktober den Bundessprecher der VVN-BdA, Ulrich Schneider, der eng mit der Lagergemeinschaft Buchenwald-Dora zusammenarbeitet, zu einem Vortrag mit Diskussion ins LincolnTheater ein. Im Vorfeld der Veranstaltung wurde das Bündnis von der Verwaltung informiert, dass sich das Liegenschaftsamt derzeit in konkreten Verhandlungen mit der Bahn über den Ankauf einer Fläche zwischen Würdtweinstraße und Kreisel befindet. Falls eine Einigung erzielt werde, könne der Lern- und Gedenkort in Angriff genommen werden. §

Anna Stein: »Ich bin ein Stehaufmännchen«

VON ULRIKE SCHÄFER

Annemarie Stein, genannt Anna, ist seit elf Jahren die gute Seele des Heylshofs. Jeder kennt die umtriebige 78-Jährige mit dem gutmütigen Gesicht und dem rollenden Akzent, der darauf hinweist, dass sie nicht in Worms geboren ist.

Sie stammt aus dem Dorf Jahrmarkt in der Nähe der alten Stadt Temeswar (Timișoara) im rumänischen Banat. Ihre Vorfahren gehörten zu den sogenannten Donauschwaben, die zwischen dem 17. und der zweiten Hälfte des 19. Jahrhunderts dem Ruf des Hauses Habsburg folgten, um das Land am Südostrand der ungarischen Tiefebene, begrenzt von den Flüssen Theiß im Westen, Donau im Süden und (größtenteils) Maros im Norden sowie von den Südkarpaten im Osten, zu besiedeln. Nach dem Ersten Weltkrieg wurde das Banat zwischen Rumänien (zwei Drittel), Serbien (knapp ein Drittel) und Ungarn (ein geringer Zipfel im Nordwesten) aufgeteilt. (Wikipedia). Aus welcher Region Deutschlands ihre Ahnen ursprünglich kamen, weiß Anna Stein nicht. Der Großvater besaß einen Weinberg, Felder, Weiden und ein Pferd. Damit konnte man gut leben. Im Dorf wurde Deutsch gesprochen, in der Schule in deutscher Sprache unterrichtet. »Wir hatten eine Stunde Russisch und eine Stunde Rumänisch in der Woche«, erzählt Anna und lacht. »Das hat natürlich nicht viel gebracht. Rumänisch habe ich auf der Straße gelernt.«

Die deutsche Bevölkerung hat während des Zweiten Weltkriegs und danach viel durchgemacht. Anna, die 1942 geboren wurde, weiß aus Erzählungen, dass ihr Vater Johann Paul während des Zweiten Weltkriegs von den Nazis rekrutiert und gegen die jugoslawischen Partisanen eingesetzt wurde. Er trug schwere Verletzungen davon.

Noch schlimmer erging es der Mutter. Als im Januar 1945 zwischen 70 000 und 80 000 Rumäniendeutsche aufgrund ethnischer Kriterien in die Sowjetunion verschleppt wurden, um dort Zwangsarbeit als Reparation für die Zerstörungen im Zweiten Weltkrieg zu leisten, war auch Elisabetha Paul darunter. »Viele Frauen sind in den Bergwerken gestorben«, weiß Anna. Ihre Mutter kam glücklicherweise wieder im Dezember 1949 zurück. Die Kinder waren während ihrer Abwesenheit bei Großeltern und Verwandten untergebracht.

Anna verbrachte ihre Jugend in Jahrmarkt. Nach ihrer Heirat 1973 zog sie mit ihrem Mann nach Temeswar. Sie arbeitete dort in einer Fabrik für Kinderstrickwaren. Die jüngste Schwester Katharina (Reis) beantragte 1977 die Ausreise nach Deutschland. Sie musste innerhalb von 24 Stunden ihre Habe zusammenpacken und das Land verlassen. Seither wohnt sie in Worms, und dahin folgte ihr bald auch die ganze Familie. Zunächst waren es 1978 die Eltern. »Mein Vater war stark sehbehindert«, erzählt Anna. »Als Präsident Nicolae Ceaușescu eines Tages von Temeswar zur Jagd nach Bruckenau fuhr, habe ich meinen Vater nach vorne in die erste Reihe geschoben, damit er sich direkt an Ceaușescu wenden und ihn um die Ausreise bitten konnte.« 1983 übersiedelte die älteste Schwester Anna (Freiheit) dann ganz legal nach Deutschland. Annemarie selbst hatte damals solche Pläne nicht. Ihr Ehemann war Techniker, und es ging ihnen beiden gut. Dann wurde bei ihr Krebs festgestellt, und sie musste mehrmals operiert werden. Ein

Ich musste 25000 Mark bezahlen, um ausreisen zu dürfen. Es dauerte aber trotzdem von April bis September, bis ich die Genehmigung dazu erhielt.

Vierteljahr später, als sie die Krankheit kaum überwunden hatte, erkrankte ihr Mann an Lungenkrebs und war innerhalb von drei Monaten tot. Bei seiner Beerdigung beschwor ihre Mutter sie, auch nach Deutschland zu kommen. Das war 1988. »Ich musste 25000 Mark bezahlen, um ausreisen zu dürfen«, sagt sie bitter. »Es dauerte aber trotzdem von April bis September, bis ich die Genehmigung dazu erhielt.«

»Ich hatte anfangs sehr viel Heimweh. Wie oft habe ich im Albert-Schulte-Park gesessen und Tränen vergossen«, erinnert sie sich. Dann lernte sie ihren zweiten Mann kennen, Herbert Stein aus Mutterstadt. Mit ihm wohnte sie in Ludwigshafen-Maudach. Nach dem Sturz Ceaușescus, 1989, fuhren die beiden dann öfter nach Rumänien, manchmal sogar zweimal im Jahr. »Meinem Mann hat es dort sehr gut gefallen.« Mit Hilfe des Schwiegervaters und des Schwagers bauten sie sich ein Haus auf dem Grundstück der Familie, wo sie Urlaub machen konnten.

Ich hatte anfangs sehr viel Heimweh. Wie oft habe ich im Albert-Schulte-Park gesessen und Tränen vergossen.

Doch das Schicksal meinte es erneut nicht gut mit Anna. 1996 starb auch ihr zweiter Mann. Jetzt begleitete sie oft der Schwiegervater in die alte Heimat. Als sie Rentnerin wurde, 2007 kehrte sie ganz nach Rumänien zurück und blieb dort bis 2009, dann erkrankte sie erneut an der bösartigen Krankheit und musste in Deutschland operiert werden. Seither ist sie ohne Befund und strotzt vor Leistungsfähigkeit. »Ich bin ein Stehaufmännchen«, lacht sie.

Dass sie die Stelle als Aufsicht im Heylshof gefunden hat, hat ihr einen enormen Auftrieb gegeben. Sie weiß über alles Bescheid, was im Haus vor sich geht, achtet darauf, dass bei den zahlreichen Veranstaltungen, ob Konzerte, Vorträge, Ausstellungen, Workshops, auch bei Hochzeiten, die hier gerne gefeiert werden, alles seinen geregelten Gang geht. Sie war schon da, als Alfred Pointner noch Kurator und Elfriede Wetzel noch Geschäftsführerin war und ist jetzt eine unentbehrliche Stütze für Dr. Olaf Mückain und Maria Storf-Felden. Sie macht mit den übrigen Mitarbeiterinnen die Kasse, übernimmt den Schließdienst von Haus und Park, und wenn Hausmeister Peter Depta in Urlaub ist, putzt sie auch. Ja, es kommt auch schon mal vor, dass sie einen Künstler abholt oder zu seiner Unterkunft bringt. Für sie eine Selbstverständlichkeit: »Ich bin ja in fünf Minuten da«, sagt sie leichthin.

Wie lang sie das noch machen wird? Bis 79, bis 80? Man wird sehen. Jedenfalls möchte sie ihren Lebensabend in ihrem Haus in Jahrmarkt verbringen. »Ich kenne jeden im Dorf«, strahlt sie. Dort wohnen, wenn sie nicht gerade in Temeswar sind, auch Marianna und Silvio, bei deren Heirat sie und ihr erster Mann, Mariannas Onkel, Trauzeugen waren. Wie es Brauch ist bei den Rumänendeutschen, waren sie beide auch bei den Söhnen Marius und Bodgan, die mittlerweile längst verheiratet sind, Paten, und jetzt ist sie allein auch Patin *(nașă)* des kleinen Marc. Die Paten, das ist auch in dem Buch *Jahrmarkt im Banat* zu lesen, sind neben den Eltern eines Kindes

Ich weiß, dass sich die Verwandten um mich kümmern werden, wenn ich Hilfe brauche. Das ist bei uns so.

die wichtigsten Personen und dürfen bei keinem Fest fehlen. »Ich weiß, dass sich die Verwandten um mich kümmern werden, wenn ich Hilfe brauche«, ist sie ganz gewiss. »Das ist so bei uns.«

Auch wenn wir ihr gönnen, dass sie noch viele schöne Tage im Banat verbringen kann, so hoffen wir doch, dass sie dem Heylshof noch eine Weile erhalten bleibt. Denn der Heylshof ohne Anna – das ist kaum vorstellbar.

Online-Banking
Einfach &
sicher von zu
Hause.
Erledigen Sie Ihre Finanzgeschäfte im eigenen Wohnzimmer.
Ganz bequem mit dem übersichtlichen Online-Banking der Sparkasse.
spkwo.de
Sparkasse
Worms-Alzey-Ried

MAL DIE BÜHNE IM DORF LASSEN

BENEDIKT SCHULZ
IM GESPRÄCH MIT CHRISTIAN MAYER

Der Wormser Kommunalpolitiker Benedict Schulz ist nicht nur Kommunalpolitiker. Müsste man alle seine Tätigkeiten in einen Satz packen, wäre der unlesbar lang. Deshalb versuchen wir es so: Benedict Schulz ist Schauspieler und Regisseur bei dem Theaterkollektiv Szene9. Er ist Autor von abendfüllenden Theaterstücken und Werbefilmen. Er ist auch Büttenredner, Texter und Sänger bei der Wormser Narrhalla. Er ist Designer und Kampagnenentwickler,

Foto: Kati Nowicki.

ist kurz vor seinem Studienabschluss in der Kommunikationswissenschaft – und wie eingangs erwähnt auch Kommunalpolitiker im Wormser Stadtrat.

Das klingt für mich nach einer ganzen Menge Rollen. Welche spielst du am liebsten?

BENEDIKT SCHULZ Also für mich klingt das toll! Vielleicht ein bisschen dick aufgetragen, aber toll. *(Lacht.)* Nein, ehrlich, deshalb mache ich diese ganzen Dinge ja, weil ich mich gerade in der Vielfältigkeit dieser Rollen wohlfühle. Ich bin 24, mein Werdegang ist noch unergründet. Da gibt es eigentlich nichts Schöneres, als Abwechslung und Auswahl zu haben.

In der Politik wird nicht versucht, authentisch zu inszenieren, die Authentizität selbst wird inszeniert.

Sind all diese Rollen wirklich immer so trennscharf? Nehmen wir zum Beispiel Theater und Politik – das ist ja nicht unbedingt so unterschiedlich wie, sagen wir, Faust und Mephisto?

SCHULZ Theater und Politik – das scheint im ersten Moment erschreckend nah beieinander zu liegen. Eigentlich klar also, dass es jemanden, der in der Kultur, im Theater, unterwegs ist, in die Politik zieht. Ganz so einfach ist es aber nicht. Inszeniert wird hier und dort, zweifellos. Die Inszenierungen im Theater sind ehrlicher, sie geben sich nämlich ganz klar als solche zu erkennen. Zwar spielt auch im Theater die Authentizität der Figur eine große Rolle, allen Beteiligten ist aber jederzeit bewusst, dass hier gerade inszeniert wird. In der Politik wird nicht versucht, authentisch zu inszenieren, die Authentizität selbst wird inszeniert. Vermeintlich authentisch ist nicht, wer er oder sie selbst ist, sondern wer die politisch korrekte, glattgebügelte, aufmerksame, geformte Version von sich selbst am besten spielt. Das liegt aber weniger an den Politikerinnen und Politikern selbst. Vielmehr sind es die Erwartungen, die an sie gestellt werden – seitens der Bevölkerung, seitens der Kollegen, seitens der Medien. Ich würde nicht behaupten, dass wir es schaffen, Politiker wirklich Menschen sein zu lassen.

Wenn ich diese etwas öde, aber doch immer treffende Frage stellen darf: Sehen wir Dich auch in zehn Jahren noch in der Politik?

SCHULZ Zum heutigen Zeitpunkt würde ich sagen: Nein. Kreativität darf nicht nur Begleiterscheinung meines Lebens sein, sie muss ein Kern sein.

Politik kann auch kreativ sein … aber werden wir mal konkret: Was bedeutet denn Kreativität für dich genau?

SCHULZ Pforten hoch und loslassen. Dem Kopf freies Spiel geben. Die Gedanken vom einen zum andern springen lassen, inklusive Abkürzungen, Umwegen und Gedanken-Staus. Um dann im zweiten Schritt die guten Sprünge behalten und die nicht so guten vergessen. Das ist für mich Kreativität!

Du hast für Szene9 zu Beginn der Corona-Pandemie ein ganzes Theaterstück binnen weniger Wochen geschrieben. Dafür brauchen andere normalerweise ein Jahr. Wie gehst du mit Druck um?
Den Druck brauche ich dann für den dritten Schritt – dann, wenn daraus wirklich ein Produkt entstehen soll. Klar, Kreativität braucht den Raum. Gedanken kreisen lassen braucht Zeit. Und die muss man den Gedanken auch lassen. Aber Deadlines sind wichtig, damit etwas entsteht. Damit die guten Ideen nicht nur den schlechten Ideen in meinem Kopf Gesellschaft leisten, sondern auch für andere Menschen greif- und sichtbar werden.

Ich nehme wahr, dass die Schublade ganz schnell offen ist, dass der Stempel im Bruchteil einer Sekunde verpasst wird. Uns gehen diese Vorverurteilungen, dieses In-eine-Ecke-Stellen viel zu schnell von der Hand.

Zwischenfazit: Du sagst, Politiker sollten wieder mehr Menschen sein können, da schwingt auch eine gewisse Medienkritik mit. Du selbst siehst dich künftig, Stand heute, eher nicht in der Politik. Gleichzeit hast du einen kreativen Gestaltungswillen – und so ganz und gar unpolitisch wirst du vermutlich nie sein. Mal global betrachtet: Was ist aus deiner Sicht eine Herausforderung unserer Gesellschaft?
SCHULZ Ich glaube, wir alle können wieder ein bisschen besser darin werden, andere Meinungen neben den unseren stehenzulassen. Niemand ist etwas zu hundert Prozent. Es gehört dazu, dass wir gemischte Meinungen haben, dass unsere eigenen Gedanken anderen eigenen Gedanken widersprechen. Und es soll im Leben tatsächlich auch schon vorgekommen sein, dass Menschen ihre Meinung geändert haben. Und das ist nicht nur okay, sondern enorm wichtig. Und dabei ist man nicht entweder rechts oder links. Da gibt es kein Schwarz und Weiß, kein Gut und Böse. Wie einfach wäre alles in so einer binären Welt! Aber vor allem auch verdammt langweilig. Auch das entdecke ich in letzter Zeit immer häufiger, gerade in den sogenannten Sozialen Netzen. Ich nehme wahr, dass die Schublade ganz schnell offen ist, dass der Stempel im Bruchteil einer Sekunde verpasst wird. Uns gehen diese Vorverurteilungen, dieses In-eine-Ecke-Stellen viel zu schnell von der Hand. Diejenigen, bei denen alles jenseits des eigenen Standpunkts »links-grün-versifft« ist, haben den Bezug zur Realität mehr als verloren. Und wer hinter allem und jedem direkt einen »Nazi« wittert, der scheint vollkommen zu unterschlagen, was für vernichtende Gräueltaten hinter diesem Begriff stehen. Ein Begriff, den man nicht einfach leichtfertig in die Mitte der Gesellschaft hinein verwaschen kann.

Das klingt jetzt doch wieder politisch. Ein letzter Versuch: Benedict Schulz, der Politiker? In zehn Jahren? Ja oder nein?
SCHULZ Ich finde, wer in ein solches ehrenamtliches Gremium eintritt, darf darin nicht vor allem die politische Aufstiegsleiter zur persönlichen Profilierung wittern. Auf dem Level ehrenamtlicher Ratsmitglieder würde ich auch ehrlich gesagt nicht wirklich von und Politikern oder Politikerinnen sprechen.

Sondern?

SCHULZ Vielleicht von Ehrenamtlichen? Zumindest sollte das das Selbstverständnis sein. Ich finde es eher hinderlich, wenn versucht wird, im Kleinen hier die große Politik zu spielen. Da muss man die Kirche auch mal im Dorf lassen. Beziehungsweise die Bühne. Die Bühne im Dorf lassen *(schüttelt den Kopf)* – das ist so dämlich, das wär fast was für die Überschrift!

Dann frage ich mal so: Wie war das erste Jahr als Ehrenamtler im Stadtrat?

SCHULZ Ich war in meinem ersten Jahr wie ein Schwamm. Ich habe alles aufgesaugt, was mir in den Blick kam. Ich habe versucht, Prozesse zu verstehen, Abläufe nachzuvollziehen. Und ich bin dankbar für diesen Einblick. Meine Erfahrungen – positive wie negative – sind schon jetzt nach einem Jahr Gold wert.

Benedict, in wenigen Sätzen, was ist dir eigentlich wichtig?

SCHULZ Gesamtpolitisch betrachtet ist es, glaube ich, enorm wichtig, dass wir insgesamt schneller, agiler und flexibler werden. Das hat nichts mit Worms zu tun. Das geht deutschlandweit an alle Adressen. Wir haben viel vor in den nächsten Jahren und Jahrzehnten, egal ob es um Klimaschutz geht, um Bauprojekte, um Innenstadtentwicklung, Bildung oder Wirtschaft. Von einer zeiteffizienten Umsetzung, gerade an den bürokratischen Knotenpunkten, profitieren alle. Die Corona-Krise hat uns gezeigt, dass schnelles Handeln an manchen Stellen möglich ist (und ja – sie hat uns an anderer Stelle auch eindrucksvoll das Gegenteil offenbart). Aber das sollten wir mitnehmen aus der Krise und den Schwung nutzen. §

Foto: Kati Nowicki.

LERNEN UND DISKUTIEREN

WORMS ALS TEIL DES NETZWERKS MORESHET FÜR DAS JÜDISCHE ERBE IN EUROPA

VON SUSANNE URBAN

»Moreshet« – die Kerngruppe und Gäste, Híjar, Juli 2019.

Ein Anruf aus London

»Möchte die Stadt Worms als zunächst einzige deutsche Stadt in einem Netzwerk für das jüdische Erbe Europas mitmachen? Wir möchten einen Antrag auf Förderung an die EU stellen.« Als ich diesen Anruf von Michael Mail, dem Direktor der Foundation of Jewish Heritage mit Sitz in London erhielt, dachte ich zuerst: »Ja!« Als Zweites: »Erst einmal den Oberbürgermeister fragen!« Und dann noch: »Kostet uns das was oder bekommen wir da etwas für?«

Foto: Moreshet.

Drei wichtige Gedanken, die ich im Frühjahr 2018 recht schnell klären konnte. Der damalige Oberbürgermeister der Stadt Worms, Michael Kissel, bekam eine Mail von mir, ich erhielt nach rund einer Stunde die Antwort: »Machen wir!« OB Kissel bat, dass ich die die Stadt Worms im Netzwerk vertrete. Ein zusätzlicher Schritt war die Information des Vorstandes des SchUM-Städte e.V., damit die beiden anderen einstigen SchUM-Städte, Speyer und Mainz, sich nicht zurückgesetzt fühlen, weil nun zuerst Worms gefragt wurde.

»Es gibt in ganz Europa eine wachsende Anerkennung der Bedeutung des jüdischen Erbes. Es ist die Geschichte der europäischen Vergangenheit und Teil der europäischen Zukunft.«
Michael Mail

Europäische Werte

Was aber sollte die Idee eines solchen Netzwerkes sein? Und welches EU-Programm passt dazu? Fündig wurde Michael Mail im Rahmen der EU-Förderung »Europe for Citizens«. Unter dem Motto: »Demokratisches Engagement und bürgerliche Partizipation« wird ein Netzwerk von Städten implementiert. Es kann um städtische Partnerschaften oder aber um andere Formen städtischer und kommunaler Netzwerke gehen.

Zentral ist folgende Bedingung der EU: Das Netzwerk soll dem Verständnis der Bürger für die Europäische Union, ihrer Geschichte und ihrer Vielfalt beitragen und die Beteiligung der Bürger an Prozessen und Entscheidungen verbessern. Essenziell für die Bewilligung der Fördermittel ist die Verpflichtung auf die Förderung des Bewusstseins für die gemeinsame Geschichte und die gemeinsamen Werte in Europa, für den Erhalt von Frieden und das Wohlergehen der Menschen. Das von der EU unterstützte Projekt soll das Bewusstsein für die Vielfalt des kulturellen und sprachlichen Europas nachhaltig schärfen, gegenseitiges Verständnis und Toleranz fördern und dadurch zur Entwicklung einer respektvollen, dynamischen und facettenreichen europäischen Identität beitragen.

Große Ziele! Und wichtige Ziele – insbesondere auch mit Blick auf die Entwicklung rechtspopulistischer Strömungen sowie des Anstiegs antisemitischer Übergriffe und Haltungen.

Sechs Städte als Keimzelle

Wo und wie also anfangen? Als die Idee von *Moreshet* (hebräisch: Erbe) geboren wird, sind erst drei Städte im Boot – Krakau, London und Worms. Sechs Städte sollten es sein. So diskutierten wir und einigten uns zusätzlich auf das polnische Breslau, das italienische Mantua und das spanische Híjar. Weshalb diese Städte und nicht Troyes oder Vilnius, Amsterdam oder Berlin?

Sicher – es waren persönliche Kontakte im Spiel, aber davon gibt es bei allen Beteiligten etliche. So standen Amsterdam und andere Städte durchaus zur Disposition und viele weitere Vorschläge wurden in E-Mails und Telefonaten erörtert. Am Ende stand die Entscheidung und die jeweiligen Städte wurden über Persönlichkeiten, die dort als Ansprechpartner für das jüdische

Erbe fungieren, gefragt, ob sie bereit wären, sich diesem ersten, als Keimzelle zu bezeichnenden Netzwerk anzuschließen bzw. sich im Rahmen der Antragstellung an die EU für die Teilnahme zu verpflichten.

Aus London (seinerzeit noch EU) kam die Initiative. Die »Foundation for Jewish Heritage« (www.foundationforjewishheritage.com) setzt sich international für die Sicherung und den Erhalt historischer Synagogen, jüdischer Denkmäler und kulturell bedeutender Orte ein. Michael Mail hatte im Frühjahr 2017 Speyer und Worms besucht. Er betonte: »SchUM ist ein herausragendes Beispiel für die jüdische Kultur in Europa. Seine Innovationskraft mit seiner monumentalen Architektur hält bis heute an. Es beweist, dass SchUM die Wiege des aschkenasischen Judentums war. Die Denkmäler lehren uns über Geschichte und Gegenwart«. So wurde Worms stellvertretend für die SchUM-Städte für das Netzwerk angesprochen.

»Das jüdische Erbe ist eine Gelegenheit zum Lernen über Vielfalt und Zusammenhalt.« Tomasz Włodarski

Krakau: Die historisch wertvolle Altstadt von Krakau ist 1978 gemeinsam mit der ehemaligen Königsresidenz Wawel von der UNESCO in die Liste des Weltkulturerbes aufgenommen worden. Die Altstadt umfasst auch das einstige jüdische Viertel, das die Shoah nahezu unzerstört überstand. Seit dem 14. Jahrhundert ist jüdisches Leben in der Stadt dokumentiert. Gründer der Gemeinden waren Juden, die aus Mitteleuropa und Westeuropa nach den Pogromen 1349 in den Osten flohen – aus SchUM. Sieben Synagogen und zwei Friedhöfe sowie Spuren jüdischen Lebens zeugen von dem reichen jüdischen Leben in Krakau. Seit dem Film *Schindlers Liste* (1994) entwickelt sich das Viertel aber auch in eine Richtung, die zwischen imaginärer Topografie und Kitsch, Erinnerung und jüdischem Kulturfestival oszilliert. In Krakau ist das Malopolska Institute of Culture (MIK) (http://english.mik.krakow.pl/) Ansprechpartner und zugleich Projektleiter von *Moreshet*.

Híjar: Im Mittelalter gab es in Híjar eine bedeutende jüdische Gemeinde, die Pionierarbeit für den frühen hebräischen Buchdruck leistete. Mit der Vertreibung der jüdischen Gemeinde 1492 wurde die Hauptsynagoge im ehemaligen jüdischen Viertel von Híjar zur Kirche San Anton de Híjar umfunktioniert. Die einstige Synagoge in Híjar ist zugleich das einzige archäologisch erhaltene Beispiel einer Synagoge in ganz Aragón. Aber: Das Gebäude ist im Besitz des Erzbistums, der Kirche von Saragossa, und wurde nur selten genutzt. Seit einigen Jahren gibt es die Initiative *Aragón Sefarad: legado y memoria*, um das materielle und immaterielle Erbe in der Region Aragón, zu der auch Híjar gehört, zurückzugewinnen. Die »Kirche« aber verfiel. Um dieser Situation Einhalt zu gebieten, wurde das Gebäude als »Stätte von kultureller Bedeutung« *(Bien de Interés Cultural)* anerkannt. 2017 wurden durch archäologische Untersuchungen unter andere der Thoraschrein der Synagoge aus dem 15. Jahrhundert entdeckt und wiedergewonnen.

Breslau: Ein Grabstein aus dem 13. Jahrhundert ist das früheste Zeichen jüdischer Präsenz in Breslau. In den mehr als 800 Jahren ihrer Geschichte hat die jüdische Gemeinde in Breslau vergleichbare dunkle und helle Zeiten erlebt wie Worms. Das 19. Jahrhundert war das goldene Zeitalter der Breslauer Juden. Die Shoah zerstörte auch hier die Gemeinde. Nach der Shoah und dem Ende des Krieges wurde die Bevölkerung in Polen, der Ukraine und dem Gebiet des einstigen Deutschen Reiches aufgrund geopolitischer Entscheidungen umgesiedelt, ausgewiesen und neu angesiedelt. Infolge der neuen Grenzen mussten die Deutschen von Schlesien nach Westen ziehen, die Polen mussten die westliche Ukraine verlassen und wurden ins ehemalige Schlesien umgesiedelt. Sie fanden überall leerstehende Häuser und deutsche Geschichte vor. Die Polen, die sich hier ansiedelten, wurden selber vertrieben und mussten ihre eigene Identität in diesem spezifischen Raum der polnisch-jüdisch-deutschen Geschichte formen. Nach dem Zweiten Weltkrieg lebten in diesem Teil Schlesiens rund 80000 Juden, die zumeist in der Sowjetunion überlebt hatten. 1946 floh die Mehrzahl der Juden aus Polen in den Westen – Auslöser waren Pogrome wie jener in Kielce. Nach der antisemitischen Kampagne des kommunistischen Regime 1968 blieben nur noch wenige Juden in Polen. Erst in den 1990er-Jahren etablierte sich die Gemeinde wieder sichtbar und gewann die Synagoge zum Weißen Storch zurück. Die Bente-Kahan-Stiftung ist ein starker Akteur in dieser Stadt (https://fbk.org.pl/de/strona-glowna-deutsch/).

»Es war inspirierend zu sehen, dass das jüdische Erbe zwar zerstört wurde, aber nicht verloren ging.«
Lucia Conte

Schauen wir nach Italien: **Mantua** ist seit 2008 gemeinsam mit Sabbioneta UNESCO-Weltkulturerbe. Die Familie Gonzaga machte aus den zwei Städten beeindruckende und einflussreiche Zentren der italienischen und europäischen Renaissance. Seit 1145 sind Juden in Mantova belegt. Ab 1400 wuchs die Gemeinde an, auch aufgrund der Einwanderung deutscher Juden. Buchdruck wurde wichtig, wie in Híjar – das »Buch der Schöpfung« mit dem Kommentar des Eleazar von Worms wurde in Mantua eine der ersten Ausgaben gedruckt. Ein offenes jüdisches Viertel entstand, wie in Worms oder Krakau. Erst später wurde es zu einem Getto. Anfang des 20. Jahrhunderts musste das Viertel niedergelegt werden. Die komplette Inneneinrichtung der barocken Norsa-Synagoge wurde abgebaut und in einem neuen Gebäude wiedererrichtet.

Der Antrag und die Aufgaben

Der Antrag an die EU, federführend vom MIK in Krakau erarbeitet, erreichte Brüssel im September 2018, im Dezember 2018 wurden die Gelder bewilligt. Die Fördermittel decken die Reisekosten der Projektpartner und Experten, Kosten für Seminare, Referenten und deren Reisekosten sowie die Erstellung eines Logos und einer Website.

In Phase 1, dem ersten Bewilligungszeitraum, und damit bis Mitte 2021, arbeiten einige ausgewählte Städte zusammen, um ihr außergewöhnliches Erbe, das verschiedene Gemeinsamkeiten aufweist, zu vernetzen und nach und nach weitere Orte und Institutionen als künftige Partner einzubeziehen. In einer zweiten Phase, nach Bewilligung des Folgeantrags, wird aus dem Projekt ein etabliertes Netzwerk und es werden weitere Städte als Partner eingeladen.

Moreshet möchte ein Netzwerk von Regionen, Städten und Gemeinden aufbauen, um bewährte Praktiken und erfolgreiche Methoden für das jüdische kulturelle Erbe zu identifizieren und eine Plattform für die Kommunikation zwischen den Partnern zu schaffen.

Das übergeordnete Ziel: unter dem Titel *Moreshet – Jewish Heritage Network* eine Kooperation von Regionen und Städten, die jüdisches Erbe als Teil ihrer kulturellen Geschichte zu verstehen, aufzubauen, um den Dialog und den Austausch über die Erhaltung des jüdischen Kulturerbes und seine Präsentation zu verstetigen. Die Förderung des gemeinsamen europäischen Ansatzes für das jüdische Erbe steht ebenso im Zentrum wie eine Sensibilisierung für die Gefahren von Intoleranz und Vorurteilen. Es werden Erfahrungen zu Arbeitsweisen, vorbildlichen Verfahren und praktischen Herangehensweisen zu Erhalt, Präsentation und nachhaltigem, kulturgerechtem Tourismus ausgetauscht und diskutiert. Fachleute, die sich in ganz Europa mit jüdischem Erbe befassen, sollen ein noch professionelleres und konsequenteres Vorgehen bei der Auseinandersetzung und der Wahrung des jüdischen Erbes garantieren. Seminare zu einzelnen Themen (u.a. Bildung, Tourismus, immaterielles Erbe) begleiten den Aufbau des Netzwerkes.

Moreshet – Jewish Heritage Network möchte somit ein Netzwerk von Regionen, Städten und Gemeinden aufbauen, um bewährte Praktiken und erfolgreiche Methoden für das jüdische kulturelle Erbe zu identifizieren und eine Plattform für die Kommunikation zwischen den Partnern zu schaffen. Im Vergleich bereits etablierten Netzwerken, die sich mit jüdischem Erbe befassen, unterscheidet sich dieses durch die Idee der Beteiligung der lokalen Verwaltung (Städte und Regionen) und der örtlichen Bevölkerung.

Im Juli 2019 trafen sich die Mitglieder der Lenkungsgruppe in Barcelona und Saragossa, hier besprachen sie das weitere Vorgehen, planten die Zusammenarbeit und besuchten die ehemalige Synagoge in Híjar.

Bildung und Vermittlung

Im Oktober 2019 richtete Worms bzw. der SchUM-Städte e.V. ein Seminar mit mehr als 40 Teilnehmenden zur Vermittlung, Präsentation und Interpretation jüdischen Erbes aus. Vertreten waren Architekten, Denkmalpfleger, Museologen, Kunsthistorikerinnen, Pädagogen, Studierende der Baukultur, Vertreter*innen aus dem Jüdischen Museum Frankfurt, dem Centrum Judaicum Berlin und der Moses-Mendelssohn-Akademie Halberstadt. Gastgeber war die Hochschule Worms, die, wie

Vor (oben) und in (rechts) der ehemaligen Synagoge in Híjar, Juli 2019.

schon so oft, dem SchUM-Städte e.V. Räume und Technik zur Verfügung stellte. David Maier als Kulturkoordinator der Stadt Worms moderierte das Seminar.

Oberbürgermeister Kessel begrüßte die Teilnehmer und unterstrich die Relevanz, sich sensibel und adäquat mit jüdischem Erbe zu befassen. Er sei stolz, dass Worms in diesem Netzwerk Partner sei.

Impulsvorträge, Workshops, Diskussionen und nicht zuletzt die Besuche im Judenhof in Speyer und der jüdischen Stätten in Worms führten zu einem intensiven und interdisziplinären Austausch über die Hinführung junger Menschen zu jüdischem Erbe und eine nachhaltige Vermittlung.

Eine Herausforderung besteht darin, bei jungen Menschen das Interesse zu wecken, Verantwortung für jüdisches Erbe zu übernehmen. Auch ist es wichtig, dass jeder Ort mit jüdischem Erbe

Foto: Michael Mail, Foundation for Jewish Heritage.

Teilnehmende in Worms, Oktober 2019.

oder Orte, die zusammenhängen wie die SchUM-Stätten, ein Alleinstellungsmerkmal findet und unterstreicht. Im Centrum Judaicum in Berlin ist es bspw. die Vielschichtigkeit der Baugeschichte des Ortes selbst – vom 19. Jahrhundert über die NS-Zeit bis hin zur Geschichte der DDR, den Spuren der Zerstörung nach 1938 bis hin zur heute weithin sichtbaren Kuppel mit dem Davidstern.

Zugleich sollen und können Verbindungen zu anderen Orten entstehen, sei es durch die Blütezeit einer Gemeinschaft oder das immaterielle Erbe.

Andere wichtige Gedanken zu den Orten und Räumen des jüdischen Erbes wurden ebenfalls formuliert: Wie prägten Juden das Stadtbild? Wo sind jüdische Orte zu finden und wo sind verborgene Orte? Als Juden zuerst in eine Stadt kamen, z.B. im Mittelalter, ließen sie sich nieder und schufen Gemeindezentren, die die spezifischen Viertel prägten. Andere Veränderungen fanden

Foto: SchUM-Städte e.V.

Besichtigung der Mikwe der Synagoge zum Weißen Storch in Breslau, Februar 2020.

z.B. während der Emanzipation statt, als sich die Juden in neuen bürgerlichen Vierteln niederließen, Läden, Fabriken und andere Gebäude errichteten, vor allem im 19. und frühen 20 Jh. Nach dem Ersten Weltkrieg kamen Juden aus Osteuropa und begannen, sich z.B. in Frankfurt und Berlin in bestimmten Vierteln niederzulassen. Auch diese zugewanderten Juden prägten die Stadtviertel.

Es ist wichtig, junge Menschen (u.a. über die örtlichen Schulen) in die Entdeckung der jüdischen Vergangenheit der Stadt und der Region einzubeziehen und ihnen zu helfen, sich selbst über die jüdischen Stätten, Gebäude oder über die dortigen jüdischen Gemeinschaften zu informieren. Museen und Ausstellungen, Bildungsangebote und Projekte können ein Gefühl der Teilnahme und der Öffnung für das Thema schaffen.

Projekte sollen nicht nur, obgleich dies oft im Mittelpunkt steht, Gymnasiasten, sondern auch andere Schulformen, Auszubildende und solche, die einen Beruf wie Maurer erlernen oder Architektur studieren, einbeziehen.

Am Beispiel des Jüdischen Museums in Frankfurt wurde deutlich, dass die Schaffung einer dauerhaften Beziehung zwischen der Kulturinstitution und Bildungseinrichtungen wichtig ist. Das dafür verantwortliche Personal sollte die Schnittpunkte zwischen der Kulturagenda und dem Lehrplan in der Schule definieren und mit Leben füllen. Solche Angebote sollen Jugendliche und jungen Erwachsene aktiv an der Erforschung des jüdischen Erbes beteiligen: Schau hin, erforsche und entdecke! Es sollten gemeinschaftliche, nachhaltige Projekte geschaffen werden. Einig waren sich auch alle Mitglieder über die enge Verbindung von materiellem und immateriellem Erbe: Orte des jüdischen

Foto: Moreshet.

Lenkungsgrupe und Gäste in Breslau, Februar 2020.

Erbes werden durch Geschichten und Rituale lebendig, durch Feiertage und andere Geschichten, die sich zwischen den Steinen, die ein Denkmal ausmachen, verbergen.

Engagement auf lokaler Ebene

Ein zweites Seminar fand Anfang Februar 2020 in Breslau in der Synagoge zum Weißen Storch statt. Thema: »Jüdisches Erbe und lokale Beteiligungen« – gemeint sind hier das Engagement lokaler Einrichtungen, Schulen, Kirchengemeinden, aber auch von NGOs und kulturellen Initiativen. Neben Besuchen jüdischer Orte wie dem Standort der 1938 niedergebrannten Synagoge oder dem jüdischen Friedhof gab es auch ein Abendessen mit dem Rabbiner und seiner Frau – ein ausgelassener Abend, der Menschen über Kulturen und Sprachen eng miteinander verband.

Thematisch wurde in Breslau deutlich: Professionelles Management ist für eine langfristige Wirkung und ein nachhaltiges Engagement der Kommunen und ihrer Bürger wichtig. Die Denkmalpflege sollte einbezogen werden, sobald ein Projekt geplant wird.

Multikulturelle Gesellschaften

Die Auseinandersetzung mit jüdischem Erbe ist ein wichtiger Weg um mehr über Europa und seine Geschichte zu erfahren. Zudem bildet es ab, dass Gesellschaften bereits im Mittelalter nicht monolithisch waren, sondern immer multikulturell geprägt waren und sind. Wir alle brauchen Neugierde, Engagement und den Willen, das Erbe zu teilen und auch zu pflegen.

Foto: Moreshet.

Innehalten

Ein drittes Seminar war für Ende Juni 2020 in Krakau geplant, als Teil des jüdischen Festivals – zum Thema immateriellen jüdischen Erbes und seiner Überlieferung. Aufgrund der Krise durch Covid-19 mussten wir das Seminar absagen – das gesamte jüdische Festival konnte nicht stattfinden. Videokonferenzen ersetzen zwar keine persönlichen Zusammenkünfte, ermöglichten uns aber einen persönlichen und gemeinsamen Austausch zwischen den Mitgliedern.

Weitere Informationen

www.moreshet.eu
www.schumstaedte.de

Ergebnisse

Aus den Ergebnissen der thematisch spezifischen Seminare werden Handreichungen für Kommunen, städtische Administrationen, Regionalverwaltungen, Landesministerien und interessierte Stakeholder entstehen. Die ersten sind in Arbeit.

Das Projekt wird fortgeführt und weitere, künftige Partner in u.a. Deutschland, aber auch in baltischen Staaten und Westeuropa sind gewonnen – das Netzwerk wächst. Ein Folgeantrag nach Ablauf der ersten Phase wird gestellt.

Nachhaltig und langfristig, innovativ und kommunikativ – so soll Moreshet sein und so stellt es sich bisher dar. §

Lena Feldmann: Einmal im Jahr muss Paris sein

VON ULRIKE SCHÄFER

Lena Feldmann ist in der ukrainischen Stadt Berdytschiw, im Süden Wolhyniens, aufgewachsen. Mit 84000 Einwohnern ist diese Stadt heute etwa so groß wie Worms. Früher lebten hier sehr viele Juden. In der Blütezeit gab es über 80 Synagogen, eine Talmud Hochschule und andere jüdische Einrichtungen, erzählt Feldmann. Bis in die 30er-Jahre des 20. Jahrhunderts war Jiddisch sogar die offizielle Amts- und Gerichtssprache. Innerhalb der ersten vier Monate des Zweiten Weltkriegs wurden 18000 Berditschewer Juden von den deutschen Besatzern ermordet. Am Ende des Krieges waren noch 15 übrig.

Lena Feldmanns Mutter ist in Berdytschiw geboren, ihr Vater kam aus Rumänien. Sie sei nicht religiös erzogen worden, erzählt Lena, aber sie sei mit jüdischem Brauchtum aufgewachsen. Man hat den Schabbat eingehalten, koscher gegessen, ist in die Mikwe gegangen. »Die Mikwe ist ganz wichtig«, erzählt sie. »Es gibt ein Sprichwort, dass man sogar eine Torarolle verkaufen kann, um eine Mikwe zu bauen.« Was sie über die Religion weiß, hat sie vor allem von ihrer Großmutter. »Meine Oma war eine sehr starke Frau«, erzählt sie. »Sie sagte, Angst muss man vor niemand haben außer vor Gott.«

Lena studierte französische Sprache und Literatur an der Universität in Ischewsk, der Hauptstadt der Republik Udmurtien in der Russischen Föderation. Noch heute spricht sie begeistert von ihren Professoren. Ihr Praktikum hat sie in der Bibliothek für französische Literatur in Moskau gemacht. Ihr Studium eröffnete ihr ein breites Spektrum beruflicher Möglichkeiten, z.B. in der Wissenschaft, als Übersetzerin oder als Lehrerin. Es ergab sich dann, dass sie fast 20 Jahre an einem

Gymnasium unterrichtete. Die Haltung der russischen Pädagogen Antonin Makarenko und Wassili Suchomlinksi (»Mein Herz gehört den Kindern«) war auch für sie richtungsweisend.

In den 90er-Jahren sei die Situation in der Ukraine schwierig geworden. Mehr möchte Lena Feldmann nicht sagen. Über Politik mag sie nicht reden. Um ihre Immigration nach Deutschland zu erklären, bringt sie ein russisches Sprichwort: »Der Fisch schwimmt da hin, wo es tiefer ist.« Seit 2004 leben sie und ihr Mann, »ein Supermechaniker«, in Worms.

Als Lehrerin konnte sie hier nicht arbeiten. Die Voraussetzungen für das Lehramt an einem Gymnasium sind in Deutschland andere

Bevor Corona Versammlungen verhinderte, hatten wir hier einen Deutschkurs und einen Computerkurs. Der Gemeindechor, der von Ludmilla Der geleitet wird, hat sich hier getroffen.

als in der Ukraine und in Russland. Seit 2008 ist sie bei der Jüdischen Gemeinde Mainz als Bindeglied und Ansprechpartnerin für die Wormser Juden angestellt. »Ich bin die Repräsentantin der Wormser Gemeinde«, beschreibt sie ihren Job. Sie hat die Schlüssel für die Synagoge und das Gemeindehaus am Synagogenplatz, und wenn Gottesdienste, Feste und kulturelle Veranstaltungen gefeiert werden oder wenn besondere Besucher kommen, wird sie darüber informiert, gibt die Infos weiter und ist präsent. Von Anfang an begleitet sie auch Gemeindemitglieder zu Ärzten oder auf Ämter,

denn bei manchen hapert es noch mit der deutschen Sprache oder sie finden sich in den oft schwierigen deutschen Gepflogenheiten nicht zurecht. Sie konnte auf diese Weise schon vielen Menschen Beistand leisten.

Ferner ist sie auch im Gemeindehaus aktiv. »Bevor Corona Versammlungen verhinderte, hatten wir hier einen Deutschkurs und einen Computerkurs. Der Gemeindechor, der von der ausgebildeten Opernsängerin Ludmilla Der geleitet wird, hat sich hier getroffen. Ich selbst habe einen Kulturclub angeboten. Eines meiner Themen war: Was bedeutet Judentum in engerem und weiterem Sinn?« Wie ist das zu verstehen? »Im engeren Sinn ist Jude nur, wer eine jüdische Mutter hat«, erklärt Lena Feldmann, fügt aber auf Nachfrage hinzu: »Wir schicken niemand weg, der dazu gehören will. Im weiteren Sinn geht es darum, die Gesetze der Tora einzuhalten.« Nicht ganz einfach, wenn z. B. in Worms kein koscheres Rindfleisch zu haben ist.

Im Kulturclub hat Feldmann auch über jüdische Schauspieler und andere jüdische Künstler gesprochen. Wenn sie jetzt im Gespräch über Namen nachdenkt, fallen ihr als Erstes französische jüdische Künstler ein. Frankreich ist nach wie vor ihre große Liebe. Sie kennt sich aus in der französischen Literatur, schaut sich französische Filme an, hat französische Freunde und fährt an jedem Geburtstag mit ihrem Mann

Im engeren Sinn ist Jude nur, wer eine jüdische Mutter hat. Aber wir schicken niemand weg, der dazu gehören will.

nach Paris. »Das muss einfach sein«, sagt sie. Warum lebt sie dann nicht in Frankreich? Sie lacht. Es ist ihr Mann, der hier seine Arbeit hat und nicht noch einmal von vorne anfangen will, und natürlich fühlt sie sich auch selbst mittlerweile wohl in der neuen Heimat. Beispielsweise, wenn sie abends im Westend einen Spaziergang macht und sich an den schönen alten Gebäuden erfreut. Die mögen sie an ihre alte Heimat erinnern, vielleicht auch ein bisschen an Paris.

EIN WELTBÜRGER AUS WORMS UND SEINE FAMILIE

VON URSULA REUTER

Eric Mayer spricht vor Schülern über sein Leben.

1979 oder 1980 kam im Wormser Stadtarchiv, das mein Vater Dr. Fritz Reuter leitete, eine Postsendung aus der Bronx an – ich erinnere mich, dass meine Eltern irritiert waren: Die Bronx, das klang damals nach Verbrechen und Mafia, nicht nach einem Stadtteil von New York, in dem auch viele deutsch-jüdische Immigrant*innen lebten, darunter die Absenderin Miriam Gerber (geb. 1922 als Miriam Sondheimer in Worms). Miriam arbeitete als Sekretärin im Leo Baeck Institut, das sich seit seiner Gründung 1955 der Erinnerung an das deutschsprachige Judentum, seiner Dokumentation und Erforschung widmet. Ehrenamtlich war sie Sekretärin des *Memorial Committee for Jewish Victims of Nazism from Worms*, das überlebende Wormser Juden und Jüdinnen, verstreut in aller Welt, gegründet hatten.

Um diese Zeit besuchte uns auch Eric Mayer aus New York zum ersten Mal. Aus beruflichen Gründen reiste er durch die ganze Welt – ein Lebensstil, den er bis in seine letzten Lebensjahre nicht aufgab, nun allerdings, um seinen zahlreichen ehrenamtlichen

Foto: Jennifer Dericks, TAPinto Sparta.

Aktivitäten nachzugehen. Stets verband er seine Reisen mit Besuchen bei Familienangehörigen in Frankreich und Italien sowie bei Freunden und Bekannten in aller Welt. Auch seinen Geburtsort Worms hat er immer wieder besucht, meist nach kurzfristiger Ansage für ein paar wenige kostbare Stunden.

Mit seinem unermüdlichen Engagement war Eric Mayer ein Motor des Vorhabens, das das *Committee* im Jahr 1980 organisierte: ein *Memorial Weekend* in Worms. Vom 7. bis 9. November 1980 trafen sich mehrere Dutzend Überlebende der jüdischen Gemeinde mit ihren Angehörigen in Worms, unter ihnen waren auch Eric Mayer und sein Bruder Fred. Höhepunkt der Gedenkfeierlichkeiten am Nachmittag des 9. November war das Verlesen der Namen der etwa 450 Wormser Opfer der Schoa durch 18 Überlebende und die Enthüllung von drei Gedenktafeln in der Frauensynagoge.

Mit seinem unermüdlichen Engagement war Eric Mayer ein Motor des Vorhabens, das das Committee im Jahr 1980 organisierte: ein Memorial Weekend in Worms.

Für mich eröffnete die Bekanntschaft mit der Familie Mayer – und einige andere Mitgliedern des *Committee* – neue Welten: 1981 reiste ich auf Einladung von Eric und Fred Mayer für drei Wochen in die USA. Gleich am ersten Abend führten mich ihre Kinder nach Manhattan aus. Es war unglaublich schwül, ich war übermüdet und verstand fast nichts von den angeregten Gesprächen. New York sah aus wie im Film, nur viel echter – es war wunderbar und überwältigend. Im Studienjahr 1985/1986 hatte ich dann durch Vermittlung von Eric Mayer die Chance, am *Jewish Theological Seminary* in New York zu studieren – eine intellektuell und menschlich prägende Erfahrung für meinen weiteren Lebensweg.

Eric (damals noch Erich) Mayer wurde am 12. April 1928 in Worms als drittes Kind von Moritz und Irma (geb. Neumann) Mayer geboren. Beide Eltern waren in jüdischen Landgemeinden aufgewachsen, Moritz (1884–1942?) in Alsheim, Irma (1899–1942?) in Stadecken.

Von Beruf war Moritz Mayer Weinhändler und Weinkommissionär, zunächst in Alsheim, dann seit Anfang der 1920er-Jahre in Worms. 1914 war er als Kriegsfreiwilliger in den Ersten Weltkrieg gezogen und mehrfach ausgezeichnet worden. Er war ein patriotischer Deutscher, ein Demokrat und ein mutiger und aufrechter Mensch – so ist er seinem Sohn in Erinnerung geblieben.

Die kleine jüdische Gemeinde in Alsheim schrumpfte seit Ende des 19. Jahrhunderts durch Abwanderung rapide, und die kinderreiche Familie Mayer war keine Ausnahme. Schon Ende des 19. Jahrhunderts waren mehrere Söhne nach Norditalien ausgewandert, darunter Sally Mayer (1875–1953), der in Mailand eine Papierfabrik gründete und nach dem Zweiten Weltkrieg dort die jüdische Gemeinde leitete. Andere Verwandte lebten in Frankreich – dies sollte für das Schicksal von Erich und seinen Geschwistern von großer Bedeutung werden.

Irma und Moritz Mayer.

Irma Mayer mit den Kindern Ruth, Manfred und Erich.

Familie Mayer lebte in Worms in einem eigenen Haus in der Andreasstraße 23. 1922 kam die älteste Tochter Ruth (gest. 2014) auf die Welt, 1926 wurde Manfred (später Fred, gest. 2005), 1928 Erich geboren. Sie verlebten nach seinen Erinnerungen eine glückliche Kindheit, die allerdings in der NS-Zeit zunehmend bedroht wurde – bis hin zu den schrecklichen Ereignissen des Novemberpogroms 1938: Am Morgen des 10. Novembers wurde die Wohnung der Mayers verwüstet – die verängstigten, nur mit Schlafanzügen bekleideten Kinder mussten im Hof stehen und zusehen, wie Möbel und Einrichtungsgegenstände durch die Fenster herabgeworfen wurden.

Foto: privat. Archiv Gunter Mahlerwein.

Eric Mayer verband eine herzliche Freundschaft mit Dr. Fritz Reuter, dem Vater der Autorin. Er, Gerd Spies und Miriam Gerber schlugen Reuter 2008 für den Obermayer Award vor, weil er sich um die Versöhnung mit den ehemaligen Wormser Juden verdient gemacht hatte, und kamen auch eigens zur Verleihung nach Berlin.

Eric Mayer am Rande der Verleihung im Gespräch mit dem damaligen Wormser Oberbürgermeister Michael Kissel

Einen Tag später wurde Moritz Mayer verhaftet und mit weiteren 86 jüdischen Männern aus Worms in das KZ Buchenwald verschleppt, wo er vermutlich schwer misshandelt wurde. Kurz vor Weihnachten wurde er wieder entlassen. Moritz und Irma Mayer handelten in dieser Situation wie viele andere deutsch-jüdische Familien: Sie versuchten zunächst ihre Kinder zu retten: Am 3. Januar 1939 gelangten die drei zu Verwandten in das elsässische Örtchen Soultz-sous-Forêts, in das – vermeintlich – sichere Frankreich. Ruth konnte von dort im April 1939 nach England weiterreisen. Die beiden Brüder überlebten den Krieg in Frankreich an verschiedenen Orten, seit 1942 in einem kleinen Dorf in Südwestfrankreich, wo Eric sich schon als 14-Jähriger als Kurier bei der Résistance bewährte. Im Juli 1944 wurde die Region, in der die Brüder lebten, befreit.

Den Eltern gelang die erhoffte Auswanderung dagegen nicht mehr. Ihr Haus wurde nun zum Gettohaus: Im Winter 1941/1942 lebten sie dort mit acht weiteren Personen. Irma schrieb im Februar 1942 verzweifelt an die Verwandten in Italien: »Die Sehnsucht nach unseren l[ieben]. Kindern wird immer größer.«

Nach Erzählungen über sein Leben beantwortet Eric Mayer Fragen von Schülern.

Wenige Wochen später, am 19./20. April 1942, wurden Moritz und Irma Mayer mit insgesamt 75 Wormser Jüdinnen und Juden, darunter auch Herta Mansbacher, über Mainz in das Durchgangsgetto Piaski in Ostpolen deportiert. Zwei Postkarten von Moritz Mayer aus dem »Judenlager« Cholm bei Lublin vom August 1942 sind die letzten Lebenszeichen. Irma wurde vermutlich in Belzec, Moritz in Sobibor ermordet.

Ihre drei Kinder immigrierten nach dem Krieg in die USA und bauten sich dort mit bewundernswertem Optimismus neue Leben auf. 1953 heiratete Eric. Seine Frau Edith, die wenige Jahre vor ihm gestorben ist, stammte aus einem kleinen Ort in der Pfalz. Auch ihre Eltern hatten nur ihr Kind retten können, sie selbst wurden Opfer der Schoa. Die beiden bekamen zwei Söhne, Ronald und Robert.

Eric Mayer war ein liebenswürdiger, quirliger, geistreicher und sehr bescheidener Mensch – er sprach nicht gerne über sich selbst, sondern lenkte lieber die Aufmerksamkeit auf andere: auf seinen couragierten Vater, auf die Menschen, die ihnen während der NS-Zeit geholfen hatten, auf Freunde in aller Welt. Er empörte sich über schlechte Politiker und engagierte sich für Menschenrechte, bessere Gesundheitsversorgung, den Zugang zu Bildung – und immer wieder gegen das Vergessen. So berichtete er noch bis kurz vor seinem Tod als Zeitzeuge vor Jugendlichen über das Schicksal seiner Familie im Holocaust. Leider ist es zu meinem von ihm lange geplanten Besuch in New York nicht mehr gekommen.

Am 21. September 2019 ist Eric Mayer gestorben. Sein Andenken sei zum Segen. §

Verwendete Literatur

www.wormserjuden.de (Website, beruhend auf der CD-ROM: Stadtarchiv Worms (Hrsg.): *Die Wormser Juden 1933–1945*. Dokumentation von Annelore und Karl Schlösser, Realisation: Dorothea Spille, Worms 2002.

Henry R. Huttenbach: *The Destruction of the Jewish Community of Worms 1933–1945. A Study of the Holocaust Experience in Germany*, New York 1981.

Gunter Mahlerwein: *Alsheim Halasemia. Geschichte eines rheinhessischen Dorfes. Bd. 2: Von der französischen Revolution bis heute*, Alsheim 2004.

Annelore und Karl Schlösser: *Keiner blieb verschont. Die Judenverfolgung 1933–45 in Worms* (= *Der Wormsgau*, Beiheft 31), Worms 1987 (1989).

Fritz Reuter: *Warmaisa. 1000 Jahre Juden in Worms*, 2. Auflage, Frankfurt am Main 1987.

Nils Roemer: *German City, Jewish Memory. The Story of Worms*, Waltham/Mass. 2010.

Ulrike Schäfer: »Kämpfer gegen das Vergessen. Der jüdische Wormser Eric Mayer ist mit 91 Jahren gestorben / Immer wieder an die Nazi-Verbrechen erinnert, *Wormser Zeitung*, 9. November 2019.

Foto: Jennifer Dericks, TAPinto Sparta.

JÜDISCHES LEBEN IN WORMS NACH 1945

VON ULRIKE SCHÄFER

Einweihungsfeier der Synagoge am 3. Dezember 1961: Vizekanzler Prof. Ludwig Erhard und (mit Zylinder) der damalige Oberbürgermeister Heinrich Völker.

»Als der Krieg und damit die NS-Herrschaft zu Ende waren, gab es keine jüdische Gemeinde und keine Synagoge mehr. Und es gab die Stadt nicht mehr, in der im 19. Jahrhundert für eine kleine Zeit Juden und Christen zu einer Bürgerschaft – weitgehend – zusammengewachsen waren. Es gab nur Tränen, Schmerz, Tote, Verzweiflung und das Ende der tausendjährigen Geschichte der Heiligen Gemeinde Worms. Wenn es jemals etwas Neues geben sollte, dann wird dies kaum ein Anknüpfen an eine lange Tradition, sondern etwas Neues, Anderes sein.« So schrieb Dr. Fritz Reuter in seinem grundlegenden Werk *Warmaisa* (S. 201).

Vergessen waren die Wormser Juden aber nicht. Bereits in den Anfängen der 1950er-Jahre begann das Ehepaar Dr. Karl und Annelore Schlösser vor dem Hintergrund eigener biografischer Prägungen in den Jahren der NS-Diktatur mit Nachforschungen zum Schicksal aller jüdischen Wormser, die in den Jahren 1933 bis 1945 in der Stadt gelebt hatten. Das Ergebnis ihrer Recher-

Foto: Stadtarchiv Worms, 316/2477/14.

chen war das Buch *Keiner blieb verschont*, das 1987 als Beiheft zum *Wormsgau* erschien. Von Dorothea Spille wurde die Dokumentation *Die Wormser Juden 1933–1945* Anfang 2000 ins Netz gestellt. 1981 erschien in New York das Werk *The Destruction of the Jewish Community of Worms, 1933–45* des aus Worms vertriebenen Historikers Professor Henry R. Hüttenbach, das er in vieljährigen Recherchen auf Basis der Auswandererliste der Lehrerin Herta Mansbacher erstellt hatte. Und last not least legte Dr. Fritz Reuter 1984 sein grundlegendes Werk *Warmaisa. 1000 Jahre Juden in Worms* vor.

Die Ehepaare Schlösser und Reuter hatten in dieser Zeit viele Kontakte zu Angehörigen und Nachfahren vertriebener und ermordeter jüdischer Wormser. 1980 kamen erstmals nach vierzig Jahren 25 jüdische Männer und Frauen aus aller Welt zum Jahrestag der Reichspogromnacht nach Worms, darunter Erich und Fred Mayer, Gerd Spies und Miriam Gerber. Sie folgten dem Ruf des *Memorial Committee for Jewish Victims of Nazism in Worms* unter Leitung von Henry Hüttenbach. In der Synagoge enthüllten sie im Rahmen eines Gedenkgottesdienstes eherne Tafeln mit den Namen all der Menschen, die Opfer des rassistischen und judenfeindlichen NS-Regimes geworden waren.

Schon Anfang der 60er-Jahre gab es in Worms sieben jüdische Familien. Nur zwei waren Rückkehrer, der Rest waren Neubürger, die aus unterschiedlichen Gründen hierherkamen.

Neues jüdisches Leben in Worms

Wer hätte aber gedacht, dass sich nach 1945 wieder Juden in Worms niederlassen würden? Tatsächlich gab es hier schon Anfang der 60er-Jahre sieben Familien. Nur zwei waren ehemalige Wormser, die aus der Emigration zurückgekehrt waren, der Rest waren Neubürger, die aus unterschiedlichen Gründen hierherkamen. Dazu muss man sich bewusst machen, was die Menschen in den zurückliegenden Jahren erlitten hatten. Wer in den Konzentrationslagern überlebt hatte, in der Regel völlig traumatisiert, wusste häufig nicht, ob noch Familienmitglieder lebten und wo sie sich befanden. Eine Rückkehr in die alte Heimat war oft unmöglich, z.B. weil der ehemalige Besitz nach der Deportation an andere gefallen war oder weil es immer noch antijüdische Pogrome gab, wie etwa in Polen. Wer in den USA, Kanada oder in anderen Ländern Verwandte hatte, die rechtzeitig hatten fliehen können, versuchte, dorthin auszureisen. Den Staat Israel, Sehnsuchtsort vieler Juden, gab es damals noch nicht. Aber auch nach der Staatsgründung war es nicht einfach, sich dort eine neue Existenz aufzubauen, und manche vertrugen auch das trockenheiße Klima im Sommer nicht.

Für die sieben Familien, die in Worms eine Bleibe gefunden hatten, war der 3. Dezember 1961 ein besonderer Tag, denn da wurde nach zweijähriger Wiederaufbauzeit die Synagoge eingeweiht, die am 10. November 1938 niedergebrannt worden war. Es war ein Akt von höchster politischer Bedeutung. Bundesminister und Rabbiner sowie Vertreter des Staates Israel und Juden aus

1980 kamen erstmals nach vierzig Jahren 25 jüdische Männer und Frauen aus aller Welt zum Jahrestag der Reichspogromnacht nach Worms. Sie wurden auch im Rathaus vom damaligen Oberbürgermeister Wilhelm Neuß empfangen.

Die wiedererbaute Synagoge diente von 1962 bis weit in die 1990er-Jahre nur sporadisch ihrem eigentlich religiösen Zweck.

Mainz und Worms nahmen an der Feier teil, auch die damals 13-jährige Stella Siegreich mit ihren Eltern.

Gedanken zum Wiederaufbau hatte es schon bald nach der Zerstörung des Gotteshauses in der Reichspogromnacht gegeben. Dr. Friedrich Maria Illert, Leiter der Wormser Kulturinstitute, und Isidor Kiefer, der bereits 1934 nach New York ausgewandert war, verfolgten die Idee mit Nachdruck. Für die Männersynagoge war auch noch umfangreiches Original-Steinmaterial erhalten, das Illert schon bald nach dem Brand geborgen hatte. Da das Projekt einen symbolpolitisch bedeutsamen Charakter hatte, stimmte ihm 1955 auch der Denkmalrat von Rheinland-Pfalz zu. Eine wesentliche Grundlage für den Wiederaufbau lieferte 1958 die Dissertation des Wormsers Dr. Otto Böcher über die Baugeschichte der Synagoge (Hoppe, *Das Jüdische Museum*). Sie wurde später in der Festschrift zur Einweihung publiziert, die 2011 anlässlich des 50-jährigen Jubiläums des Wiederaufbaus erweitert nachgedruckt wurde.

Foto: Stadtarchiv Worms (oben); Ulrike Schäfer (unten).

Nicht verschwiegen werden darf aber, dass aus Kreisen emigrierter Juden Kritik an der Sinnhaftigkeit und Angemessenheit des Projekts geäußert wurde, vor allem, weil es in Worms keine eigenständige jüdische Gemeinde gab, denn die jüdischen Belange in Worms wurden seit 1945 von der Jüdischen Gemeinde Mainz mitverwaltet. Synagoge, Mikwe, Trauerhalle und jüdische Friedhöfe sind auch heute noch Eigentum der Gemeinde Mainz (Bönnen, *Vom Wiederaufbau*, S. XVI).

Die wiedererbaute Synagoge diente von 1962 bis weit in die 1990er-Jahre nur sporadisch ihrem eigentlich religiösen Zweck. Höhepunkte in den ersten Jahren nach der Einweihung waren die Bar Mizwa von Ilan Walser, später auch anderen Jugendlichen, sowie die Hochzeit Metka Liwers. Öfter nutzten auch jüdische Soldaten der in Worms und Umgebung stationierten amerikanischen Truppen die Synagoge für Festlichkeiten.

Um den Schabbat zu begehen, fehlte es in dieser kleinen Gruppe jüdischer Familien an den erforderlichen zehn Männern *(Minjan)*. So orientierte man sich nach Mannheim oder Mainz. Kinder und Jugendliche von Mitgliedern jüdischer Gemeinden konnten an Freizeiten teilnehmen, die von der Zentralwohlfahrtsstelle der Juden in Deutschland organisiert wurden.

Die meisten der in Worms lebenden jüdischen Familien blieben nicht auf Dauer. Eine grundlegende Veränderung erfolgte erst in den Jahren von 1991 bis 2005, nach dem Zusammenbruch der Sowjetunion und der Wiedervereinigung, als Juden und deren Angehörige bzw. Menschen mit jüdischen Vorfahren, die Möglichkeit hatten, als sogenannte Kontingentflüchtlinge nach Deutschland zu übersiedeln. Die Einwanderung russischsprachiger Juden und Jüdinnen war ein gewaltiger Einschnitt in der Geschichte jüdischen Lebens in Deutschland nach 1945. Sie bedeutete eine große Bereicherung für die Gemeinden wie auch für die gesamte deutsche Gesellschaft, brachte aber auch gewisse Herausforderungen mit sich.

Nach dem Ende der Sowjetunion und der Wiedervereinigung bekamen Juden und deren Angehörige bzw. Menschen mit jüdischen Vorfahren die Möglichkeit, als sogenannte Kontingentflüchtlinge nach Deutschland zu übersiedeln.

Jüdisch zu sein, hatte in den Staaten der Sowjetunion als Nationalität (*Jewrej*, Hebräer) gegolten, nicht als Religion. Das führte in den aufnehmenden Gemeinden zu gewissen Konflikten. So war allen Sowjetbürgern und -bürgerinnen die Ausübung der Religion untersagt gewesen, sodass das religiöse Judentum den meisten Einwanderern fremd und unbekannt war. Eine Schwierigkeit war aber auch, dass die Nationalität *»Jewrej«* in der Sowjetunion vom Vater auf die Kinder übertragen wurde, während nach traditionellem jüdischen Recht *(Halacha)* die Zugehörigkeit zum Judentum primär über die Mutter vererbt wird. Viele Neuankömmlinge waren von daher keine Juden im halachischen Sinn. Lena Feldmann, die sich seit einigen Jahren im Auftrag der zuständigen jüdischen Gemeinde Mainz um die Wormser Juden und Jüdinnen kümmert, betont allerdings, dass niemand abgewiesen worden sei; alle durften teilhaben.

Als problematisch erwies es sich auch, dass die Kontingentflüchtlinge in der Bundesrepublik eine andere Behandlung erfuhren als die Spätaussiedler aus der ehemaligen Sowjetunion. Diese erhielten zwar nicht automatisch die deutsche Staatsangehörigkeit, konnten sie aber nach bestimmten Fristen beantragen. Sie hatten auch Anspruch auf eine Arbeitserlaubnis, Sozialleistungen und Integrationshilfen, wie einen kostenlosen Sprachkurs und die Unterstützung bei der Wohnungssuche. Den Juden dagegen wurden ihre in der Sowjetunion erworbenen Rentenansprüche nicht anerkannt, sodass sie oft von Sozialhilfe leben mussten. Besonders enttäuschend war für Menschen, die in der alten Heimat eine gehobene Position bekleidet hatten, dass sie hier ihren Beruf nicht mehr ausüben konnten, weil ihnen die in Deutschland vorgeschriebenen Abschlüsse fehlten. Für eine Reihe von Einwanderern kamen aus Altersgründen keine Umschulungen mehr infrage, auch die sprachlichen Barrieren erwiesen sich mitunter als Hemmnis, eine angemessene Arbeit zu finden, sodass die wirtschaftliche Situation der älteren Immigranten oft schwierig war. Ihre Nachkommen, die im Kindes- oder Jugendalter nach Deutschland kamen oder hier schon geboren wurden und hier die Schule durchliefen, sind gut in die Gesellschaft integriert, meistens akademisch gebildet und auf vielen Ebenen aktiv.

Als problematisch erwies es sich, dass die Kontingentflüchtlinge in der Bundesrepublik eine andere Behandlung erfuhren als die Spätaussiedler aus der ehemaligen Sowjetunion.

Pläne für eine eigenständige jüdische Gemeinde in Worms

In Worms gab es zu dieser Zeit eine kleine Gruppe, zu der auch die spätere Vorsitzende der Jüdischen Gemeinde Mainz, Stella Schindler-Siegreich, gehörte, die ein großes Interesse an jüdischer Geschichte und jüdischen Traditionen hatte. Man versuchte mit Erfolg, ein lebendiges Gemeindeleben zu organisieren, und hatte bald auch den Wunsch, das Erreichte weiter auszubauen. Eine Abordnung wurde bei der damaligen Vorsitzenden, Esther Epstein, in Mainz vorstellig, um ihr dieses Anliegen vorzutragen. »Sie hat uns gefragt, was wir brauchen«, erzählt Schindler-Siegreich. Epstein überzeugte die Wormser, dass eine Eigenständigkeit, vor allem aus finanziellen Gründen, nicht realisierbar sei, aber sie machte ihnen die Zusage, dass in der Synagoge wieder regelmäßige Gottesdienste mit Vorbetern stattfinden, dass Kinder und Jugendliche eine entsprechende religiöse Unterweisung erhalten sollten und anderes mehr. Als Stella Schindler-Siegreich dann 2004 zur Vorsitzenden der Jüdischen Gemeinde Mainz gewählt wurde, führte sie diese Arbeit kontinuierlich weiter. Unter anderem erwirkte sie, dass das ehemalige jüdische Gemeindehaus, das »Haus zur Sonne«, wieder den Wormser Juden und Jüdinnen als Treffpunkt zur Verfügung gestellt wurde. Bis dahin hatte man sich in einem dunklen Kellerraum am Synagogenplatz treffen müssen.

Der Wunsch nach einer eigenständigen Gemeinde verstummte aber in den folgenden Jahren nicht. Eine der treibenden Kräfte war die aus Russland stammende Larissa Grinblat. Als Vorstandsmitglied des Vereins Warmaisa, der Gesellschaft zur Pflege und Förderung jüdischer Kultur in Worms, betrieb sie die Ablösung von der Mainzer Gemeinde und gründete 2011 eine Israelitische Gemeinde Worms. Die Mainzer Gemeinde und der Landesverband der jüdischen Gemeinden Rheinland-Pfalz begrüßte dieses Vorgehen nicht. Die Zersplitterung der etwa 3300 rheinland-pfälzischen Juden in Gemeinden mit 130 Mitgliedern sei nicht praktikabel, wurde der damalige Verbandsvorsitzende Peter Waldmann im evangelischen Magazin *Chrismon* (1. Januar 2012) zitiert. Er halte die Neugründung von Gemeinden unter rheinland-pfälzischen Bedingungen für kontraproduktiv, da die für eine Gemeinde notwendigen Aufgaben, die Abhaltung von Gottesdiensten und traditionellen Festen, die Durchführung von Jugend- und Sozialarbeit, dann nicht mehr finanzierbar seien.

Die Wormser Juden sind also nach wie vor Mitglieder der Jüdischen Gemeinde Mainz. Seit 2018 ist die aus Moldawien stammende Anna Kischner Vorsitzende der Gemeinde; Rabbiner ist seit 2015 Aharon Ran Vernikovsky, der sich auch in Worms um Fragen, Anliegen und Vermittlung der jüdischen Religion kümmert, in der die Seelsorge tätig ist und die religiösen und jüdisch-kulturellen Veranstaltungen der Gemeinde koordiniert und leitet.

Wie sieht es heute aus?

Anlässlich des 50-jährigen Jubiläums zur Wiedereinweihung der Synagoge 2011 hat Stella Schindler-Siegreich in ihrem Grußwort geschrieben:

> »Heute [...] ist die Synagoge nicht nur ein Gedächtnisort und ein Ziel für Besucher. Mit dem Friedhof, dem Heiligen Sand, ist die Synagoge – wie es Isidor Kiefer formuliert hat – für die Judenheit in der ganzen Welt der Ort, an dem sie die tausendjährige Geschichte der Juden in Deutschland nachempfinden und den geistigen Quellen des Judentums, den bedeutenden Rabbinern vieler Jahrhunderte – wie Raschi, Maharam, Maharil, Elia Loans und Jair von Bacharach – nahe sein können [...]
>
> Durch den verstärkten Zugang von Juden aus der ehemaligen Sowjetunion nach dem Fall das Eisernen Vorhangs ist die Synagoge in Worms nun nicht mehr allein ein geschichtlicher Ort, ein Ort der Erinnerung, sondern auch ein Ort der Lebensfreude, des Gebets, ein Ort, an dem die jüdische Kultur in all ihren Facetten gelebt wird [...] Die Synagoge ist der Ort, an dem wir uns in die Kette der dreißig Generationen, von der Rabbiner Leo Baeck sprach, wieder einreihen können.«

Wie hoch heute die Anzahl jüdischer Bürger und Bürgerinnen in Worms ist, lässt sich nur schwer sagen, denn längst nicht alle sind Mitglieder der Jüdischen Gemeinde. Aharon Ran Vernikovsky schätzt, dass nur etwa 100 Menschen der Gemeinde angehören, wobei nicht alle am Gemeindeleben teilnehmen. Es handele sich zu 95 Prozent um ältere Menschen. Entsprechend finden öfter Beerdigungen auf dem neuen jüdischen Friedhof Hochhei-

Literatur

ANNELORE UND KARL SCHLÖSSER, *Keiner blieb verschont. Die Judenverfolgung 1933–1945 in Worms.* Beiheft 31 der Zeitschrift *Der Wormsgau*, Verlag Stadtarchiv, Worms 1987 (1989).

JENS HOPPE, *Das Jüdische Museum in Worms*, Wormsgau 2002, S. 95 ff).

FRITZ REUTER, *Warmaisa. 1000 Jahre Juden in Worms.* Jüdischer Verlag bei athenäum, Frankfurt 1984.

GEROLD BÖNNEN, »Vom Wiederaufbau der Wormser Synagoge 1961 bis zur Nutzung des Synagogenbezirkes heute (2011)«, *Fünfzig Jahre Wiedereinweihung der Alten Synagoge zu Worms.* Erweiterter Nachdruck der Forschungen von 1961 mit Quellen, Worms Verlag, Worms 2011.

Homepage Jüdisches Museum Berlin, Thema: Kontingentflüchtlinge.

95Prozent der Gemeindemitglieder sind alt. Entsprechend finden öfter Beerdigungen auf dem neuen jüdischen Friedhof Hochheimer Höhe statt, während es Hochzeiten oder Bar Mizwot schon länger nicht mehr gegeben hat.

mer Höhe statt, während es Hochzeiten oder Bar Mizwot schon länger nicht mehr gegeben hat. Religiöse Unterweisung und Jugendarbeit werden deshalb derzeit nur in Mainz angeboten.

Seit vielen Jahren wird zweimal im Monat freitags der Schabbatgottesdienst gefeiert; auch die jüdischen Festtage, Rosch Haschana (Neujahrsfest), Jom Kippur (Versöhnungsfest), Sukkot (Laubhüttenfest), Simchat Tora, Chanukka, Purim und Pessach werden traditionell begangen. Im Gemeindehaus wurden und werden Sprach-, Computerkurse und kulturelle Veranstaltungen angeboten. Es gibt einen Gemeindechor, den die Sängerin Ludmilla Der leitet. Gerne nehmen die Gemeindemitglieder an Konzerten und Vorträgen teil, die seit dem Raschijahr 2005 im Rahmen der von der Stadt, dem Verein Warmaisa und der Jüdischen Gemeinde Mainz organisierten Jüdischen Kulturtage stattfinden.

Bindeglied zwischen Mainz und Worms und Ansprechpartnerin für beide Seiten ist seit einigen Jahren Lena Feldmann, die seit 2004 in Worms lebt. Sie hat die Schlüssel für Synagoge und Gemeindehaus, ist an der Organisation von Festen und Veranstaltungen beteiligt und betreut und unterstützt die Gemeindemitglieder soweit erforderlich. §

Foto: Ulrike Schäfer.

DER MANN, DER AUF DEM WASSER STEHT

VON MARTINA UND HANS-DIETER GRAF

Das nebenstehende Foto ist im Stadtarchiv Worms unter dem Titel »Wasserskifahrer im Winterhafen« verzeichnet. [CH0711] Es stammt aus dem Nachlass des Wormser Fotografen Christian Herbst (1859–1929). Wer die Person ist, die sich auf dem Wasser stehend vor der Kulisse der damals neu errichteten Rheinbrücke fotografieren ließ, wann genau diese Aufnahme entstand, was sie bedeutet und in welchem Zusammenhang sie zu sehen ist, ist nicht bekannt.

Folgen wir zunächst der Bildbeschreibung und den sich daran anschließenden Fragen des Stadtarchivs:

> »Ein Mann steht auf zwei Holzbrettern, offensichtlich verstärkt mit Eisenbeschlägen, seine Füße stecken in Metallbügeln. In der Hand hält er eine Holzstange, vermutlich ein Paddel. Hinter ihm erstreckt sich die Ernst-Ludwig-Brücke zum rechtsrheinischen Ufer. Die ausgediente Schiffsbrücke liegt noch in Teilen vertäut am Ufer. Der Mann, bereits etwas älter mit Vollbart und Mütze, der Kleidung nach möglicherweise ein Fischer, befindet sich mitten auf dem Wasser des Winterhafens. [...] Die Aufnahme ist nicht datiert, die fertiggestellte Brücke und die Teile der alten Schiffsbrücke schränken den Zeitraum auf 1900 bis 1902 ein. [...] Der Mann im Wormser Winterhafen jedoch hält keine Leine in der Hand und ein Boot ist auch nirgends zu sehen. Es kann sich also nicht um einen Wasserskifahrer handeln; diese sind darüber hinaus ständig in Bewegung und stehen nicht still auf dem Wasser. Doch was tat er dann? Und wie schaffte er es, auf diesen relativ schmalen Brettern das Gleichgewicht zu halten? Er sieht nicht aus wie ein draufgängerischer Jugendlicher, sondern steht souverän da. War es ein außergewöhnliches Hobby, ein gängiger Zeitvertreib auf dem Rhein oder ging der Mann einer beruflichen Tätigkeit nach? Dient das Paddel der Fortbewegung?« (vgl. www.worms.de/de/kultur/stadtarchiv/Besondere-Bild-Mann-Winterhafen.php)

Wasserläufer Otto Großmann in Worms 1900.

Der Begriff »Wasserskifahrer« führt dann in die Irre, wenn man diesen auf die Sportart anwendet, so wie wir sie heute kennen. Doch »Wasser«- oder »Hy(dro)-Ski« bezeichnete zu dieser Zeit auch das gleitende Fortbewegen auf dem Wasser mit Skiern ähnlichen »Schuhen«. Es gab Versuche mit den unterschiedlichsten Laufgeräten, die eines gemeinsam hatten, dass ihre Träger meistens nicht lange auf dem Wasser standen. Gleich wie sich diese Wasserpioniere auf Flüssen und Seen auch fortbewegten oder es zumindest versuchten, nannte man ihre Gerätschaften »Wasserschuhe« und sie selbst bezeichnete man als »Wasserläufer«.

Wenn wir uns die Aufnahme noch einmal näher betrachten, fällt bei dem Mann auf dem Foto an seiner linken Brustseite neben dem Jackenrevers ein Orden an einem gestreiften Band auf. In Verbindung mit dem Standort auf dem Wasser hätten wohl zumindest seine Zeitgenossen diese Auszeichnung als »Lebensrettungsmedaille« identifiziert, sodass man dem Foto den Titel geben könnte: »Unbekannter Mann mit Rettungsmedaille auf Wasserskiern (oder: Wasserschuhen) auf dem Rhein stehend«.

Doch soll versucht werden, das Geheimnis dieses kuriosen Fotos noch weiter zu lüften. Die Recherchen führen mitten in

Stadtarchiv Worms CH0711.

das außergewöhnliche Leben eines Mannes, der aus damaliger Sicht Spektakuläres vollbracht hat: In Ruhe verharrend auf dem Wasser zu stehen oder gleichsam auf dem Wasser wie auf einer Straße zu gehen. Daran nahm nicht nur eine an Sensationen interessierte Öffentlichkeit überaus großen Anteil, auch militärische Kreise, die Sportwelt und die Wissenschaft zeigten an seiner Erfindung, den »Wasserschuhen«, und an seinen außergewöhnlichen Fähigkeiten, sich darauf so sicher wie auf dem Land fortzubewegen, Interesse. Da ließ es auch nicht lange auf sich warten, dass Zeitungen und Magazine in Deutschland und Europa, ja selbst in Übersee Notiz nahmen und darüber berichteten. Doch kein Licht ohne Schatten: Die Geschichte dieses Fotos ist zugleich auch die Geschichte eines Mannes, dessen Aufstieg erst begann, nachdem er sein früheres Leben zulasten seiner Familie hinter sich gelassen hatte und der, als sich die Epigonen in späteren Jahren mehrten und seine Erfindung weiterentwickelten, um sie auf unterschiedlichen Gebieten praktisch nutzbar zu machen, in Vergessenheit geriet. Es ist die Geschichte des Wasserläufers Otto Großmann, geboren 1866 in Lettin bei Halle an der Saale, verstorben 1933 in Hamburg.

Die Deutung

In vielen englischen und US-amerikanischen Zeitungen wurde im Verlauf der Monate September bis November 1900 eine gezeichnete Version des Fotos veröffentlicht,[1] in einer österreichischen Zeitung findet sich die Fotografie in einer Ausgabe vom 16. September.[2] Die Aufnahme ist demnach vor diesem Datum entstanden.

Es ist zu vermuten, dass der Fotograf eine Serie von Fotos, mindestens aber noch zwei weitere Aufnahmen anfertigte. Eins davon ist identisch mit dem abgebildeten Motiv, nur hält der Mann darauf das Paddel in die andere Richtung, also von der Brücke abgewandt.[3] Auf einem dritten Foto hebt die Person das linke Bein so an, dass der »Wasserschuh« im 90-Grad-Winkel zum rechten Bein der Länge nach aus dem Wasser ragt und stützt sich mit dem Paddel, das mit der Unterseite senkrecht nach oben zeigt, auf dem rechten »Wasserschuh« ab. Die Aufnahmen sind untertitelt: »Rast des Wasserläufers auf der Fahrt« und »Der Wasserläufer auf dem Rhein bei Worms, fertig zur Fahrt«. Darunter steht: »Photographische Momentaufnahme von Christian Herbst, Worms«.[4] Dass auch der Name des Abgebildeten bekannt war, zeigen die Bilduntertitelungen der Zeitschriften *Über Land und Meer* und *Das Buch für Alle*: »Der Wasserläufer Kapitän Großmann auf dem Rheine«. Die Aufnahmen waren wahrscheinlich keine Auftragsarbeit, sondern wurden vom Fotografen mit dem Ziel angefertigt, diese über seinen »Photographischen Verlag« interessierten Zeitungen und Zeitschriften zum Abdruck anzubieten.

Raft des Wafferläufers auf der Fahrt.
Photographische Momentaufnahme von Christian Herbst, Worms.

Phot.-Verl. von Chr. Herbst, Worms

Der Wasserläufer Grossmann.

Der Wafferläufer auf dem Rhein bei Worms, fertig zur Fahrt.
Photographische Momentaufnahme von Christian Herbst, Worms.

Der „Wasserläufer" Kapitän Großmann auf dem Rheine.
Nach einer Photographie von Christian Herbst in Worms.

GOOD STORIES FOR ALL.

Water Skates Invented by a German Captain.

Pago-Pago Social Circles Disturbed by a Contract for Washing.

Alaskan Guide Makes Overland Trip of 1500 Miles to St Michael.

A German sea captain named Grossmann is the inventor of a pair of shoes for walking on the water. These shoes are made of tin, weigh 22 pounds each, and together are capable of sustaining a weight of more than 120 pounds. They are about 12 feet long, and are provided with three-hinged metallic flukes, which admit of easy movement forward, but retard movement backward in the water.

GROSSMAN ON HIS WATER SKATES.

Capt Grossmann uses a paddle to assist him in his watery promenade, and it is especially useful in turning. It is said he has saved 26 lives by the use of these shoes.

The accompanying picture shows the captain on the Rhine at Worms, the new and imposing bridge across the stream appearing in the background.—(Die Woche, Berlin.

... the journey rapidly and brought up in St Michael some weeks before the arrival of the first steamer from the south.—(New York Sun.

TUTUILA DEEPLY STIRRED.

Social Circles Nearly Disrupted Over a Laundry Contract.

An incident that threatened to disrupt the higher circles in Pago Pago bay has just been settled. It arose out of the contract to do the laundry work for the commanding officer of the United States collier Abarenda.

The daughter of the chief at Fagatogo, as being nearest the coal station, secured the order. The daughter of the head chief of the whole bay claimed it on the ground of superior rank. The affair has been settled on the basis of giving the latter woman half the pay and soap and starch.

Maunga, formerly his royal highness and chief of the whole bay, is bringing all his influence to bear to be appointed postmaster here as soon as the office is created. He expresses himself as perfectly willing to support the party, and just as soon as he finds out what party it is he will get to work. Certainly there will be nothing but harmony so long as he remains one of our most experienced clubmen.

Vaonga, the young chief of Vatia, has been here several days on a courting trip after our belle Tymuuu. He has not yet disclosed to the board of aldermen how much he is willing to give for the young woman, but it cannot be much, as he seems to be a cheap man.

At least his scale of entertainment is not much. He never kills more than a score of pigs for each day's banquet. That may seem a great deal to those chiefs in the country districts, but they are not "in it" with metropolitan ...

GROSSMANN ON WATER SKATES.

Oben links (auf einem Bein; Paddel nach rechts): *Die Woche*, Berlin, 33/1900.

Oben rechts (Paddel nach links): *Über Land und Meer*, 84/1900.

Mitte rechts: *Das Buch für Alle*, 2/1901.

Unten links: Boston Globe, 10. September 1900 u. a.

Unten rechts: The Hood River Glacier, 26. Oktober 1900.

Verfasser (oben links); archive.org (oben rechts); UB Heidelberg (Mitte rechts); Chroncling America, LOC Washington D.C. (unten)

Corvallis Gazette, 26. Oktober 1900.

THE FORTIFIED WALLS OF PEKIN.

LET US ALL LAUGH.

HISTORIC OLD FORT.

ABLE TO SKATE ON WATER.

BERLIN, CITY OF MONUMENTS.

In der begleitenden Berichterstattung lesen wir: »Auf deutschen Flüssen erregt gegenwärtig der Wasserläufer Großmann durch die Sicherheit, mit der er sich auf dem Wasser bewegt, Aufsehen. Unlängst legt er mit demselben eine beträchtliche Strecke auf dem Rhein zurück, und unsere Abbildung zeigt ihn bei der neuen Wormser Brücke.«[5] oder unter der Überschrift »Was die Technik bringt« heißt es in der Berliner *Woche*:[6]

»Wie über Schnee und Eis soll der Mensch auch über fließendes Wasser gehen können. Die Anfänge sind bereits gemacht. Ein früherer Seemann, Kapitän Großmann, hat sich einen Apparat konstruiert, der ihm das Überschreiten von Flüssen gestattet. Das äußerlich am meisten an die Schneeschuhe der Nordländer erinnernde Fahrzeug besteht aus zwei vier Meter langen Blechröhren, an denen sich unten je drei Klappen befinden. [...] Die Schuhe wiegen etwa 20 Kilo und haben eine Tragfähigkeit von 2 Zentnern. Durch ein Ruder werden alle wünschenswerten Drehungen ermöglicht. Daß die Erfindung schon jetzt nicht ganz bedeutungslos ist, beweist die Thatsache, daß Kapitän Großmann [...] bereits zwanzig Menschen mit ihrer Hilfe das Leben gerettet hat.«

Chroncling America, LOC Washington D.C.

Max Heinzel.

Am 1. November ist in Schweidnitz nach langem, schwerem Leiden der schlesische Dialektdichter Max Heinzel dahingeschieden, vier Tage nach Vollendung eines 65. Lebensjahrs. Er war kein Großmeister im Reiche der Poesie, aber auf dem von ihm nach Neigung und Talent vorzugsweise gepflegten Sondergebiet ein würdiger Nachfolger Holtei's und Rößler's, und der bunte Blütenflor von schlichter Lieblichkeit und erquicklicher Frische, den seine in ihrer Eigenart reiche Begabung auf dem Felde der mundartlichen Dichtung hat aufsprießen lassen, gibt ihm ein wohlbegründetes Anrecht darauf, auch über den Kreis seiner ihn dankbar verehrenden Landsleute hinaus beachtet und nach Verdienst gewürdigt zu werden. Die Liebe und das Verständniß, die ihm und seinen „neck'schen Liedeln“, seinen „Verzählseln“ und „Verscheln“ überall da entgegengebracht wurden, wo Schlesier wohnen, waren für den Heimgegangenen ein tiefbeglückender Lohn, aber diesem idealen Gewinn entsprach leider nicht der materielle Ertrag seines geistigen Schaffens. Gar oft waren Sorge und Noth böse Gäste in seinem bescheidenen Heim, bis endlich eine ihm zu seinem 60. Geburtstage gespendete Ehrengabe, eine Jahrespension, die ihm die Provinzialverwaltung bewilligte, und Zuschüsse seitens der Schiller-Stiftung ihn

Ein Wasserläufer auf der Oberspree in Berlin. Nach einer Skizze von E. Hosang gezeichnet von E. Limmer.

»Otto Ruhepause« auf der der Spree in Berlin 1898. Aus: *Berliner Illustrirten Zeitung* 1898, S. 789.

Dieses hebt auch die zitierte *Illustrierte Familien-Zeitung* hervor und ergänzt:

> »Sein originelles Fahrzeug dürfte sich bei Überschwemmungen und dergleichen wohl bewähren. Allerdings verlangt die Handhabung des Apparates Gewandtheit und Sicherheit, und die Arbeit des Gehens, besonders gegen den Strom ist anstrengend.«

In den englischsprachigen Zeitungen wird die Nachzeichnung des Fotos unter Überschriften wie »Water Ski«, »Able to Skate on Water« oder »Water Skating is the latest Fashion« fast gleichlautend kommentiert:

> »A German sea captain named Grossmann is the inventor of a pair of shoes for walking on the water. [...] He recently gave an exhibition on the Rhine at Worms near the new and imposing bridge across the stream named.«[7]

> »The accompanying picture shows the captain on the Rhine at Worms, the new and imposing bridge across the stream appearing in the background.«[8]

Wie in den deutschsprachigen Publikationen geht man auch hier auf die Konstruktion der »Water Skates« ein und dass mit diesen »shoes« zwanzig Menschenleben gerettet worden sein sollen:

> »Captain Grossman saved twenty lives during a recent flood. It is claimed for his apparatus that it is much more easily manipulated in rough weather than most life-saving boats.«[9]

Etwas ganz Neues!
Dienstag, Mittwoch und Donnerstag Nachmittag 4 u. Abends 8 Uhr wird der berühmte Menschenretter
Kapitän Grossmann
auf dem Rhein
gegenüber der „Rheinlust" 1392
einen Spaziergang auf dem Wasser
mit seinen von ihm selbst erfundenen Wasserschuhen unternehmen. Die Schuhe sind jeden Vormittag u. Abend im „Fischereck" anzusehen.
Erwachsene zahlen 20 Pfg., Kinder 10 Pfg.

Anzeige in der *Wormser Zeitung* vom 18. Juni 1900.

Die Amerikaner erinnerten die Laufgeräte auch an »Indian snowshoes«.[10]

Wenn man die Berichterstattung über andere Flussläufe von ihm heranzieht, hatte Otto Großmann die gesamte Strecke in einzelnen Tagesetappen bewältigt. Die Unerschrockenheit, die er dabei an den Tag legte, fand Anerkennung:

> »He called his apparatus ›water ski‹ and he has shown that he can accomplish with them as much on some of the more turbulent waves and falls of the Rhine as the Norwegians can with their snow skis on the steep mountains of the North.«[11]

Im Frühsommer 1900 erreichte Otto Großmann Worms. So berichtete die *Wormser Zeitung* am 18. Juni 1900:

> »Der Wasserläufer Großmann, welcher mit seinen eigens konstruirten Apparaten schon hunderte von Kilometern auf der Spree, Havel, Elbe und, wie eine heutige Mittheilung besagt, auch auf dem Maine zurückgelegt hat, wird morgen, Mittwoch und Donnerstag [19.–21. Juni 1900] von Nachmittags 4 Uhr ab an der Restauration »Rheinlust« (um 1900: Am Rhein 47] seine Kunst im Wasserlaufen auf dem Rheine zeigen.«

Großmann gab an den drei Tagen jeweils zwei Vorstellungen, eine am Nachmittag und eine am Abend. Der Eintritt zu den Veranstaltungen kostete für Erwachsene 20 Pfennig, für Kinder 10 Pfennig. Wie an anderen Orten auch bot Großmann, geschäftstüchtig wie er war, dem interessierten Publikum eine Besichtigung seiner »Wasserschuhe« an, auch hier in dem Gasthaus, in dem er logierte, im nahe der Brücke gelegenen »Fischereck«.

Möglicherweise hatte Großmann sich dieses Datum ganz bewusst ausgesucht, um einige Tage später in Mainz einzutreffen und dort an den vom 23. bis 26. Juni stattfindenden großen Jubiläumsfeierlichkeiten zum 500. Geburtstag Gutenbergs teilnehmen zu können, für die in der *Wormser Zeitung* tagtäglich geworben wurde.

Sein weiterer Weg führte Großmann von Worms bzw. Mainz nach Köln, wo er am 26. Juli Station machte, sodann weiter flussabwärts nach »Ruhrort« (Duisburg).[12]

Zur Person

Die biografischen Recherchen gestalteten sich zunächst schwierig, da Großmann in den uns vorliegenden deutschsprachigen Berichten stets ohne Vornamen genannt wird. In der englischsprachigen Presse hingegen wird manchmal der Vorname erwähnt, in der Regel heißt es aber auch dort: »Captain (Cpt.) Grossman(n)«. Seine Herkunft lag ebenfalls im Dunkeln bzw. die unterschiedlichen Angaben waren irreführend. Über einen längeren Zeitraum wurde mehrfach verbreitet – was natürlich gut gepasst hätte –, dass er aus Worms stamme.[13] An anderen Stellen wurde er hingegen auch z. B. in Köln oder Hamburg verortet. Dabei hatte eine englische Zeitung bereits 1898 richtig geschrieben: »According to a telegram from Berlin, ex-Captain Grossmann, of Halle, has discovered a means of walking in water«,[14] was aber nicht allgemein verbreitet war. Erst nach und nach setzte sich die Tatsache durch, dass es sich bei dem allseits bestaunten »Beherrscher des Wassers«[15] um »Capitän Großmann aus Halle an der Saale« handelte.[16]

»Der Wasserläufer Kapitän Grossmann rettete in 2 Jahren 21 Menschen das Leben.«

August Wilhelm Otto Großmann war am 18. Juli 1866 als Sohn des Fischermeisters Carl Großmann (*1836) und dessen Ehefrau Marie Amalie (1835–1908) in Lettin bei Halle geboren worden. Verheiratet war er seit 1891 mit Minna, geb. Kötel (1863–1945), der Witwe seines Bruders. Das Paar hatte fünf Kinder, drei Mädchen und zwei Jungen, von denen drei noch im Kindesalter verstarben.[17] Großmann war Mitglied in der Cröllwitzer Fischerinnung. Das Fischergewerbe befand sich zu dieser Zeit aufgrund der Auswirkungen fortschreitender Industrialisierung in einer Umbruchphase und viele Fischerfamilien mussten sich nach zusätzlichen oder anderen Erwerbsquellen umsehen.[18] Auch den voller Ideen und Tatendrang sprühenden Fischermeister Großmann, den man in seiner Heimat wohl nicht ohne Grund als den »wilden Otto« in Erinnerung hatte,[19] trieb es zu neuen Ufern. Nach einigem Experimentieren hatte der einfallsreiche Mann seine »Wasserlaufapparate« entwickelt und erkannt, dass sich bei öffentlichen Vorführungen damit durchaus Geld verdienen ließ. Dass seine Erfindung darüber hinaus geeignet wäre, Menschenleben zu retten, tat er gern kund. Tatsache ist, dass der sicherlich geübter Schwimmer 21 Ertrinkenden das Leben rettete und dafür nach der 20. Lebensrettung eine Rettungsmedaille verliehen bekam. Auf Bildpostkarten, die ihn, gleich dem in Worms aufgenommen Foto, auf dem Wasser stehend mit dem Orden an der Brust zeigen, steht zu lesen: »Der Wasserläufer Kapitän Grossmann rettete in 2 Jahren 21 Menschen das Leben«; und auf seinen Visitenkarten ließ er stolz aufdrucken: »Kapitän a. D., Erfinder der Wasserschuhe und Inhaber der Preußischen Rettungsmedaille am Bande«.

Wenig vorbildlich hingegen war sein Verhalten seiner Familie gegenüber, die in seinem neuen Leben als Wasserläufer offensichtlich keinen Platz mehr hatte. Als das fünfte Kind im Juli 1898 geboren wurde, verließ er seine Frau und Kinder und kehrte auch nicht zurück, als im Jahr darauf das Baby und fast zeitgleich ein zweijähriges Geschwisterkind starben. Gerüchten zufolge soll Großmann in späteren Jahren nach England und von dort in die USA ausgewandert sein.[20] Dem war aber nicht so. Der »Rentenempfänger August Wilhelm Otto Großmann« verstarb am 14. März 1933 im Hamburger Krankenhaus St. Georg. Am Ende seines Lebens holte ihn die Vergangenheit ein. Einst war er es, der mit unbekanntem Ziel seine Familie verlassen hatte. Jetzt war er von ihr verlassen worden. In der Sterbeurkunde fügte der Standesbeamte hinter dem Namen seiner Frau Minna die lakonische Bemerkung ein: »unbekannten Aufenthalts«.[21]

Der Wasserläufer

Er könne sogar auf dem Wasser schlafen, soll er einmal gesagt haben. Diese und andere Einlagen brachten ihm den Spitznamen »Otto Ruhepause« ein.

Erstmals sorgte Otto Großmann im Frühjahr und Sommer 1898 in Halle für größere öffentliche Aufmerksamkeit, als er sich mit seinen Wasserschuhen und einem Paddel in der Hand auf der Saale präsentierte. Bald nach diesem Auftritt verschwand er wieder, bis er im Oktober plötzlich in Berlin auftauchte und durch seine »Sonntags-Spaziergänge« auf der Oberspree das gleiche Aufsehen erregte wie zuvor an der Saale. Den Weg von Halle nach Berlin hatte Großmann mit einer »Fußtour« auf den in die Hauptstadt hinführenden Flüsse zurückgelegt. Die internationale Presse feierte seine 160 Kilometer lange Wasserwanderung als »Sensation« und berichtete ausführlich darüber. Es muss schon ein besonderes Schauspiel gewesen sein, wenn Großmann plötzlich auf dem Wasser anhielt, das Ruder beiseite legte und in dieser Position aß, trank oder rauchte. Bis zu zehn Minuten soll er auf diese Weise die Balance gehalten und auf der Wasseroberfläche gestanden haben. Er könne sogar auf dem Wasser schlafen, soll er einmal gesagt haben. Diese und andere Einlagen brachten ihm den Spitznamen »Otto Ruhepause« ein.[22]

Bei den »Wasserschuhen«, die im Laufe der Zeit optimiert wurden und die sich Großmann auch patentieren ließ, handelte es sich um zwei ca. 4 Meter lange, luftdicht verschlossene Zinkblechröhren von etwa 15 Zentimetern Durchmesser. Die Konstruktion wog zwischen 18 und 20 Kilogramm und konnte eine Last von 100 Kilogramm tragen. Zu Beginn seiner Laufversuche befand sich Großmann beim einfachen Vorwärtsgleiten bis zu den Knöcheln im Wasser, unterbrach er allerdings seinen Gang, setzte er den einen Fuß tiefer als den anderen, sodass er damit bis zum Knie im Wasser stand. Daraufhin wurden die Röhren dahingehend verbessert, dass sie nicht mehr untertauchten und Großmann so tatsächlich auf dem Wasser »stehen« konnte, wie auf dem in Worms aufgenommenen Foto zu sehen ist. Die optimierte Konstruktion bestand aus acht in Scharnieren beweglich angebrachten, flossenartigen Klappen, die beim Vorwärtsbewegen des Fußes sich an das Blechrohr eng anlegten. Befand sich der Fuß dagegen in Ruhe, klappten sie senkrecht ins Wasser hinab und wurden in dieser Stellung mittels kleiner Kettchen so lange festgehalten, bis die nächste Vorwärtsbewegung des Fußes bzw. des Rohres sie wieder rückwärts zuklappen ließ.

In den folgenden dreieinhalb Jahren führte Otto Großmann im wahrsten Sinne des Wortes ein Wanderleben auf allen großen Wasserstraßen Deutschlands und einiger Nachbarländer. Aber auch in den Grachten von Amsterdam, auf den Wasserwegen zur

Otto Großmann auf der Donau 1902.

Nordsee, in Nijmegen auf der Waal, auf dem Bodensee von Bregenz bis Lindau und selbst in England oder auf der Ostsee bei Stockholm und noch manchen Orten mehr vollführte er seine »Spaziergänge«.

Bei seinen Auftritten trug Großmann gewöhnlich einen enganliegenden, leichten Lodenanzug, kniehohe Stiefel und eine Schiffermütze. An der Brust haftete stets seine Rettungsmedaille. Aber auch in maritimer Kleidung wurde er gesehen.

»Die Matrosentracht kleidet den mittelgroßen, fast schwächlich aussehenden Mann sehr vorteilhaft. Ein rötlichblonder Spitzbart umrahmt sein Gesicht und wenn Großmann im norddeutschen Dialekt über seine Erfindung spricht, verrathen seine Züge große Energie.«

Großmann selbst formulierte die Anforderungen so: »starke Musculatur in den Beinen, Beobachten der Gesetze der Balance und Nüchternheit«.[23]

Auf dem Wasser bewegte sich dieser Mann in seiner Alltagskleidung mit der Sicherheit und Schnelligkeit eines gewandten Schlittschuhläufers, in der einen Hand ein leichtes Paddel, das dazu diente, das Gleichgewicht zu halten und die Anlandung zu unterstützen. Wind, Stromschnellen, Strudel oder hoher Wellengang konnten dem Wasserläufer nichts anhaben. Den Rhein soll er sogar bei Treibeis begangen und dabei »die gefährlichsten Abenteuer gehabt« haben. Dem Schiffsverkehr wich Großmann aus, indem er sich in der Flussmitte aufhielt.

Furchtlosigkeit bewies er, als das Berliner Militär sich für seine Erfindung zu interessieren begann und er den soldatischen Nutzen dadurch beweisen sollte, dass er einem großen Dampfer, der die Havel herunterkam, standhalten konnte. Der Wagemutige »zuckte nicht zusammen, und die großen Wellen konnten ihn nicht aus dem Gleichgewicht bringen«, attestierten ihm die Beobachter. Auf einem schnell fließenden Strom schritt Großmann stromabwärts so rasant voran, dass ihm im Laufen Ungeübte am Land nicht folgen konnten.[24]

Bei seiner Donautour 1902, die ihn von Bayern kommend bis nach Wien führte, zog der Wasserläufer, wo immer er auftauchte, Scharen von Neugierigen an, die die Ufer beidseitig zu Hunderten, ja zu Tausenden gesäumt haben sollen oder dicht gedrängt auf Brücken standen, um sich ein derartiges Ereignis nicht entgehen zu lassen. Menschen schwenkten Tücher, und auch Böllerschüsse wurde abgegeben. »Mit tausendfachem Hurrah begrüßte man am Lande den verwegenen Wasserläufer.«[25] Am Ziel seiner Etappen gab er dann »zu mäßigen Preisen« Vorführungen (»Productionen«) vor einem zahlenden Publikum, möglichst an Stellen, die nicht ohne Weiteres einsehbar waren, um unerwünschte Zaungäste fernzuhalten. In den örtlichen Zeitungen ließ er entsprechende Anzeigen veröffentlichen, wo auch auf die Möglichkeit hingewiesen wurde, die »Wasserschuhe« aus nächster Nähe zu betrachten. »Jung und alt, groß und klein hatten sich am Landeplatz versammelt, um die kühnen Evolutionen des Herrn Großmann zu bewundern.«[26]

Wo immer er auftauchte, zog der Wasserläufer Scharen von Neugierigen an.

Von einem nicht bekannten Zeitpunkt an wurde Otto Großmann auf seinen Touren von einer Frau begleitet, die sich Mathilde nannte. Die beiden traten als Paar auf und waren ein eingespieltes Team. Großmann zog seine Partnerin an einem Seil, das er sich um den Bauch band, in einem Boot hinter sich her, auf dem sich auch ein kleines, zusammenlegbares Häuschen befand. Die Zille trug seinen Namen und am Heck flatterte eine schwarz-gelbe Fahne. Mathilde war nicht nur eine angenehme Begleitung, sondern unterstützte ihren Partner auch tatkräftig bei den erforderlichen Verrichtungen. Das Boot hielt sie mit einem Ruder in der Spur. Wenn eine Landung anstand, schnallte er sich noch auf dem Wasser die »Schuhe« ab, begab sich in das Boot und ruderte ans Ufer. Dabei war sie gleich ihm darauf bedacht, die Wasserschuhe und sonstigen Reiseutensilien vorsichtig an Land zu schaffen. Am Ende ihrer Etappenläufe logierte das Paar in den Gasthäusern und Hotels entlang der Route und fand sogar noch Zeit für Besichtigungen. Die Presse schwärmten geradezu für das »sehr sympathische Ehepaar«:

> »Seine Gattin, eine reizende, junge blonde Frau, sitzt bei seinen Wassertouren in einem von ihm gezogenen Kahne. So ›zieht‹ er seine Frau durch's Leben und sie befindet sich wohl dabei, ist gegen Wind und Wetter abgehärtet und kann mit Recht sagen, dass ihre Ehe originell und glücklich ist.«[27]

Seinen wohl größten Triumph feierte Großmann, als er in den Nachmittagsstunden des 26. Februars 1902 unter der »Kaiser Franz Joseph-Brücke« hindurch, das Boot mit seiner Partnerin im Schlepptau, seinen Einzug in Wien hielt,[28] ein Ereignis, das von der Öffentlichkeit weit über Europa hinaus – in den USA

Otto Großmann präsentiert seine Wasserschuhe zusammen mit Partnerin Mathilde 1902.

Wasserlaufen – ein neuer Sport.

ebenso wie in Australien oder Neuseeland – wahrgenommen wurde. Eine australische Zeitung titelte: »Captain Grossmann is causing a sensation on the Continent« und feierte ihn als den »Champion Water Walker« aus *Germany*.[29]

Wann der ehemalige Fischermeister seine Wasserläufe und Vorführungen einstellte und wie er sein Leben weiter gestaltete, ist nicht bekannt. Es ist zu vermuten, dass Großmann, zumal er (vorübergehend) eine neue Beziehung eingegangen war, des rastlosen und anstrengenden Wanderlebens müde war und nur noch gelegentlich als Wasserläufer auftrat. Der letzte gefundene Hinweis bezog sich auf eine Vorstellung auf der Ostsee bei Stockholm im Juli 1909, wo ihn allerdings die Konkurrenz schon erwartete:

> »The German was evidently perplexed. But he soon concluded that peace would serve him better than war, and so he received the competitor with politeness. The two shook hands and divided the honors between them.«[30]

Über seine möglichen Zukunftspläne heißt es in einem Bericht im *Illustrirten Wiener Extrablatt* vom 27. Februar 1902:

> »Herr Großmann ist auch ein geübter Kunstläufer auf dem Eise, und sollte er Gelegenheit haben, wird er sich auch in dieser Eigenschaft produciren.

Übrigens arbeitet Herr Großmann an einer neuen Erfindung. Er will nämlich einen Apparat herstellen, mittels dessen man sich stundenlang unter Wasser halten kann.«

Auch mit den Berliner Militärbehörden stand er wegen der möglichen Verwendung seiner »Wasserschuhe« zu militärischen Zwecken in Verbindung.[31] Eine US-Zeitung wusste von einer möglichen Weiterentwicklung für den Einsatz im Rettungswesen zu berichten: »The inventor hopes to have his water shoes made a part of the outfit of life-saving stations.«[32]

Eine Massenbewegung wurde das Wasserlaufen nach dem Ersten Weltkrieg in sportlicher Richtung. Schon bald tummelten sich auf allen Gewässern und Seen die Wasserläufer:

»Wasser, Luft, Sonne, Arbeit des gesamten Körpers, Laufen mit und ohne Paddel – es ist ein neuer Sport. Bloß ein bisschen billiger müssen sie noch werden, die neuen Skier.«[33]

Von dieser Entwicklung profitierte Otto Großmann allerdings nicht mehr. Er war dort wieder angelangt, wo er beruflich einst hergekommen war und lebte bis zu seinem Tod als Fischer in Hamburg.[34] §

Literatur und Quellen

Martina und Hans-Dieter Graf: »Spaziergang nach Berlin. Otto Großmann (1866–1933), der Wasserläufer von Treptow«. In: *Mitteilungen des Vereins für die Geschichte Berlins*. Heft 2, April 2020, S. 53–55 (zit.: Graf, *Berlin*).

Helmut Klinz: *Tausend Jahre Cröllwitz-Lettiner Fischerinnung*. Halle 1937, S. 38. (zit.: Klinz, *Fischerinnung*)

Simone Trieder: *Leben am Fluss. Die Saale in Halle*, 2. Auflage 2013 (zit.: Trieder, *Leben am Fluss*)

Presseartikel zumeist digitalisiert in diversen Zeitungsdatenbanken

Standesamtliche Unterlagen (Geburts-, Trau- und Sterbeeinträge): ancestry.com.

Wir danken Dorothee Kirchgäßner, Fotoabteilung Stadtarchiv Worms, für ihre Unterstützung.

Anmerkungen

1 Etwa im *Boston Globe*, 10. September 1900, S. 10.
2 *Pettauer Zeitung*, S. 147.
3 *Das Buch für Alle. Illustrierte Familien-Zeitung*, 2/1901, S. 34, und *Über Land und Meer* 84/1900, S. 781.
4 *Die Woche. Moderne illustrierte Zeitschrift*, Berlin, 33/1900, S. 1468.
5 *Über Land und Meer* und *Pettauer Zeitung*, 16. September 1900, S. 148.
6 33/1900, S. 1468.
7 Etwa *The Hood River Glacier*, 26. Oktober 1900.
8 *The Evening Post*, 8. Oktober 1900, S. 6.
9 *The Manchester Democrat-Radio*, 30. Januar 1901.
10 *The Newton Daily Herald*, 8. März 1902.
11 *The Manchester Democrat-Radio*, 30. Januar 1901.
12 *Grazer Volksblatt*, 3. August 1900 (Beilage).
13 Etwa *Teplitz-Schönauer Anzeiger*, 3. Januar 1902, S. 6.
14 *The Exeter Flying Post*, 15. Oktober 1898.
15 *Bote von der Ybbs*, 8. März 1902.
16 *Das interessante Blatt* (Wien), 7/1902, S. 19.
17 Recherchen: ancestry.com.
18 Trieder, *Leben am Fluss*.
19 Klinz, *Fischerinnung*.
20 Ebd.
21 Siehe ancestry.com.
22 Vgl. Graf, *Berlin*.
23 *Illustrirtes Extrablatt* (Wien), 27. Februar 1902.
24 Vgl. Graf, *Berlin*, und *Neues Wiener Tagblatt*, 27. Februar 1902.
25 *Das interessante Blatt*, Nr. 7, 13. Februar 1902.
26 Etwa *Vorarlberger Tagblatt*, 28. März 1902.
27 *Bote von der Ybbs*, 8. März 1902 und *Neues Wiener Tagblatt*, 27. Februar 1902.
28 *Illustrirtes Wiener Extrablatt*, 28. Februar 1902.
29 *The Australian Star*, 7. April 1902, *The New Zealand Mail*, 30. April 1902; *The Arizona Republican*, 6. April 1902 u. v. m.
30 *The Ekalaka Eagle*, 9. Juli 1909.
31 Vgl. Graf, *Berlin*.
32 *Vernon County Censor*, 23. April 1902.
33 *Neue Freie Presse Wien*, 27. Juni 1928, S. 14.
34 Hamburger Adressbuch 1925.

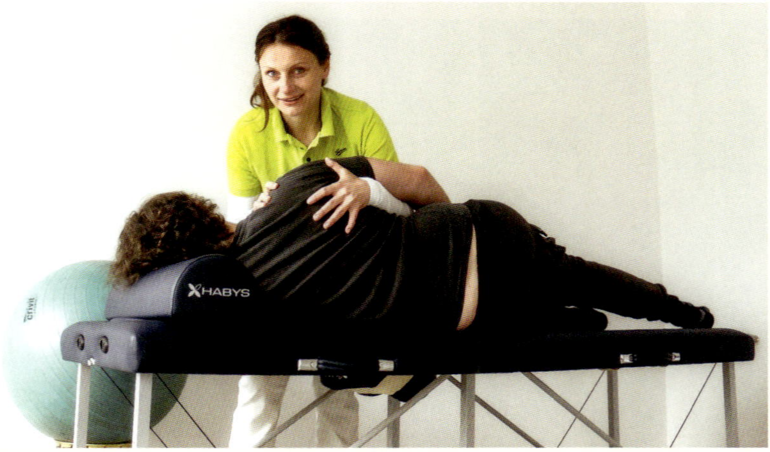

Zwischen zwei Ländern: Agnieszka

VON VERA PANHOFF-PAPSCH

Sie ist jetzt in Polen, lebt auf dem Lande in einem Dorf 40 Kilometer östlich von Krakau, bei ihren Eltern. Seit dem 14. März ist sie dort, mit ihrem Mann und zwei Kindern. Sie sind gerade noch rechtzeitig gefahren, um nicht als erstes vierzehn Tage lang in Quarantäne bleiben zu müssen. Für den 15. März hatten wir verabredet, in Worms gemeinsam ein paar Fotos zu machen. Da war sie aber schon hinter dem »Corona-eisernen Vorhang«, der sich erst jetzt, drei Monate später wieder gehoben hat. Die Corona-Krise hat ihr Leben verändert, wenn auch vielleicht nur eine Veränderung beschleunigt. Agnieska Tarnawska vermisst jetzt womöglich ihr Leben in Worms, wie sie vorher viele Jahre lang Polen, ihre Eltern und ihr dörfliches Leben vermisst hat.

Nach Deutschland gekommen war sie vor elf Jahren, im Juli 2009. Ein Jahr früher war schon ihr Mann nach Deutschland gegangen, vier Wochen nach der Hochzeit. Das war hart für die junge Frau. Aber der Maschinenbauer schwärmte schon lange von deutscher Ingenieurskunst, er wollte unbedingt in Deutschland arbeiten. Als er sich dann im Auto auf den Weg machte, war das seine allererste Fahrt auf der Autobahn, er wusste z. B. nicht, was die Zahlen bei den Ausfahrten bedeuten. Immerhin hatte er da schon eine Arbeit, in Kirchheimbolanden beim Autozulieferer Borg/Warner. Doch schon im Dezember 2008 wurde ihm gekündigt, als Folge der Wirtschaftskrise. Er ging nach Polen zurück.

Die haben mich gemocht. Wichtig war, dass die Bandagen hielten, die ganze Nacht.

Agnieszka hatte da gerade ihre erste Stelle als Physiotherapeutin, nach einem Masterstudium in Sport mit dem Schwerpunkt Physiotherapie. Während sie auf eine Arbeitserlaubnis in Deutschland wartete, ging sie im Internet schon mal auf Jobsuche. Der Chef einer Praxis in Friedberg/Hessen stammte selbst aus Oberschlesien, sie telefonierten auf Polnisch miteinander. Von ihrer Ausbildung war er begeistert und auch sehr zufrieden mit Agnieszka, als sie dann nach Deutschland kam. Mit den Patienten musste sie sich aber sofort – irgendwie – auf Deutsch verständigen. Dabei hatte sie in der Schule nur einen Monat lang Deutsch gelernt, die anderen in ihrer Klasse wollten alle Englisch lernen, und Russisch war damals noch Pflichtfach. In Friedberg hatte sie anfangs nur acht Patienten am Tag: Lymph-Drainage, für jeweils eine Stunde. Doch sie sagt lächelnd über diese Zeit: »Die haben mich gemocht. Wichtig war, dass die Bandagen hielten, die ganze Nacht.« Agniezka hat in Deutschland nie einen Sprachkurs besucht.

Agnieszka mit Kindern im Garten ihrer Eltern in Polen.

Deutsch gelernt hat sie trotzdem sehr gut, ihren polnischen Akzent hört man nur ganz leicht.

Als sie mit ihrem Mann gemeinsam nach Deutschland kam, war er noch arbeitslos. Erst im Februar 2010 fand er in Mannheim Arbeit. Zwei Jahre lang ist er dann gependelt, von Friedberg nach Mannheim, jede Strecke eineinhalb Stunden mit dem Zug. Er war müde. Agnieszka traute sich leichter zu, woanders eine neue Stelle zu suchen. Denn sie hatten beschlossen: »Wir müssen unser Leben etwas verbessern.«

Sie nahmen sich eine Landkarte vor und suchten nach einem passenden neuen Wohnort. »Zwischen Kirchheimbolanden und Mannheim, das ist gut. Da ist eine Stadt, sie heißt Worms und ist zentral.« Die Patienten in Friedberg rieten ihr eher ab: »*Wo* willst du hin? *Nach Worms*? Da ist es so feucht, da sind Mücken, und Rheinland-Pfalz ist viel ärmer als Hessen.« – »Ja, es stimmt: eine Freundin in Hessen verdient mehr«, hat sie später festgestellt, aber im Gespräch mit mir gleich hinzugesetzt: »Aber das spüre ich nicht. Ich bin sehr glücklich in Worms.«

Bei der Wohnungssuche hatten die beiden tatsächlich Glück. Sie hatten im

In Deutschland sind wir von Jugendlichen zu Erwachsenen geworden. Erst gab es keine Arbeit (für ihn) und keine Sprache (für mich).

Internet Wohnungsanzeigen studiert, sind dann an einem Samstagmorgen ganz früh mit dem Auto über die Rheinbrücke nach Worms gefahren und waren im Luginsland die Ersten, die sich eine freie Wohnung anschauten. Die Wohnungsinhaber wurden von einer Frau vertreten, die sehr zufrieden war mit dem »schönen jungen Paar«, und nach vielen weiteren glücklosen Bewerbern, von denen sie später hörten – und nach einem zweiten Gesprächstermin – hatten sie den Vertrag für die kleine Wohnung. Sie muss wohl sehr klein sein. Ich war nie dort. Ich habe Agnieszka als Patientin in der Physiotherapiepraxis kennengelernt. Aber in dieser kleinen Wohnung im Luginsland hat Agnieszka die ganze Zeit in Worms gelebt, acht Jahre lang. Erst allein mit Waldemar, ihrem Mann, dann kam der Sohn Maksymilian dazu, der jetzt fast sieben Jahre alt ist, und danach Nina, bald fünf.

Agnieszka reflektiert über diese Jahre: »In Deutschland sind wir von Jugendlichen zu Erwachsenen geworden. Erst gab es keine Arbeit (für ihn) und keine Sprache (für mich).« Sie haben das gemeistert, haben sich gut eingelebt und integriert. Im Luginsland kennen sie praktisch alle Nachbarn. Die Familiensprache ist Polnisch, bei der Arbeit und im Kindergarten sprechen alle Deutsch. Maksymilian hatte im Polnischen Probleme mit der

Foto: privat.

Aussprache von sch, z und s. Da ist Agnieszka mit ihm zu einer Logopädin gegangen, die mit dem Jungen gearbeitet hat, mit Musik und auch osteopathisch. »Jetzt spricht er auch Polnisch sehr deutlich.« Die kleine Nina habe von einer Freundin im Kindergarten sehr schnell Deutsch gelernt, »aber nicht so ganz richtig«, sagt Agnieszka: »Sie sagt ›des‹ statt ›das‹. Klar, wie andere Wormser Kinder auch, das hätte sich bestimmt noch korrigieren lassen! Aber jetzt fehlt Nina im Kindergarten wie auch in »Ralfs Tanzgalerie«, und Maksymilian spielt Rugby und Fußball demnächst vielleicht in Polen, wenn er dort passende Freunde gefunden hat; zurzeit trainiert er mithilfe des Internets.

Das »schöne junge Paar« hatte tatsächlich Glück in Worms: Bei ihrer Ankunft im Sommer 2012 war gerade Jazzfestival rund um den Dom. Die beiden waren begeistert, ein wunderbarer Neuanfang! Die Stadt wurde für Agnieszka zu einem wirklichen Zuhause. Sie konnte zu Fuß oder mit dem Rad zur Arbeit, erst bei Stimmel-Sports e.V., dann in der Physiotherapiepraxis Guichet beim Hallenbad. Ihre Fähigkeiten wurden anerkannt, von den Arbeitgebern wie von den Patienten, sie war meistens ausgebucht. Die Sprachprobleme lagen hinter ihr. An den Sonntagen um 16 Uhr besuchte sie mit Mann und Kindern fast immer den polnischen Gottesdienst in der Liebfrauenkirche, dort traf sie auch Freunde. Durch die Halbtagsarbeit hatte sie auch genügend Zeit für die Kinder. Hat sie in Worms Diskriminierung im Alltag erlebt? Kaum. Sie erinnert sich an einen Zwischenfall im Hallenbad, da reagierte eine Frau unfreundlich, wollte Agnieszka, die dort Schwimmunterricht gab, nicht Platz machen, aber das erschien ihr als eine Ausnahme.

Hatte sie auch Heimweh nach Polen? »Ja klar, die ganze Zeit.« Das kam für mich überraschend. Es klang doch alles so positiv. »Wir bauen ein Haus. Da, wo die Eltern wohnen.« Jetzt verstand ich besser, warum sie und ihr Mann sich in Worms nie um eine größere Wohnung bemüht haben. Das Heimweh war geblieben: nach den Eltern, der Familie, dem Dorf, ihrem Land. »Auch mein Sohn will unbedingt nach Polen. Der Vater erzählt ihm immer, dass er Pole ist.« In den Ferien sind sie oft in Polen: »Das ist dann freie Zeit. Da sind die Großeltern.«

Klar werde ich Deutschland vermissen. Ich werde aufs Dorf ziehen. Hier habe ich alles, dort nicht.

»Wirst Du in Polen Deutschland vermissen?« Ihr Ja kommt ganz schnell. »Ich werde aufs Dorf ziehen. Hier habe ich alles, dort nicht.«

In Polen haben ihre Eltern einen Garten. Es gibt dort frisches Gemüse und viel Platz für die Kinder. Aber sie braucht z. B. ein Auto, zum Einkaufen, für Behördengänge, für alles. Und »mir fehlt sehr meine Arbeit, meine Patienten, die Arbeitskolleginnen und der Erfahrungsaustausch.« Ob sie in Polen selbstständig als Physiotherapeutin arbeiten kann, weiß sie noch nicht. Sie fürchtet, das sichere Gefühl in ihren Händen zu verlieren, wenn sie nicht bald wieder mit Patienten arbeitet.

Ihr Mann ist zurzeit im Homeoffice, in Kurzarbeit. Er kann von Polen aus arbeiten. Beide wären glücklich, wenn das auf Dauer so funktionierte. Die Wohnung im Luginsland haben sie aber noch, gleich beim Dom. Der Dom und die Domtürme: Das steht für sie für die Stadt Worms, auch ihre Stadt. Die kleine Nina vermisst zurzeit ihre beste Freundin – Agnieszka vor allem die Patienten. Die Frauen, mit denen sie sich besonders gut verstand, waren oft deutlich älter als sie. Agnieszka erklärt sich das so: »Es sind vielleicht zwanzig Jahre Unterschied zwischen Deutschland und Polen. Wir sind noch ein bisschen strenger erzogen als die jungen Frauen in Deutschland, nicht so weich.« Agnieszka musste sehr diszipliniert leben und arbeiten, um in Deutschland zurechtzukommen. Die älteren Frauen haben vielleicht noch ähnliche Erfahrungen gemacht.

Als Corona sie noch nicht so überstürzt zurück nach Polen trieb, als sie nur darüber nachdachte, irgendwann, in nicht allzu ferner Zukunft, zurückzukehren, hatte sie einen Traum. Da war eine Wiese, hinter dem Haus ihrer Eltern, es ging ein sanfter Wind. »Das ist deine Heimat«, hat sie da gehört. Auf Deutsch oder Polnisch? Es war in polnischer Sprache. Auf dieser Wiese steht jetzt ihr Haus, es riecht gut, nach Holz, und ganz in der Nähe ist ein kleiner Wald. Bald kann die Familie dort einziehen. Agnieszka und ihr Mann sind glücklich darüber, gleichzeitig aber unsicher. »Ich kann noch nicht sagen, ob das ein guter Schritt war, wieder nach Polen zu gehen.«

Agnieszka ist schwanger. Sie wird auf jeden Fall erstmal für ein Jahr in Polen bleiben. Vielleicht träumt sie manchmal von Worms, vielleicht wird sie auch Heimweh nach Deutschland und nach Worms haben. Jedenfalls schreibt sie: »Mir geht es gut.«

GEFALLENENALTÄRE

VON JOACHIM SCHALK

An der nördlichen und an der südlichen Außenwand der Liebfrauenkirche sind Steinbildwerke aufgerichtet, mit deren Restaurierung vor Kurzem begonnen wurde.

Es handelt sich um zwei Altäre, die vor 100 Jahren, am 7. November 1920, geweiht wurden. Damals standen sie im Inneren der Kirche, der Pietà-Altar im südlichen Querhaus und der Kreuzaltar gegenüber im nördlichen Querhaus.

»Der furchtbarste Krieg, der je auf Erden getobt, ist nun zwei Jahre beendet und doch leidet heute und wird noch viele Jahre unter seinen schmerzlichen Folgen fast die ganze Menschheit leiden. Am schwersten aber wird der Verlust von Millionen

Stadtarchiv Worms, 05379.

Helden empfunden.« So schreibt der damalige Pfarrer Adam Ihm im Vorwort einer von der Druckerei Hübner in Herrnsheim aufwendig gestalteten Schrift im Umfang von 16 Seiten: *Gedenkblatt. Zur Erinnerung an die aus »Liebfrauen« in Worms im Weltkriege 1914–18 des Heldentodes Verstorbenen.* Ihr ist eine Widmung des Wormser Dichters Peter Bauer vorangestellt, deren Pathos wie das des Pfarrers in seinen weiteren Ausführungen für die heutigen Zeitgenossen befremdlich klingt, aber allgemein in Gesellschaft und Kirchen dem damaligen Zeitgeist entsprach.

Aus der Pfarrei waren im Krieg oder an den Folgen 92 Todesopfer zu beklagen; fünf Männer wurden vermisst. Sie alle werden Jahr für Jahr namentlich in diesem Gedenkblatt in der Reihenfolge des Versterbens aufgeführt. Foto 1

Gegenüberliegende Seite: Der vor 100 Jahren geweihte Pietà-Altar befand sich ursprünglich im südlichen Querhaus der Liebfrauenkirche.

Die Liebfrauengemeinde im Ersten Weltkrieg

Die Liebfrauenkirche wurde erst mit Wirkung vom 1. Januar 1898 Pfarrkirche einer Pfarrgemeinde, zu der auch Neuhausen gehörte. Seitdem war sie auch Garnisonskirche der katholischen Soldaten in der neuen, nur wenige Meter entfernten Kaserne des in Worms stationierten Infanterie-Regiments »Prinz Carl« (4. Großherzoglich Hessisches) Nr. 118.

Der Pfarrer von Liebfrauen – ab 1. Oktober 1904 dann Adam Ihm – wurde zusätzlich Militärseelsorger. Gewissenhaft hat dieser Taufen, Eheschließungen und Sterbefälle in dem Militärkirchenbuch verzeichnet, welches neuerdings digital im Internet aufgerufen werden kann.

Ein Tag nach Kriegsbeginn, am 2. August 1914, rückte das Wormser Regiment ab, wie die Pfarrchronik Liebfrauen berichtet (S. 80). Am 4. August fanden Abschiedsgottesdienste statt für: Ersatz Btl. Regiment 88, Landwehr Btl. 118 und Landsturm Btl. 50. Nach der Mobilmachung hatten auch diese Einheiten sich hier in Worms gesammelt. Im Oktober und November folgten weitere Einheiten des Ersatz-Bataillons 118 und von Ersatz-Reservisten.

Der Militärseelsorger des Standorts war auch zuständig für die Seelsorge im Wormser Garnison-Lazarett an der Erenburgerstraße und in dessen Zweigstellen, die in der Tuchfabrik Valckenberg und im Bayer'schen Saal in Neuhausen eingerichtet waren.

Für die Lazarette im Festhaus und der Jahnturnhalle war der Propst am Dom zuständig und für die Lazarette im Kreuzgang von St. Martin und im Sophienstift der Pfarrer von St. Martin. Schon am 2. September 1914 wurde der erste seinen Wunden erlegene Soldat, ein 32-jähriger Maurer aus Mörsingen (Oberamt Riedlingen in Württemberg), nach der Einsegnung im Garnison-Lazarett durch Pfarrer Ihm auf der Hochheimer Höhe beigesetzt.

Mit der Gedächtnis- und Einweihungsfeier der Altäre beabsichtigte der Pfarrer »aus Dankbarkeit gegen die Kriegshelden eine geistige Erneuerung der Pfarrgemeinde«, wozu ein Missionstriduum stattfand. An alle Kriegsteilnehmer der Pfarrei erging

Gedenkblatt zur Erinnerung an die im Ersten Weltkrieg verstorbenen Toten der Liebfrauengemeinde.

ein Aufruf, aus Dankbarkeit für die glückliche Heimkehr und in ehrendem Andenken der Gefallenen sich vollzählig an der dreitägigen Evangelisierungsveranstaltung und der Gedächtnisfeier für die ehemaligen Kameraden zu beteiligen.

Der Pietà-Altar war eine »Stiftung der Frau Geh. Kommerzienrat Valckenberg und ihres Sohnes, des Fabrikherrn Hans Dieudonné Valckenberg« der gleichnamigen Kunstwollefabrik am Beginn der Mainzer Straße, Ecke Promenadenstraße, heute Berliner Ring.

Entworfen wurde das Steinbildwerk von dem 1865 in Colmar geborenen und 1950 in München gestorbenen Bildhauer Heinrich Waderé, Professor für figurale Bildhauerei an der Akademie für Angewandte Kunst in München. Sein Werkverzeichnis umfasst 341 Stücke.[1] Noch während des Krieges hatte er im Auftrag seiner Geburtsstadt für ein Kriegerdenkmal auf dem dortigen Militärfriedhof eine zentrale Pietà-Gruppe mit dem Titel *Das Große Leid* entworfen und ein Gipsmodell erstellt. Die Ausführung in Untersberger Marmor unterblieb nach dem Krieg in der nun wieder französisch gewordenen Stadt und der Vertrag wurde gelöst. 1918 hat man aber in ganz ähnlicher Form in der Stadtpfarrkirche Heilig-Kreuz in Zweibrücken einen Blockaltar mit der in bemaltem Lindenholz ausgeführten Pietà nach dem Colmarer Muster aufgestellt, dahinter ein großes Missionskreuz und zwei Schiefertafeln für die Namen der Gefallenen. Dieser Altar wurde im Zweiten Weltkrieg mit der Kirche zerstört.

Witwe Amalie Valckenberg geb. Bollermann in Worms hatte vier Jahre nach dem Tode ihres Ehemannes, des Geheimen Commerzienrats und Mitglieds der I. Kammer der Stände in Darmstadt, Wilhelm Josef Dieudonné Valckenberg, im Jahre 1918 ein Familien-

Foto: Scan Joachim Schalk.

grabmal von Waderé schaffen lassen, das in der Westmauer des Friedhofs zur Höhenstraße hin eingebaut ist.[2] 1920 beauftragte sie Waderé erneut, der umgehend in starker Anlehnung an das Colmarer und Zweibrückener Kriegerdenkmal für die Wormser Liebfrauenkirche den Pietà-Altar in Stein ausführte.[3]

Auf einem steinernen Podest für die Skulpturen ist die Aufschrift zu lesen:

»Sie wurden stark u. bereit, für Gesetz u. Vaterland zu sterben.
2. Macc.8.21«
»Auf ewig ist ihr Gedenken in Ehren. 1. Macc.3.7«
H. Waderé

Ursprünglich trug in der Kirche ein Blockaltar mit einem Ehrenkranz und den Jahreszahlen 1914–1918 das Podest mit dem Vesperbild. Links und rechts neben diesem Altar waren die sechs Tafeln mit den Daten der Gefallenen angebracht. Das künstlerische Denkmal ist seit der Renovierung der Kirche ab den 1960er-Jahren außen an der Südseite der Kirche aufgestellt; daneben sind an der Kirchenwand die Gedenktafeln angebracht.

Zum Betrachter gewendet, lagert der Leichnam Christi auf einem teilweise mit dem Grabtuch überdeckten Felsblock, das Haupt nach hinten gesunken. Hinter ihm kniet, über ihren Sohn gebeugt, die vom Schmerz gezeichnete Maria. Ihr mit intensiver Faltenbildung des Gewandes verhüllter Körper, der das trauernde Gesicht der Mutter und ihre gefalteten Hände betont, steht in starkem Kontrast zum Leichnam Christi. Dieser ist bis auf das Lendentuch unbekleidet und bildet deutlich Knochen und Muskeln ab, ohne die Wundmale zu zeigen.

Der zweite, aus Spenden der Pfarrangehörigen, insbesondere der Familien der Gefallenen finanzierte Kreuzaltar wurde von der Wormser Bildhauerfirma Hippler & Werner, Alzeyer Straße 41, für 13.012,88 Mark geschaffen. Er sollte, wie Pfarrer Ihm in dem oben erwähnten Gedenkblatt schreibt, zum Teil eine Wiederaufrichtung der alten Kreuzgruppe des ehemaligen katholischen Amandusfriedhofs darstellen. Dieser Kreuzaltar, dessen Frontseite ein rundes Medaillon mit einem das Christusmonogramm IHS mittig überdeckenden Kreuz zeigt, trägt auf der Mensa das 1920 neu geschaffene Steinkreuz mit einem Korpus des Gekreuzigten, darüber die Inschrift I. N. R. I (Jesus Nazarenus Rex Iudaeorum – Jesus aus Nazareth, König der Juden). Auf dem unteren Ende des Kreuzesstammes ist eingraviert: *In cruce salus MCMXX* (Im Kreuz ist Heil 1920). Am Sockel stehen die Worte: *Pro patria mortuis parochianis* (Den fürs Vaterland gefallenen Pfarrangehörigen).

Zur Rechten und Linken des Kruzifixes stehen die fast lebensgroßen Assistenzfiguren der Gottesmutter Maria und des Lieblingsjüngers Johannes aus Stein. Es handelt sich dabei um sehr qualitätvolle Figuren aus der Schule des berühmten Mannhei-

Der Kreuzaltar befand sich ursprünglich gegenüber der Pietà im nördlichen Querhaus.

mer Bildhauers Paul Egell († 1752). Deren Sockel trägt die Inschrift: *Ecce mater tua – Ecce filius tuus* (Siehe da, deine Mutter – siehe da, dein Sohn, Joh. 19, 25–27). In den bewegten Formen des Barock, vor allem, was den Faltenwurf der Gewänder anbelangt, hat man dem gotischen Kreuz bewusst in der Mitte des 18. Jahrhunderts die damals modernen Statuen der Gottesmutter und des Lieblingsjüngers Jesu beigefügt. Maria schlägt die Hände über Kreuz auf die Brust. Johannes, ein junger Mann mit langem, lockigen Haar, hält zwischen seinen betenden Händen ein Buch, um ihn als Evangelist zu kennzeichnen. Vergleichbare rein barocke Kreuzigungsgruppen – in Frankreich *Calvaire* (Kalvarienberg) genannt – stehen im Wormser Bereich beispielsweise an der Klausenbergkapelle und an der Bonifatiuskirche in Abenheim.

Mit dem neuen Kreuz von 1920 war zwar eine Kreuzigungsgruppe, wie sie früher auf dem Amandusfriedhof bestand, wiederhergestellt. Allerdings ist das neue Kreuz in keiner Weise dem gotischen Kreuz vom Amandusfriedhof nachgebildet, wie sich den nachfolgenden Zeilen und den Fotos zu diesem Beitrag

Foto: Stadtarchiv Worms, Scan Joachim Schalk.

Das spätgotische Kreuz befand sich an verschiedenen Standorten, ehe es 1909 auf dem Friedhof Hochheimer Höhe aufgestellt wurde.

entnehmen lässt, sondern es stellt eine kunstvolle Neuschöpfung der genannten Wormser Steinmetzfirma dar.

Das alte monumentale, 3,4 Meter hohe Kreuz, das seit 1909 auf dem Friedhof Hochheimer Höhe an einer Biegung des von der Kapelle nach Norden führenden Hauptwegs aufgestellt ist, stammt aus der Spätgotik. Geschaffen hat es der Wormser Bildhauer Meister Thomas (Namensgeber der Thomasstraße in Worms), wie eine Inschrift am Fuß des Kreuzes aussagt: *completum est hoc opus per magistrum thoman statuarium sub anno salutis m ccccxciii* (Dieses Werk ist vollendet worden von Meister Thomas, Bildhauer, im Jahre des Heils 1493.).

Die Tafel ganz oben am Kreuzende, wo in Hebräisch, Griechisch und Lateinisch zu lesen ist – alles von rechts nach links geschrieben –, wer hier hingerichtet wurde, trägt die Jahreszahl 1483, möglicherweise das Jahr der Auftragserteilung.

Der Kunsthistoriker Otto Schmitt hat in der Zeitschrift des Altertumsvereins *Vom Rhein*[4] dieses Kreuz wie folgt beschrieben:

Foto: Joachim Schalk.

Gemälde der Ruinen der alten St. Amanduskirche um 1789.

»Von dem hohen, dreigliedrigen Sockel beansprucht nur der oberste Teil größeres Interesse. Ein Steinhaufen ist übersät mit Knochen aller Art, an denen hier ein Fuchs, dort eine Ratte nagt; dazwischen kriechen Eidechsen, Schlangen und Kröten umher, die Sinnbilder des Todes und der Verwesung. Das Ganze ist eine bildliche Übersetzung jener dem Mittelalter so geläufigen Legende, wonach man beim Ausheben der Grube für das Kreuz Christi auf die Gebeine Adams gestoßen wäre. Und nun zum Kreuz selbst. Christus ist tot; vor wenigen Augenblicken verschieden. Schwer hängt der Körper an den straff gespannten Armen, deren Sehnen und Adern quellend hervortreten. Der Brustkorb ist breit auseinandergezerrt, der Leib zurückgefallen. Unter der Last des Körpers ist die Fußwunde auseinandergerissen, sind die Knie kraftlos zur Seite gewichen. Das dornengekrönte Haupt hat sich müde geneigt von zwei vorfallenden Lockenbüscheln schattig umrahmt. Die gebrochenen Augen sind fast geschlossen, der Mund, dem eben der letzte Seufzer entfuhr, noch leise geöffnet. Und in all diesem Jammer flattert mitleidslos-fröhlich das Lendentuch, vom Abendwind emporgewirbelt: Zu dem stofflichen Kontrast zwischen Körper und Gewand tritt der psychische.«

Gestiftet wurde dieses Kreuz im 15. Jahrhundert von der Wormser Familie Althenn/Altheim[5] für den Pfarrkirchhof der uralten Pfarrkirche St. Amandus in der nördlichen Vorstadt, deren Mauern erst 1955/1956 beseitigt wurden. Mit den Trümmern wurde der Sportplatz gegenüber der früheren Zuckerfabrik an der Mainzer Straße planiert. Im Kirchenbuch Liebfrauen des 18. Jahrhunderts im Stadtarchiv findet man hin und wieder Eintragungen über Begräbnisse bei diesem Kreuz.

Der Amandus-Kirchhof lag da, wo heute, nördlich der Amandusgasse, das Gemeindehaus und der Kindergarten der Liebfrauenpfarrei stehen. Dieser und der auf der Nordseite der Liebfrauenkirche seit 1813 im Pfarrgarten gelegene Friedhof diente den Katholiken der Stadt als Begräbnisstätte und wurde 1840 für Bestattungen gesperrt.

Foto: Stadtarchiv Worms.

Links: 1840 wurde das einst für den Kirchhof von St. Amandus gestiftete Kreuz von 1493 auf dem Bahnhofsfriedhof (heute Albert-Schulte-Park) aufgestellt. Die Aufnahme stammt von 1901.
Rechts: Vor 1920 bildete ein bemaltes Holzkreuz, flankiert von den beiden barocken Begleitfiguren, eine Kreuzigungsgruppe in der Liebfrauenkirche.

Das gotische Kreuz stellte man auf dem damals für alle christlichen Konfessionen neu eröffneten Stadtfriedhof am Bahnhof (heute Albert-Schulte-Park) auf. Die barocken Begleitfiguren fanden einen neuen Standort in der Liebfrauenkirche – innen neben dem Westportal. Zusammen mit einem bemalten Holzkreuz stellte man wieder eine Kreuzigungsgruppe her.

Fast siebzig Jahre lang stand das gotische Kunstwerk nun im Bahnhofsfriedhof, zuletzt direkt neben den immer näher gerückten Gleisanlagen der hessischen Ludwigsbahn, bis es 1909 auf der Hochheimer Höhe neu aufgestellt wurde.

1988 ließ die Denkmalpflege das aus fast unverwüstlich hartem Sandstein gearbeitete Monumentalkreuz, das nicht abgesandet oder abgeschiefert war, restaurieren.[6] Viele Friedhofsbesucher legen an diesem Kreuz Blumen nieder oder zünden Lichter an. So kann dieses Kreuz noch Jahrhunderte überdauern.

Die aktuelle Restaurierung der beiden Gedächtnisaltäre, die wieder im Innern der Liebfrauenkirche aufgestellt werden sollen, rettet auch diese Kunstwerke für die nächsten hundert Jahre und erinnert weiterhin an den Großen Krieg von 1914 bis 1918 und mahnt, dass Kriege nicht mehr geführt werden dürfen. §

Anmerkungen

1 Yvette Deseyve: *Heinrich Waderé (1865–1950). Ein Münchener Bildhauer der Prinzregentenzeit*, Berlin, München 2011.
2 Werkverzeichnis Waderé Nr. 110.1.
3 Werkverzeichnis Waderé Nr. 234.2.
4 12.1913, S. 65f.
5 *Der Wormsgau* 1, 1926, S. 125.
6 Joachim Glatz: »Die Restaurierung des Steinkreuzes von 1493 auf dem Friedhof ›Hochheimer Höhe‹ in Worms«, in: *Denkmalpflege Rheinland-Pfalz*, Jg. 42–43, 1987/1988, S. 79–82.

Foto links: Stadtarchiv Worms; Foto rechts: aus der handschriftlich geführten Pfarrchronik im Pfarrarchiv Liebfrauen.

DAS WORMSER JUDEN-PRIVILEG HEINRICHS IV.

IM HISTORIENBILD DES 19. JAHRHUNDERTS

VON ANTON NEUGEBAUER

Angeregt durch den Wormser Oberbürgermeister Michael Kissel und die Dombauvereine von Mainz und Worms kündigte Ministerpräsident Kurt Beck 2006 an, Rheinland-Pfalz werde die Aufnahme der Kaiserdome von Worms und Mainz sowie der steinernen Zeugnisse der mittelalterlichen Judengemeinden in diesen beiden Städten und in Speyer in die Liste des Welterbes der UNESCO beantragen. Der Kaiser- und Mariendom Speyer gehört bereits seit 1981 zum kulturellen Patrimonium der Welt. Da sich die Kultusministerkonferenz dagegen aussprach, den Welterbestatus für dessen zwei rheinische Schwesterdome zu beantragen, konzentrierte sich Rheinland-Pfalz, d.h. Landesregierung, die drei Städte und die jüdischen Gemeinden, Denkmalamt und Hochschulinstitute, auf die »SchUM-Stätten«, d. h. die jüdischen, z. T. von denselben Architekten und Bildhauern wie die Dome geschaffenen, mittelalterlichen Kulturdenkmäler – Synagogen, Friedhöfe und Ritualbäder – in den Städten Speyer, Worms und Mainz – hebräisch *Sch*pira, *U*armaisa, *M*agenza, abgekürzt SchUM. Diese drei Zentren des aschkenasischen (mitteleuropäischen) Judentums bildeten im hohen Mittelalter (11./13. Jh.) einen Verbund, der die Architektur, Kultur, Religion und Rechtsprechung der mittel- und osteuropäischen jüdischen Diaspora zutiefst und nachhaltig prägte.

Gegenüberliegende Seite: Von Hermann Prell stammte das Fresko im ehemaligen Ratssaal, das die Überreichung des Zollprivilegs durch König Heinrich an die Wormser Bürger im Jahr 1074 darstellt.

Im Januar 2020 wurde der seit 2016 erarbeitete Antrag dem UNESCO-Welterbezentrum in Paris übergeben; eine – positive – Entscheidung des Welterbe-Komitees für den Sommer 2021 erhofft. Mit diesem Antrag machen die Initiatoren deutlich, dass zum für die ganze Welt bedeutsamen Erbe, zu ihrem »Patrimonium«, abgeleitet von lateinisch *patres* = Väter, auch die geistige und materielle Hinterlassenschaft der jüdischen Väter gehört. Dies ist in Zeiten, in denen der Antisemitismus in seinen unterschiedlichen Ausprägungen erschreckend zunimmt, auch ein wichtiges politisches Signal: Die jüdischen Gemeinden waren und sind ohne Einschränkung konstituierende Bestandteile unserer Gesellschaft.

Die Geschichte der SchUM-Gemeinden des Mittelalters kennt Episoden des friedlichen, guten Auskommens der jüdischen Minderheit mit der christlichen Mehrheitsbevölkerung und der Obrigkeit, d. h. den Königen und den (Erz-)Bischöfen von Mainz, Worms und Speyer, aber ebenso Zeiten der grausamen Pogrome, der Massenmorde und Ausplünderungen, der Zwangstaufen und Vertreibungen. Diese historischen Ereignisse wurden von manchen Schriftstellern und Künstlern des 19. Jahrhunderts als »ferner Spiegel« ihrer eigenen Gegenwart betrachtet, in der – bei zunehmender rechtlicher Gleichstellung (Emanzipation) des jüdischen Bevölkerungsteils – rassenideologischer Antisemitismus, religiöser Antijudaismus und ökonomisch motivierte Judenfeindschaft in vielen Regionen Mitteleuropas immer wieder heftige Ausbrüche erlebten. Auch die pfälzische Demokratiebewegung war nicht frei von judenfeindlichen Einschlägen: In einer Strophe des bekannten Liedes *Fürsten zum Land hinaus* von 1832 werden antijüdische Klischees bedient (»Metternich, marsch mit dir / Rothschild und Staatspapier / Hep, hep, hep, hep!«) und der Schlachtruf der Pogrome von 1819 zitiert, den der Mob im Odenwald und im Kraichgau auch am Vorabend der Revolution 1848 wieder erschallen ließ.

Einige Jahre später, 1857/1858, schuf der aus Darmstadt stammende Historienmaler Adolf Schmitz-Crolenburgh (1825–1894) im Auftrag der »Verbindung für historische Kunst«, eines Dachverbandes bürgerlicher Kunstvereine in Deutschland und Öster-

Ölskizze zum Gemälde Adolf Schmitz-Crolenburghs *Johannes, Bischof von Speyer, schützt 1096 die Juden gegen die Wut der sie verfolgenden Christen.*

reich, ein großes Gemälde *Johannes, Bischof von Speyer, schützt 1096 die Juden gegen die Wut der sie verfolgenden Christen*. Der historische Hintergrund der dargestellten Szene sind die Pogrome im Vorfeld des Ersten Kreuzzugs, als ein u.a. von Graf Emich von Flonheim angeführter Mob die SchUM-Gemeinden am Rhein überfiel und die jüdische Bevölkerung von Mainz und Worms ausrottete. Die bischöflichen Stadtherren hatten halbherzig versucht, die Juden, an deren Existenz sie ökonomisch interessiert waren, durch Aufnahme in ihre Pfalzen zu schützen, aber letztlich dem Morden keinen ernsthaften Widerstand entgegengesetzt. Lediglich in Speyer griff der Bischof energisch durch, gewährte den Verfolgten Asyl hinter den Mauern seiner Stadtburg und ging mit Waffengewalt gegen die Judenfeinde vor. Lediglich elf Männer und Frauen kamen 1096 in Speyer ums Leben, in Worms und Mainz waren es viele Hunderte.

Die zeitgenössischen jüdischen Chronisten priesen Bischof Johannes als »Frommen unter den Völkern«, der nicht nur auf jegliche Bestechungsgelder verzichtet habe, sondern auch denjenigen, die unter Zwang sich hatten taufen lassen, um dem Tod zu entrinnen, die Rückkehr zum Glauben der Väter erlaubte. Die Kunstkritik des 19. Jahrhunderts war voll des Lobes über das Gemälde, nicht nur wegen seiner malerischen Qualitäten, sondern gerade wegen seines Themas: ein Fürst, der sich als wahrer Christ erweist und Nächstenliebe gegenüber denen erweist, die als Schwächste besonders seiner Hilfe bedürfen. Seitenhiebe gegen Repräsentanten der Kirche und des Staates der Gegenwart, die Empathie und Einsatz für die die bedrängten Juden vermissen ließen, blieben nicht aus. Das Gemälde gelangte durch Verlosung an den Kunstverein, später das Museum Magdeburg und ist

Stadtarchiv Worms, 3067/9.

Friedrich Hottenroth gestaltete die Szene, wie Bischof Johann von Speyer den Juden Schutz gewährt.

wahrscheinlich 1945 im Auslagerungsort, einem Salzbergwerk, verbrannt. Die das Gemälde vorbereitende Ölskizze befindet sich seit 1999 im Besitz des Bistums Speyer. 1875 lieferte der Zeichner und Kostümkundler Friedrich Hottenroth (1840–1917) für Wilhelm Zimmermanns *Illustrirte Geschichte des deutschen Volkes* eine Abbildung, die Schmitz' Gemälde etwas variiert.

Adolf Schmitz-Crolenburgh war nicht der einzige Historienmaler, der sich der Geschichte der SchUM-Gemeinden widmete und dabei den Anspruch der Minderheit auf Freiheit von Unterdrückung und auf Gleichberechtigung ansprach. 1883/1884 wurde das Rathaus der Stadt Worms durch einen neuen Flügel nach Plänen des Münchner Architekten Gabriel von Seidl (1848–1913) erweitert, die Stirnwand des Ratssaals mit einem monumentalen Fresko geschmückt, das die Überreichung des Privilegs durch König Heinrich IV. an die Wormser Bürger im Jahr 1074 darstellte. Der Künstler war der Leipziger Hermann Prell (1854–1922). Prof. Gerold Bönnen hat im *Wormsgau* 35/2019 das im Zweiten Weltkrieg zerstörte Wandbild, von dem nur noch Entwürfe und historische Fotos zeugen (vgl. Abbildung S. 182), vorgestellt, dabei aber m. E. eine wichtige Einzelheit übersehen.

Die Szene spielt sich im verschneiten Januar 1074 ab. Der junge König tritt aus dem Portal seiner Burg, vor der sich der Bischof mit Mitra, Stab und Messgewand (!) postiert hat. Bischof Adalbert II., ein politischer Gegner des Königs, war allerdings zu diesem Zeitpunkt von den Wormsern aus der Stadt vertrieben worden, die zu den Unterstützern des Saliers gehörten. Aus Dankbarkeit dafür, dass sich die Bürger nicht den im benachbarten Mainz tagenden oppositionellen Fürsten anschlossen, die über eine Absetzung Heinrichs berieten, befreite er die Wormser, und zwar

Links: Detail aus *Judas Ischarioth* (1883/1886). *Rechts:* Entwurf zum *Haupt des Pharisäers* (1885).

»die Juden und die übrigen« *(Iudei et coeteri Uvormatienses)*, von den Abgaben an den königlichen Zollstellen. Auf Prells Gemälde überreicht der König die gesiegelte Urkunde dem greisen Bürgermeister, der die Rolle ehrerbietig entgegennimmt. Er wird von vier weiteren Repräsentanten der Stadt begleitet, in gewissem Abstand haben sich zahlreiche bewaffnete Wormser Bürger aufgestellt. Im Hintergrund hebt sich die Silhouette des (im Zustand des 13. Jahrhunderts dargestellten) Doms vom Winterhimmel ab.

Zu der Vierergruppe gehört neben einem mit Schild, Schwert und Helm bewaffneten Ritter, einem jungen und einem alten Ratsherrn ein würdiger Greis mit langem, weißem Bart, der eine Urkundenrolle in den Händen hält und in stolzer, aufrechter Haltung auf den König schaut. Das ärmelloses Obergewand aus Seidenbrokat, in das orientalische oder byzantinische Drachenmuster eingewebt sind, und der gebundene Turban, dessen Zipfel über der rechten Schulter herabhängt, lassen es sicher erscheinen, dass Prell in dem Greis einen Vertreter der Wormser Judengemeinde darstellen wollte, die ja in der Urkunde ausdrücklich genannt wird. Eine ganz ähnliche Kleidung trägt einer der Pharisäer oder Angehörigen des Hohen Rates, die den Apostel zum Verrat überreden, in Prells Gemälde *Judas Ischarioth* (1883/1886, Dresden), das gleichzeitig mit dem Rathausfresko entstand, sowie einem Entwurf für das *Haupt des Pharisäers*. Einen schwarzen Turban trägt auch der Wormser Jude auf der bekannten Illustration in Marcus Lamms *Thesaurus Picturarum* aus dem 16. Jahrhundert. Prell wollte also ganz bewusst die Position der Juden bzw. ihrer wohlhabenden Kaufmannschaft als gleichberechtigte Glieder der Wormser Bürgerschaft darstellen. Die Urkundenrolle in den Händen des Greises mag im Bild das Privileg Heinrichs IV. von 1090 für die Wormser Juden vorwegnehmen. Es hat den Untergang der Gemeinde sechs Jahre später nicht verhindert. §

RENATE BECKER

PIONIERIN FÜR DAS ALTSPRACHLICHE GYMNASIUM

VON JÖRG KOCH

Heutzutage machen mehr Mädchen Abitur als Jungen. Vor hundert, auch noch vor fünfzig Jahren wäre dies undenkbar gewesen. Jahrhundertelang war Mädchen der Zugang zur höheren Schulbildung nur eingeschränkt möglich. Die bis Mitte des 19. Jahrhunderts in allen deutschen Ländern eingeführte Schulpflicht sah zwar den Besuch der Volksschule für beide Geschlechter vor, doch weiterführende Schulen, erst recht ein Studium waren lange Zeit für Frauen nicht vorgesehen und angeblich nicht erforderlich, schließlich sollten sie heiraten, Kinder bekommen und sich um Haushalt und Familie kümmern.

Sogenannte »Höhere Töchterschulen«, an denen Mädchen in der Regel nach der Konfirmation bzw. Firmung erzogen wurden, kamen deutschlandweit erst Ende des 19. Jahrhunderts in Mode, zunächst in Großstädten. Ausnahmen gab es bereits früher, zu diesen zählt etwa das heutige Karolinen-Gymnasium in Frankenthal, das seinen Ursprung auf das 1780 gegründete »Philanthropin für protestantische junge Frauenzimmer« zurückführt.

Im Unterschied zu den Gymnasien fehlten den »Höheren Töchterschulen« und den privaten Mädchenpensionaten die Oberstufe (Sekundarstufe II), die auf das Studium vorbereitete. In Worms existierten drei konfessionell getrennte Privatschulen für Mädchen, als 1874 die überkonfessionelle Höhere Töchterschule eröffnet wurde. Diese Einrichtung bezog 1906 das noch heute bestehende Gebäude am Karlsplatz und erhielt mit seiner Einweihung den Namen »Eleonorenschule«. Namensgeberin war Großherzogin Eleonore, die Gattin des regierenden Landesherrn Großherzog Ernst Ludwig von Hessen-Darmstadt.

Abiturprüfungen waren an der Eleonorenschule erst ab 1928, nach Erweiterung zu einem vollwertigen Gymnasium, möglich. Die wenigen Mädchen, die zuvor die Reifeprüfung ablegen wollten, wechselten in die Oberstufe des (Altsprachlichen) Gymnasiums (heutiges Rudi-Stephan-Gymnasium), wo sie, wenn überhaupt vorhanden, jahrelang eine Ausnahme bildeten.

Erst nach dem Zweiten Weltkrieg wagten sich junge Frauen ans Gymnasium. Die erste Schülerin war Renate Becker, geboren im Mai 1932. Bislang hatte sie das Eleonorengymnasium besucht, doch da sie sich in den Kopf gesetzt hatte, Theologie zu studieren, also Kenntnisse in Latein und Griechisch benötigte, bat sie um Aufnahme am Gymnasium, das sich damals am Barbarossaplatz (Gebäude der heutigen Ernst-Ludwig-Grundschule) befand. Nicht ihr Vater, der bekannte Arzt Dr. Wilhelm Becker, Löwengasse, nahm sich des Anliegens seiner Tochter an, sondern ihr älterer Bruder Wolfgang, Jahrgang 1929, der bereits Schüler der Schule war, wurde zu Direktor Dr. Hermann Schmitt geschickt, um die Situation zu klären. Dieser wiederum fragte Ende 1945 im Kultusministerium in Mainz nach und von dort wurde für die Aufnahme von Renate Becker grünes Licht erteilt. Die Schülerin, die am Eleonorengymnasium die Quarta (7. Klasse) erfolgreich beendet hatte, wurde im Mai 1946 in der Jungenschule aufgenommen.

Erst nach dem Zweiten Weltkrieg wagten sich junge Frauen ans Gymnasium. Die erste Schülerin war Renate Becker.

Die Klassen waren früher viel kleiner als heute – die gesamte Klassenstufe bestand aus nur 24 Schülern –, doch ängstlich angesichts der männlichen Dominanz fühlte Renate sich nicht, immerhin war sie zu Hause von drei Brüdern umgeben. Im Rückblick empfindet die heute 88-Jährige jene Jahre am Gymnasium als »sehr angenehm« und als »Zeit der Freiheit«, negative Erfahrungen habe sie nicht gemacht. Am »Elo« hätten die überwiegend »hinterhältigen, alten Jungfern« Klassenarbeiten »nie angekündigt«, das habe zu einer gewissen Angst vor jeder Stunde geführt; im Gymnasium dagegen seien Überprüfungen stets im Vorfeld bekannt gegeben worden.

Zwar erhielt sie ab Januar 1946 Unterricht in Latein von dem sechs Jahre älteren Gernot Straub, Freund ihres ältesten Bruders und späterer Richter am Bundessozialgericht in Kassel (1969–1975), doch da ihr die antiken Sprachen Neuland waren, begann sie ihre Laufbahn am Altsprachlichen Gymnasium sicherheitshalber in der Quarta.

Nachdem sich in Worms herumgesprochen hatte, dass das traditionsreiche Gymnasium, das bereits damals auf eine 420-jährige Geschichte zurückblicken konnte, neuerdings auch Mädchen aufnehme, beschlossen weitere interessierte Mädchen ans »Jungen«-Gymnasium zu gehen. Mit Renate Becker, der durch Eigeninitiative als erste Schülerin nach dem Krieg die Aufnahme am Gymnasium genehmigt worden war, begannen zum neuen Schuljahr am 2. Mai – Schuljahresbeginn war damals noch nach den Osterferien – Ingrid Baumann und Ingrid Schultheß (Sexta/5. Klasse) sowie Margarete Kraft und Ursula Staab (Quinta/6. Klasse), die zuvor ein Jahr am Eleonoren-Gymnasium

Renate Becker

verbracht hatten. Die spätere Ärztin Dr. Ursula Broghammer-Staab war dann 1953 das erste Mädchen nach dem Krieg, das am Altsprachlichen Gymnasium Abitur machte.

Für die frühreife Renate Becker, die mit ihrem Wissensdrang und ihrem Durchsetzungswillen als Pionierin gilt, erfüllte sich ihr Wunsch, Pfarrerin zu werden, jedoch nicht. Sie blieb nicht lange auf der Schule, denn ausgerechnet ihr Griechischlehrer Dr. Ernst Knierim, Jahrgang 1914 und damit doppelt so alt wie sie, hatte ein Auge auf sie geworfen. Nach nur drei Schuljahren verließ sie das Gymnasium zum großen Bedauern des Direktors und »auf Wunsch der Eltern«, wie es im Zeugnis hieß. Nach den Sommerferien, im August 1948, verlobte sich Dr. Knierim mit Renate Becker, zwei Jahre später fand die Hochzeit statt.

Viel Gerede habe es damals in Worms gegeben, manche betrachteten die Hochzeit des Lehrers mit seiner jungen Schülerin gar als Skandal, meint Renate Knierim im Rückblick. Doch die Autorität des bekannten und beliebten Altphilologen blieb unangetastet, die kritischen Stimmen waren bald verstummt. Drei Kinder gingen aus der Ehe hervor. Trotz Familie und Haushalt nahm Renate Knierim sich die Freiheit und den Freiraum, auch eigenständig zu agieren. Nach einem erfolgreich absolvierten Studium an der Staatlichen Musikhochschule Mannheim unterrichtete sie Schülerinnen und Schüler im Flötenunterricht. Statt Pfarrerin wurde sie Musikerin, nahm an zahlreichen internationalen Kursen teil und trat bei vielen Konzerten als allseits anerkannte Soloflötistin in Erscheinung. §

Constantin, der Helfer aus Rumänien

VON MARGIT KNAB

Constantin ist einer von den stillen Menschen. Einer, der seine Arbeit macht, gewissenhaft, genau, wie man es von ihm verlangt. Constantin, Costi genannt, kommt aus Rumänien und ist pünktlich in jedem Frühjahr seit zwölf Jahren im Weingut Hinter der Kirche in Pfeddersheim zur Stelle. Costi bleibt immer ein Vierteljahr in Deutschland, um in den Weinbergen zu arbeiten.

Er hat oft Heimweh, vermisst seine Familie und ist seit zwei Jahren glücklich darüber, dass er mit seiner Frau regelmäßig skypen kann. Das macht er meistens abends, nach Feierabend. Dann ist er so aufgeregt, dass er überhaupt nicht bemerkt, wie laut er ins Handy spricht, als ob er die rund 2000 Kilometer bis in seine Heimat phonetisch überbrücken könnte.

Costi kommt aus Bocșa, einer kleinen Stadt im ehemaligen Banat. Viele Einwohner haben dort deutsche Wurzeln, auch Costis Großmutter Anna-Eleonora, erzählt er. In wirklich gutem Deutsch kann er sich verständigen, denn die Oma hat mit ihm von Kindesbeinen an Deutsch gesprochen. Auch seine Schwester Luciana ist wie er mit der deutschen und der rumänischen Sprache groß geworden. »Am liebsten haben wir die deutschen Lieder gesungen«, erzählt Costi und stimmt mitten im Mai *Stille Nacht, heilige Nacht* an. Aus der Kindheit hinübergerettet hat Costi auch den guten Geschmack von und die Vorliebe für deutsche Gerichte. »Sauerkraut und Knödel, Mohnnudeln und Schweinebraten, das gab es früher und das gibt es noch heute bei uns zu Hause.«

Sauerkraut und Knödel, Mohnnudeln und Schweinebraten, das gab es früher und das gibt es noch heute bei uns zu Hause.

Die deutsche Sprache hat Costi auch als Schüler begleitet: »Ich hatte vier Jahre im Lyzeum Deutsch und Französisch als Fremdsprachen.« Französisch zu sprechen habe er verlernt, gibt Costi zu. »War keine Gelegenheit dazu.« Dass er gut Deutsch spricht, es nie verlernte, hat ihm letztlich einen Arbeitsplatz in Deutschland verschafft, davon ist er überzeugt. Von einer guten Arbeitsstelle in Deutschland träumen viele Menschen in Rumänien, doch nur die mit guten Sprachkenntnissen haben eine Chance auf eine »Arbeit in Germania«, davon ist Costi überzeugt. Genau diese Voraussetzungen hat er den Nachbarn und Freunden klar gemacht, die unbedingt auch »ins gelobte Land wollen, um Geld zu verdienen«, erzählt er. Er hat sie aufgefordert, Deutsch zu lernen, wenn sie in Deutschland arbeiten wollen. »Viele wollen das, träumen vom großen Geld, auch ich hatte diesen Traum«, erinnert sich Costi an das Jahr 2008.

Ein Freund hatte ihm von seiner Arbeitsstelle in einem Offsteiner Weingut erzählt. Von der Arbeit in den Weinbergen, die nicht so schwer sei. Von der gemütlichen Unterkunft, die man ihm zugewiesen habe, und von dem guten Verdienst, den er nach drei Monaten mit nach Hause nehmen kann. »Such mir einen Platz in Deutschland, wo ich arbeiten kann«, bat Costi seinen Freund. Und mit dieser Bitte ging der Freund zu seinem Chef.

Dieser Chef hatte und hat immer noch einen Freund in Pfeddersheim, der ebenfalls Winzer ist. Ein langjähriger, polnischer Mitarbeiter war diesem Winzer krank geworden, und es war nicht absehbar, ob er noch einmal seine Arbeit im Pfeddersheimer Weingut aufnehmen könnte. »Jawoll, probieren wir es zwischenzeitlich mit einem rumänischen Gastarbeiter.« Das ebnete Costi den Weg nach Deutschland.

Nachdem deutschen Gesetzen genüge getan war und eine Reihe einheimische, arbeitslose Männer die bäuerliche Arbeitsstelle in Pfeddersheim für sich abgelehnt hatten, durfte Costi anreisen. Er kam mit über 40 rumänischen Arbeitern im Mannheimer Busbahnhof an, wo ihn sein zukünftiger Chef abholte. 24 Stunden Fahrt lagen hinter dem damals 49-jährigen Costi. Der hatte für seine Beschäftigung in Deutschland unbezahlten Urlaub als Hausmeister eines rumänischen »Kaufland«-Discounters genommen.

Von 1. März bis 1. Juni, so war der mit der Arbeitsagentur abgesprochene Plan, durfte Costi als landwirtschaftliche Hilfskraft in Pfeddersheim arbeiten. Dafür zurückgelassen hatte er in Rumänien seine Frau Dorina und Tochter Amalia, zu der Zeit noch Studentin der Veterinärmedizin.

Was ihm damals in Deutschland als Erstes aufgefallen sei? »Die sauberen Straßen, die riesige Angebotsvielfalt in den Supermärkten.« Dass in Deutschland alles so durchorganisiert ist, man sich zuverlässig darauf verlassen kann, was angekündigt wird, und dass Pünktlichkeit hier eine Pflicht ist. Costi kennt das aus Rumänien ganz anders.

Viele freundliche Leute habe er in Pfeddersheim kennengelernt, erzählt er. Gelegenheit dazu gab es bei den Familienfesten seines Chefs, zu denen er immer eingeladen war, und bei den Hoffesten im Weingut.

Von seinem Verdienst in Deutschland konnte Costi die Studiengebühren für seine Tochter bezahlen. Sie ist mittlerweile fertige Tierärztin mit einer eigenen Praxis. Der Papa ist sehr stolz.

Die Arbeiten in den Weinbergen seien ihm immer sehr gut von der Hand gegangen, erzählt Costi, »auch weil es in Deutschland nicht so heiß ist wie bei uns in Rumänien«. Wenn es in den letzten zwölf Jahren einmal besonders stressig gewesen sei oder sein Heimweh ihn sehr stark quälte, da habe er an »das viele Geld gedacht, das ich bald mit nach Hause nehmen werde«. Genau vier Mal so hoch, bei gleicher Arbeitsstundenzahl wie in Rumänien, ist Costis Verdienst in Deutschland. Damit konnte er in den vergangenen Jahren die Studiengebühren für seine Tochter bezahlen. Sie ist mittlerweile fertige Tierärztin mit einer eigenen Praxis. Der Papa ist sehr stolz. Persönlich hat sich Costi mit dem Verdienst in Deutschland ein schickes, gebrauchtes Auto kaufen können, hat sein Badezimmer umgebaut und die Fenster in seinem Haus erneuert.

Dank Costis Fürsprache arbeitet sein Schwiegersohn Octavian ab 2015 fast jedes Jahr für vier Wochen im Pfeddersheimer Weingut. Er nutzt seinen Urlaub, um sein geringes Gehalt von monatlich 400 Euro, das er als Diplom-Ingenieur in Rumänien verdient, aufzubessern. Deutsch spricht er nicht. Man verständigte sich auf Englisch. Seit 2017 kommt Costis Bekannter Wally auch regelmäßig für mehrere Monate nach Pfeddersheim, um in den Weinbergen zu arbeiten. Deutsch spricht auch er nicht, dafür Italienisch. Ein Glück, der Winzer kann es auch. Mit Händen und Füßen verständigt man sich aber mit Dani, einem weiteren Bekannten von Costi, der seit 2019 zur Aushilfe ins Weingut kommt. Aber auch mit ihm funktioniert die Verständigung dank des Vorführeffekts. Weinreben zwischen zwei Drähten Halt geben – einmal vorgemacht, Dani kann es. Verständigung funktioniert auch nonverbal.

Ohne die Mitarbeiter aus den osteuropäischen Ländern könnten auch die Winzer ihre Betriebe nicht führen. Da geht es ihnen genauso wie den Spargelbauern oder den vielen landwirtschaftlichen Betrieben, in denen Handarbeit ein Muss ist. Gemeinsam sind alle Landwirte und Winzer froh, dass es diese Gastarbeiter gibt, die sich im Laufe der Jahre, in denen man mit ihnen zusammengearbeitet hat, zu vertrauten, zuverlässigen Mitarbeitern entwickelt haben. »Mit manch einem und seiner Familie entsteht eine sehr herzliche, wertschätzende und persönliche Verbundenheit«, meint der Winzer von Hinter der Kirche und nickt Costi respektvoll lächelnd zu.

REICHSTAGS-JUBILÄUM 1971

EIN PERSÖNLICHER RÜCKBLICK

VON IRENE SPILLE

Bundespräsident Heinemann in der Ausstellung im Kreuzgang des Andreasstifts *Luther – Wege aus Worms*.

Worms feierte das 450. Jahrgedenken des Reichstags von 1521, und 1971 stand die Stadt ganz im Zeichen Luthers. Und was wurde damals geboten? Ökumenische Festgottesdienste in der Dreifaltigkeitskirche und im Dom, hochkarätige Vorträge, ein Theologengespräch, Ausstellungen im städtischen Museum im Andreasstift, Konzerte, Aktionen von Künstlern und vieles mehr. Auf den ersten Blick ist das ein normales Jubiläumsprogramm, aber beim genaueren Hinsehen wird deutlich, dass vieles damals nicht »normal« war, sondern recht innovativ. Lutherveranstaltungen waren damals für uns Wormser eine westdeutsche Sache; ob und was in der damaligen DDR in dieser Hinsicht geboten wurde, war nur ganz

Stadtarchiv Worms, 3067/9.

wenigen, stark involvierten Personen bekannt. Hinzu kam das Wormser Memorandum.

Was ist geblieben? Ein 500 Seiten starkes Buch mit dem Titel *Der Reichstag zu Worms von 1521 – Reichspolitik und Luthersache*, das das Reichstagsgeschehen in allen möglichen Facetten beleuchtet und auch nach fünfzig Jahren noch beileibe nicht überholt ist, ein Denkmal für das Geschehen 1521 im Wormser Bischofshof und eine gute Weiterentwicklung der Denkansätze in den Köpfen der Menschen, die sich mit der Luthersache und der Ökumene auseinandersetzen.

Zur Koordination und Durchführung aller Veranstaltungen und weiterer Aktivitäten wurde ein hochkarätig besetztes Kuratorium gebildet. Die eigentliche Arbeit leistete der seinerzeit noch relativ junge Städtische Archivrat Fritz Reuter, für den diese Herausforderung, die er mit Bravour meisterte, ein Meilenstein für seine künftige Karriere werden sollte.

Die Crème de la Crème war zu Worms zu hören, alles gestandene Herren und keine einzige Frau.

Im Gegensatz zum 400. Gedenken des Reichstags 1921, das ganz im Geiste jener Zeit eine erhebende, konfessionsorientierte Feier war, bei der die damalige evangelische Kirche sich selbst quasi als die einzige wahre Religion feierte, standen die Veranstaltungen 1971 im Zeichen der Ökumene. Die Ökumene war noch ein ganz zartes, zerbrechliches Pflänzchen, das viel Kraft zum Gedeihen benötigte. Ökumenische Gottesdienste waren keine Selbstverständlichkeit, auf beiden Seiten mussten in den Köpfen noch viele Ressentiments abgebaut werden. Auch wenn es in der Regel nicht so deutlich dargestellt wird, der alte Kulturkampf des 19. Jahrhunderts mit allen Vorurteilen gegenüber der katholischen Kirche war noch nicht aus allen Köpfen vertrieben und die Neuerungen des Zweiten Vatikanischen Konzils waren bei beiden Konfessionen noch nicht »angekommen«. Das Hauptthema der wissenschaftlichen Beiträge im Jubiläumsjahr war der Reichstag von 1521. Die Vorträge und Aufsätze beleuchteten das Reichstagsgeschehen, die Hintergründe und Vorgeschichte, die beteiligten Personen und das Umfeld aus neuer historischer und theologischer Sicht.

Die Crème de la Crème der Theologen, Historiker und anderer Wissenschaftler war in den verschiedenen Gottesdiensten und Vortragsveranstaltungen zu hören, alles gestandene Herren und keine einzige Frau. Das war anno 1971 durchaus normal und selbstverständlich – und ist heute undenkbar. Vieles hat sich seither verändert und weiterentwickelt. Die Verfasserin hatte zu diesem Zeitpunkt Abiturzeugnis und Führerschein in der Tasche, fühlte sich erwachsen – aber war es nicht. Erst mit 21 Jahren war man damals volljährig. Wenn man als jüngerer Mensch etwas kritisch hinterfragte, wurde man in seine Schranken verwiesen und deutlich darauf hingewiesen, dass man kein Mitspracherecht habe, weil man noch nicht mündig war. Beispielsweise wäre die Frage, warum dies eine »Männerveranstaltung« ist,

Ankunft der Honoratioren zur Ausstellungseröffnung im Andreasstift (17. April 1971), von links: Prof. Dr. Heinrich Lutz, Wien, Festredner; Bundespräsident Dr. Dr. Gustav Heinemann, Bonn; Oberbürgermeister Dr. Günter Kuhfuß, Worms; Archivrat Fritz Reuter, Worms.

äußerst ungebührlich gewesen. Unkritisch war unsere Generation aber keinesfalls, und im Rückblick muss man sagen, dass wir viel geändert und weiterentwickelt haben. Wo diskutiert wurde, waren wir präsent. Und natürlich haben wir im Juni im Spiel- und Festhaus das heftig diskutierte Theaterstück von Dieter Forte *Martin Luther & Thomas Müntzer oder Die Einführung der Buchhaltung* besucht.

Verschiedene Institutionen, die auch heute noch genauso aktiv sind wie 1971, brachten sich ein. Der Altertumsverein bot zahlreiche wissenschaftliche Vorträge an, ebenso das Institut für geschichtliche Landeskunde, wie auch die Gesellschaft für mittelrheinische Kirchengeschichte.

Im Heylshofgarten, am eigentlichen Verhandlungsort der Luthersache, wurde ein Denkmal errichtet, finanziert von der Fa. Procter & Gamble und ausgeführt von dem namhaften Wormser Künstler Gustav Nonnenmacher. Zwischen zwei Sandsteinsäulen ist ein Bronzerelief montiert, das die Fassade der verschiedenen Gebäude des Wormser Bischofshofes zum Schlossplatz hin zeigt und so den historischen Zustand dieser Örtlichkeit erklärt. Etwa an der Stelle, wo Luther »vor Kaiser und Reich« gestanden haben könnte, ist die Ansicht durch eine Vertikale, wie durch einen Blitz, auseinandergerissen. Dieses Denkmal ist heute genauso aktuell wie vor fünfzig Jahren. Es vermittelt dem Betrachter einprägsam die historische Situation, und es macht genauso deutlich, dass an dieser Stelle etwas ganz Besonderes passiert ist. Am Lutherdenk-

Stadtarchiv Worms, F 3067/2.

mal wurde eine Aktion durch den Galeristen Erwin Wortelkamp, Beindersheim, mit neuen Denkanstößen zu diesem Denkmal inszeniert. Es war die Zeit, in der die Aktionskunst »erfunden« wurde, um Menschen aufzurütteln und für Themen zu sensibilisieren.

Das Wormser Memorandum

Und dann gab es das Wormser Memorandum. Wie eine Bombe ist seine Veröffentlichung am 6. März 1971 eingeschlagen. In diesem Schreiben der führenden Wormser Katholiken an den damaligen Papst Paul VI. wurde um »ein klärendes Wort zur Person und Lehre Martin Luthers aus heutiger katholischer Sicht im Interesse der Vertiefung oekumenischer Arbeit« gebeten. Der Kommentar eines Wormsers mit Hugenottenabstammung, »Jetzt werden die Katholiken endlich vernünftig«, zeigt deutlich, wie dieser Schriftsatz damals die Gemüter bewegt hat. Dieses äußerst sachliche Schreiben war eine sehr gut durchdachte Aktion, die das offene und ökumenische Denken von mündigen und gebildeten katholischen Christen widerspiegelte, und hier sei stellvertretend der Name von Prof. Dr. Richard Wisser genannt. Manche Menschen haben damals gemeint, der Papst müsse jetzt den Kirchenbann von Martin Luther lösen, zumindest aber höchst persönlich ein Antwortschreiben verfassen und unterzeichnen. Deren Traum konnte natürlich nicht erfüllt werden. Aber gerade in Worms wurde mit dem Memorandum ein wichtiges Zeichen gesetzt und ein Schritt nicht nur zur Annäherung der Konfessionen, sondern zum Miteinander gewagt und damit zur Festigung des ökumenischen Denkens.

»Jetzt werden die Katholiken endlich vernünftig«, kommentierte ein Wormser mit Hugenottenabstammung.

Im Städtischen Museum im Andreasstift wurden verschiedene Ausstellungen gezeigt. Die Hauptausstellung *Luther – Wege nach Worms – Wege aus Worms* wurde im Kreuzgang, im weißen Saal und im ersten Obergeschoss präsentiert und war ein Besuchermagnet. *Wege nach Worms* war für diese Zeit ausgesprochen modern, mit minimalistischen grafischen Ausdrucksmitteln gestaltet. Das Team mit dem Mainzer Museumsdirektor Karl Heinz Esser und dem Künstler Werner Paritschke stellte das Reichstagsgeschehen und seine Vorgeschichte dar und zeigte zum einen zur Veranschaulichung prägnante Dokumente aus der Lutherzeit mit dem Schwerpunkt Druckgrafik, zum anderen wurden die inhaltlichen Zusammenhänge durch einfache grafische Formen wie farbige Kreise und Ecken visualisiert. Dieses Team sollte mit seinen neuen Gestaltungswegen in Worms 1981 noch einmal mit der Nibelungenliedausstellung Furore machen. *Wege aus Worms*, wofür Eckard Kronenberg vom Evangelischen Forum in Berlin verantwortlich zeichnete, zeigte anhand von Stichworten (z.B. »Bindung an das gedruckte Wort«, »Musiker«, »Gehorsam« und »Gehorsamsverweigerung«), wie Luthers Denken die Geschichte bis in unsere Tage geprägt hat.

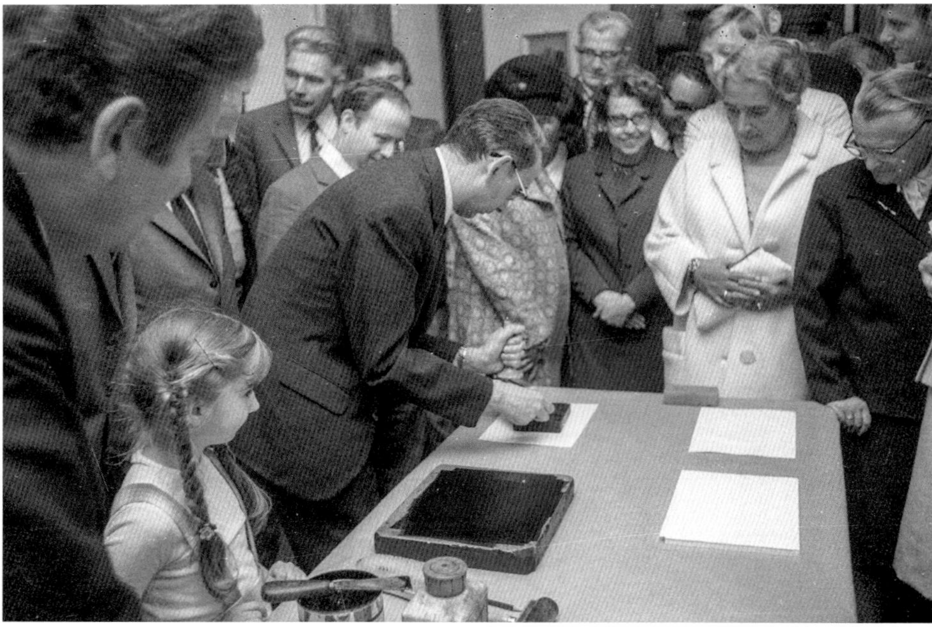

Oben: Druckvorführung mit den Krakauer Druckstöcken, Archivrat Reuter als »Drucker«.

Rechts: Aus der Lutherbibel *Biblia 1534* von Hans Lufft, Wittenberg, »Der Engel mit dem Mühlstein und das brennende Babylon«, mit der Darstellung des Wormser Doms.

Druckstöcke zur ersten Lutherbibel

In der Andreaskirche wurde zusätzlich eine Sonderausstellung gezeigt, nämlich *Holzdruckstöcke zur Illustration der ersten Lutherbibel 1534*. 106 Originale, die sich seit über 400 Jahren in der Universität Krakau, im Collegium Maius, befinden, durften als Leihgaben in Worms ausgestellt werden. Bei den 1971 herrschenden Verhältnissen zwischen den Westmächten und dem Ostblock – Stichwort »Kalter Krieg« – war das Zustandekommen dieser Ausleihe schon ein bemerkenswerter Akt auf höchster

Stadtarchiv Worms, 316/3082/12.

politischer Ebene. Aber man durfte nicht nur die Druckstöcke und einen Abdruck in den Vitrinen bestaunen, man konnte auch Originaldrucke anno 1971 mit nach Hause nehmen. Die Museumswerkstätten durften tatsächlich mit diesen Holzdruckstöcken auch drucken. An der Museumskasse, die sich für die Dauer der Ausstellungen im Kreuzgang befand, wurde eine Handvoll verschiedener, ständig wechselnder Motive zu einem äußerst günstigen Preis zum Verkauf angeboten. Hier wurde auch eine Sammelleidenschaft geweckt. Die Autorin konnte im Laufe etlicher Wochen 56 verschiedene Motive zum Taschengeldpreis ergattern. Später, 1972, wurde auch eine hochwertige Mappe mit Faksimiledrucken von acht verschiedenen Motiven für 20 Mark zum Verkauf angeboten.

Die erste Vollbibel mit Luthers Übersetzung wurde 1534 bei Hans Lufft in Wittenberg gedruckt. Martin Luther legte größten Wert auf eine gute Illustration, deswegen besuchte er auch die Lufft'sche Werkstatt und machte selbst genaue Angaben zu den Abbildungen. Wichtig war für ihn nicht nur die Übereinstimmung von Wort und Abbildung, das Bild musste gleichzeitig als theologische wie auch Glaubensaussage verstanden werden. So entstanden insgesamt 117 Illustrationen. 80 Motive beziehen sich auf das Alte Testament, und im Neuen Testament wurde vorwiegend die Apokalypse bebildert. Den Künstler selbst kennt man nicht, er wird aber mit Cranachs Umfeld in Verbindung gebracht. Diese Abbildungen wurden nicht nur für Luthers *Biblia 1534* verwendet, sondern auch für alle späteren Bibelauflagen, die bei Lufft gedruckt wurden. Gegen Jahrhundertmitte wurden die Druckstöcke nach Prag verkauft für tschechische Bibeldrucke, und dann gelangten sie nach Krakau für den Druck einer polnischen Bibel. Besonders interessant ist das Motiv *Der Engel mit dem Mühlstein und das brennende Babylon*, nach Offenbarung 18, Vers 21–23. In der brennenden Stadt, Babylon, ist eine Kirche dargestellt, die auf den ersten Blick an den Wormser Dom erinnert. Luther nahm Einfluss auf die Motive, und Worms, die heute gefeierte Lutherstadt, hatte er selbst wahrlich nicht in bester Erinnerung. §

Literatur

1521 – Luther in Worms – 1971, Ansprachen, Vorträge, Predigten und Berichte zum 450-Jahrgedenken, hrsg. von Fritz Reuter, Worms 1973; dort alle weiterführende Literatur.

Erinnerungen an Pfarrer Weil

ALOIS MARSCHALL

Meine Eltern, Ludwig und Christa Marschall, und wir Kinder, Beate und Alois, wohnten seit Mai 1951 in der Brunnerstraße 56 in Pfiffligheim und gehörten damit zur katholischen Pfarrei Maria Himmelskron in Hochheim. Den etwa 1,2 Kilometer weiten Weg zur Kirche bewältigten wir stets zu Fuß.

Die ersten wissentlichen Kontakte zu Pfarrer Weil hatte ich in den Kommunionstunden 1952/1953. Wahrscheinlich aus Kostengründen musste bzw. durfte ich mit meiner älteren Schwester zur ersten heiligen Kommunion gehen. Pfarrer Weil, der die Vorbereitungsstunden selbst hielt, achtete wie ein Lehrer (Pauker) darauf, dass alle Gebete, Psalmen, Lieder und Litaneien auswendig vorgetragen wurden. Wem das nicht gelang, der musste nachsitzen.

Pflicht war es, die heilige Messe am Sonntag zu besuchen, die Mädchen saßen rechts und die Jungen links in den Bänken. Am schwarzen Brett hingen Namensschilder aller Kinder, die man in einen vorbereiteten Behälter legen musste. Pfarrer Weil bemerkte jede Schummelei und befragte im nächsten Religionsunterricht die Schwänzer, warum sie nicht zur Messe gekommen waren und wer für sie das Namensschild in den Behälter gelegt hatte. Man musste eine Strafarbeit machen oder/und wurde recht schmerzhaft in die Wange gekniffen.

Nach dem Empfang der ersten heiligen Kommunion durften die Jungen Messdiener werden, wozu ich mich auch meldete. Da zu dieser Zeit die Messen im lateinischen Ritus gefeiert wurden, mussten wir die Stufengebete vom *Ad Deum qui laetificat* über das *Confiteor Deo omnipotenti* bis zum *Suscipiat Dominus sacrificium* alle auswendig lernen. Da ich die Lehrmethoden von Pfarrer Weil zur Genüge kannte, habe ich die lateinischen Gebete gebüffelt und konnte meistens die Messdienerstunde schon beizeiten verlassen. 1955 kam kurzzeitig der Neupriester Kaplan Paul Holler nach Hochheim. Er war auch für die Betreuung der Messdiener zuständig und fuhr mit uns einige Tage in die Jugendherberge nach Bad Dürkheim. Wir haben alle sehr bedauert, dass er so bald wieder wegmusste.

Pfarrer Weil beim Besuch im Zeltlager Ober-Absteinach 1960.

Erste heilige Kommunion 1953, Pfarrer Weil und Kaplan Friesenhagen.

Oft habe ich mich an der Kirche mit Freunden getroffen. Einmal sah ich Pfarrer Weill zu, wie er Spritzmittel für seinen Wingert auf seinem Fahrradanhänger verstaute. Er fragte mich, ob ich ihn begleiten wolle, was ich tat. Gemeinsam schoben wir das Fahrrad. Als wir angekommen waren, fragte er mich, ob ich schon mal ein Spritzgerät bedient hätte und ob ich dies überhaupt könne. Ich bejahte, und schon hatte ich das Gerät auf dem Buckel mit der Anweisung, rechts zu pumpen und mit links die Reben zu besprühen. Pfarrer Weil zündete sich unterdessen einen Villiger Stumpen an und sah mir genüsslich zu.

Aus der Messdienerschaft entwickelte sich die Katholische Jungmännergemeinschaft (KJG).

Um Gruppenstunden abhalten zu können, mussten wir Pfarrer Weil einen Raum abgewinnen. Irgendwann bot er uns den Kellerraum unter der Bühne des Jugendheimes an. Dieser war feucht und voller Unrat, Hühnerfutter etc. Wir räumten ihn aus, säuberten ihn und strichen Wände und Decke. Meine Eltern schenkten uns einen ausgedienten Wohnzimmerofen, und wir konnten somit den Raum beheizen und trocknen.

Als wir Werkzeug benötigten, ging einer von uns zu Pfarrer Weil und fragte ihn, ob er eine Beißzange hätte. »Guck, da vorne läuft eine!«, sagte er und deutete auf seine eigene Schwester, die ihm den Haushalt führte.

Es bildeten sich bald Jungschargruppen, und wir benötigten noch weitere Räumlichkeiten. Pfarrer Weil stellte uns daraufhin den Raum hinter der Bühne zur Verfügung. Dieser war ebenso feucht wie der Kellerraum und voller Unrat. Unter Mithilfe von Karl Kreuter, er war wie Pfarrer Weil ein versierter Maurer, legten wir den Raum trocken. Auch den Hofbereich brachten wir auf Vordermann. Des Weiteren durften wir auch die Bibliothek und den Saal benutzen. Den Saal haben wir in nächtelanger Arbeit auch neu gestrichen. Er wurde mit zwei Öfen beheizt, ein riesiger Kanonenofen stand an der Rückwand und ein kleiner Ofen auf der Bühne. Der Koks für die Feuerung lagerte im Kirchenkeller.

Pfarrer Johann Wilhelm Weil

Seminarist Johann Wilhelm Weil 1925 (1. v. l., stehend).

Johann Wilhelm Weil wurde am 9. Juni 1902 in Oppershofen bei Rockenberg/Wetterau geboren. Er machte Abitur im Alten Gymnasium Mainz; die Priesterweihe durch Bischof Hugo erfolgte am 24. März 1928. Weil war vom 21. Juni 1929 bis 15. Januar 1931 Kaplan in Liebfrauen in Worms, danach vom 1. März 1939 bis 1. Februar 1943 Divisionspfarrer bei der Wehrmacht. Ab 1. Oktober 1943 war er Pfarrkurator in Maria Himmelskron in Hochheim mit den Filialen Pfiffligheim und ab 1. Juli 1947 auch Leiselheim. Er blieb Pfarrer allda bis zum Tode am 29. August 1968.

Am Sonntag, 18. August 1929, verhinderte Kaplan Weil durch beherztes Eingreifen, dass das Pfarrhaus durch eine Horde kommunistischer Jugendlicher gestürmt wurde.

Nach den Bombenangriffen im Februar und März 1945 lag Worms in Schutt und Asche. 494 Wormser Bürger kamen in ihren zerstörten Häusern zu Tode. Trotz der Seuchengefahr waren Verwaltung und Bevölkerung wie gelähmt. Keiner machte sich an die Aufgabe, die Leichen zu bergen. Pfarrer Weil aber holte sich beim Stadtkommandanten die Erlaubnis und begann am 22. März, zwei Tage, nachdem die Amerikaner Worms eingenommen hatten, unter Mithilfe von 17 katholischen und evangelischen Hochheimer Männern mit den Bergungsarbeiten. Am 18. Juni meldete er die Einstellung der Arbeiten. Die Gefahr von Seuchen war somit von der Stadt und ihren Einwohnern abgewendet.

Für dieses Engagement wurde er 1967 mit der Freiherr-vom-Stein-Plakette geehrt.

Am 21. Februar 1945 wurde das Dompfarramt total zerstört. Auch hier bot Pfarrer Weil seine Hilfe an und nahm Propst Daus im Hochheimer Pfarrhaus auf. Er organisierte Kochgeschirr und Möbel und stellte den unteren Stock mit Küche und drei Zimmern zur Verfügung. Bis 15. Mai wohnte Propst Daus mit seiner Haushälterin in Hochheim.

Pfarrer Weil sorgte auch für eine bessere Verpflegung der gefangenen deutschen Soldaten. So forderte er die Übergabe des Exerzierplatzes auf der Hochheimer Höhe an Landwirte mit der Auflage, dass sie die Felder sofort bepflanzen mussten. Er besorgte für Hochheimer und Pfiffligheimer Bürger Brennmaterial und setzte sich für Wohnraumbeschaffung ein. Das Verhältnis zu seinem evangelischen Kollegen, Pfarrer Jobst Bodensohn, war so gut, dass er bei den Bauern Lebensmittel für ihn und seine Familie organisierte. Wo eine helfende Hand gebraucht wurde, war Pfarrer Weil da. Als 1949 die öffentliche Ordnung wiederhergestellt war, widmete er sich vor allem der Seelsorge.

Für seine Gemeinde war er in seiner gesamten Amtszeit unermüdlich tätig, Stichworte sind die Renovierung der Kirche, Erneuerung der Empore und Orgel, Neubau von Jugendheim und Bibliothek, ein neues Glockengeläut und anderes mehr.

In Würdigung seiner Verdienste wurde Pfarrer Weil am 2. September 1968 im Chorraum seiner Pfarrkirche beigesetzt. Zum 100. Geburtstag wurde ihm zur Ehre ein Teil der Celtesstraße in Pfarrer-Johannes-W.-Weil-Straße umbenannt.

Pfarrer Weil war eine außergewöhnliche Persönlichkeit.

Bei einer Stadtjugendmeisterschaft führten wir im Jugendheim ein Tischtennisturnier durch. Außerdem hatte unsere Handballmannschaft den Pokal der Stadt Worms gewonnen. Im Saal feierten wir den Sieg, und Pfarrer Weil beglückwünschte uns mit einer Flasche Messwein. Da eine Flasche zu wenig war, stibitzten wir eine zweite, und somit bekamen alle Jugendliche einen ordentlichen Schluck aus dem Pokal.

Über die Frauen meinte Pfarrer Weil einmal in einer seiner Predigten: »Wenn sie jung sind, sind das alles liebe Mädchen, später werden viele zu Gewitterösern« (wobei er dieses Wort in seinem unnachahmlichen oberhessischen Dialekt sprach), und die Gottesdienstbesucher lachten fast schallend.

Pfarrer Weil beendete seine Predigten oft abrupt und für die Zuhörer absolut unerwartet und überraschend. Zum Schluss meinte er dann: »Überlegt's euch mal – bis zum nächsten Mal – Amen!!«

An einem Sonntag im Winter führten wir für das Dekanat Worms einen KJG Tanzabend durch. Eine Kapelle wurde organisiert, Getränke und Essen wurden eingekauft. Samstagabends, als wir gerade mit Vorbereitungsarbeiten fertig waren, kam Pfarrer Weil und teilte uns mit, dass der Tanzabend nicht stattfinden könne und dass er uns kein Heizmaterial geben werde. Unseren Einwand, dass wir die Veranstaltung aus Zeitgründen nicht mehr absagen könnten und bereits Geld ausgegeben hätten, ließ er nicht gelten. Als er weg war, schlug ich vor, selbst für Heizmaterial zu sorgen. Sonntagmorgens, während des Hochamts, holte ich mit einigen Helfern Koks aus dem Kirchenkeller, und der Tanzabend war gerettet. Am darauffolgenden Sonntag ging bei der Predigt ein Donnerwetter auf uns nieder, etwa der Art: »Die bösen Diebe der katholischen Jugend Hochheim haben unseren kirchlichen Koks gestohlen.« Wir wurden alle ganz klein, und viele böse Blicke gingen in Richtung unserer Bank.

Ähnliches erlebten wir bei einem Tanzabend im Sommer. Die Veranstaltung war voll im Gange, da kam Pfarrer Weil und verlangte wutentbrannt, wir müssten aufhören. Einen Grund wollte er nicht nennen und verschwand wieder im Pfarrhaus. Wir machten natürlich weiter, bis plötzlich der Strom ausfiel. Ich ging ins Pfarrhaus und bat Pfarrer Weil, die Sicherungen zu überprüfen. Er antwortete, das sei nicht nötig, er habe die Sicherungen entfernt und wir bekämen keinen Strom mehr. Wir beratschlagten, was wir tun könnten, und ich schlug vor, irgendwie Strom zu beschaffen. In dieser Zeit war ich bei Elektro Knies in der Lehre und konnte dort zwei Kabeltrommeln und die nötigen Utensilien holen. Zurück im Jugendheim bat ich Frau Werz in der Keimstraße 1, dem Nachbarhaus des Pfarrhauses, ein Verlängerungskabel anschließen zu dürfen. Das Kabel führte ich ins Jugendheim und speiste den Strom in die Elektroverteilung ein. Wir hatten nun wieder Strom und der Abend war gerettet.

Einige Wochen später lud mich Pfarrer Weil ins Pfarrbüro. Bei dem Gespräch sagte er unter anderem: »Al-wis (Alois), ich muss dir meine Hochachtung aussprechen, das mit den geretteten Tanzabenden hast du clever gemacht.«

Wir führten nicht nur große Tanzveranstaltungen durch, sondern auch das Theaterstück »Blut und Liebe« sowie Zeltlager für verschiedene Altersgruppen. Mit der KFG, dem weiblichen Pendant zur KJG, feierten wir so manche Party in der Bibliothek.

Bei einem privaten Gespräch empfahl mir Hochwürden Weil, mich beruflich fortzubilden, da mein Schwiegervater in spe sonst einer Hochzeit nicht zustimmen werde. Ich nahm das sehr ernst und meldete mich für die Semester 1968/1969 bei der Meisterschule in Kaiserslautern an. Diese Investition hat sich ausgezahlt.

Aufräumarbeiten im Pfarrhof.

Mit Kirchenchor 1963.

Pfarrer Weil hatte so manche Eigenart, aber er war nicht nachtragend, war immer zur Hilfe bereit und hat einige Lebenswege mitgestaltet.

BEATE FLASSAK GEB. MARSCHALL

Etwas schmerzhaft war meine erste Begegnung mit Pfarrer Weil. Nachdem wir von Pfeddersheim nach Pfiffligheim umgezogen waren, gingen meine Eltern mit mir und meinem Bruder nach Hochheim, um uns beim Pfarrer vorzustellen. Für mich gab es zur Begrüßung den berüchtigten Wangenkneifer.

In den folgenden Jahren, wenn mich meine Mutter ins Pfarrhaus schickte, gab er mir immer jüdische Matzen zu essen mit der Bemerkung: »Typische Kriegsproduktion, du musst wachsen.«

In der Volksschule hatten wir Religion bei Pfarrer Weil. Als wir die Erschaffung der Welt in sieben Tagen behandelten, erklärte er uns, dass dies nur sinnbildlich zu verstehen sei; die Tage stünden für lange Evolutionsepochen.

Mein Bruder war Messdiener, gedient hat er auch wochentags, um 6 Uhr, noch vor der Schule. Da ich immer mit in der Kirche war, sagte eines Tages Pfarrer Weil zu mir: »Du liest alle lateinischen Gebete laut auf Deutsch vor, damit die Gottesdienstbesucher auch die Texte verstehen.«

Als ich schon in der Mädchen- und Jugendarbeit engagiert war, erzählte Pfarrer Weil uns bei einem Gruppenführerinnentreffen von seiner Zeit als Militärpfarrer im Zweiten Weltkrieg. Geistliche seien nur an einem kleinen Kreuz an der Uniform als solche zu erkennen gewesen. Katholisch oder evangelisch? Verschmitzt sagte er: »Bei Beerdigungen von Soldaten betete ich das Vaterunser.« Gerade, wenn die Soldaten dachten, er ist katholisch, habe er den heute gebräuchlichen Zusatz, »denn dein ist das Reich ...«, angefügt, sodass die Soldaten meinten: »Oh, doch evangelisch!« Pfarrer Weil, befreundet mit dem evangelischen Pfarrer Bodensohn, lebte Ökumene vor. Das passt gut zur Dom- und Lutherstadt Worms.

Noch eine Begebenheit zu seiner Hilfsbereitschaft: Ich war schon verheiratet und schwanger. An einem Sonntag warteten mein Mann und ich am Pfiffligheimer Friedhof auf den Bus, der nicht eintraf. Mit dem Auto kam Pfarrer Weil vom Gottesdienst in Leiselheim. Er hielt an und fragte, wohin wir wollten. Er war auf dem Weg nach Hochheim, um dort die Messe zu feiern. Trotzdem fuhr er uns zum Lutherplatz, damit wir den Bus nach Weinsheim erreichen konnten.

Heute weiß ich, wie sehr er mein Leben geprägt hat.

Hinter den Kulissen der Gegenwart – eine Bücherreise in den europäischen Osten

VON VOLKER GALLÉ

Für das Jahr 2021 hat der Kultursommer Rheinland-Pfalz das Motto »Osteuropa« ausgerufen. Bei der räumlichen Verortung eines Themas stellt sich immer die Frage, wer dazu gehört und wer nicht. Liest man die einschlägige Literatur, scheinen Begriffe wie Ostmitteleuropa oder Mittelosteuropa treffender zu sein. Vielleicht wird der Kultursommer aber auch Russland meinen, auch Armenien, Aserbaidschan und Georgien. Man wird sehen. Ich habe für meinen Blickwinkel den Raum zwischen Deutschland und Russland gewählt und dabei auch die baltischen Staaten hinzugenommen, die sich gegenwärtig gern nordeuropäisch verstehen, und finde auch den Kaukasus als Zwischenraum in Ergänzung betrachtenswert. Dabei weiß ich, dass damit auch Blicke unterbleiben, die insbesondere in Grenznähe ebenso spannend wären.

Dieses östliche Mitteleuropa wurde in den letzten Jahren vor allem durch zwei Raumnarrative geprägt. Das 2010 auf Englisch und zwei Jahre später auf deutsch erschienene Buch *Bloodlands* des amerikanischen Historikers Timothy Snyder beschreibt einen Gewaltraum Europas »zwischen Hitler und Stalin«. Der Galizienmythos dagegen rückt die vor allem literarisch beschworene polyethnische Toleranz der Landschaft um Lemberg vor dem Ersten Weltkrieg als Paradigma für den gesamten Osten Mitteleuropas ins Blickfeld. Unabhängig von solchen Schwerpunktsetzungen fällt auf, dass die in diesem Raum durch vielfache Migration entstandenen hybriden Kulturen im 19. und 20. Jahrhundert immer wieder durch politische Impulse des *nation building* in Gewaltexzesse gestürzt wurden. Der demokratische Aufbruch im letzten Viertel des 20. Jahrhunderts hat in der Gegenwart zunehmend begonnen, diese alten Muster unter dem Vorwand nationaler Selbstbestimmung neu zu inszenieren. Nur ein zwischen den Staaten ausgleichendes supranationales Dach wie Europa könnte ein friedliches Zusammenleben der Verschiedenen innerhalb und zwischen den Staaten dieses Raumes garantieren. Dieser notwendige Auftrag wird allerdings leider von vielen Bürger*innen leichtfertig unterschätzt.

Die Öffnung der Mauer im Jahr 1989 hat mir durch Reisen und Lesen die Augen für den europäischen Osten weit geöffnet. Das habe ich durchweg als kulturelle Bereicherung empfunden. Um das skizzierte Spannungsfeld dichter zu beschreiben, sollen ein paar ausgewählte Bücher vorgestellt werden, die mich begleitet haben.

Identitätsverwerfungen in Polen

Beata Halicka lehrt an der Universität Poznań (Posen) Kulturgeschichte Ostmitteleuropas. 2013 ist ihr Buch *Polens wilder Westen – Erzwungene Migration und die kulturelle Aneignung des Oderraums 1945–1948* erschienen. Gemeint sind die ehemals deutschen Ostprovinzen Schlesien, Ostbrandenburg und Hinterpommern, die 1945 zu polnischen Westgebieten wurden. Während die deutschen Bewohner größtenteils vertrieben wurden, siedelte man polnische Familien an, die aus dem Osten des Landes vertrieben wurden, weil diese Gebiete dem ukrainischen Teil der Sowjetunion zugeschlagen wurden. Diese doppelte Vertreibung führte im Oderraum zum einen zur Notwendigkeit, sich eine neue polnische Heimat zu erfinden und zum anderen zur zeitversetzten Wiederentdeckung der vorausgehenden deutschen Geschichte. Mittlerweile verknüpfen sich diese beiden Prozesse in der zweiten und dritten Generation der hier lebenden Bevölkerung zu einer überwiegend europäischen Orientierung. Das Buch von Beata Halicka erzählt diese Geschichte im Detail. Sie hat dazu auch 2019 im Rahmen der Dalberg-Akademie referiert.

Ein ähnlicher Befund findet sich bei **Stefan Chwin**, Literaturwissenschaftler und Schriftsteller in Gdańsk (Danzig), der in seinen Romanen und Essays polnisch-deutsche Geschichten erzählt. In einem Interview sagte er über den Wendepunkt seiner Perspektive auf seine Stadt: »Danzig war für meine Eltern eine unangenehme und hässliche Stadt, aber ich fing an, langsam ihre Schönheit zu entdecken.« (www.polenjournal.de) Das geschah vor allem über die Architektur und andere Spurenentdeckungen in der nur scheinbar »unsichtbaren Stadt« der Vorkriegszeit. Die Ethik der Ablehnung alles Deutschen habe nicht mit der Ästhetik des Vorgefundenen übereingestimmt. Aus dieser Spannung heraus entdeckte Chwin über sein Studium auch die deutsche Literatur und Malerei. Chwins bekanntester Roman heißt *Tod in Danzig* und ist 1997 auf Deutsch erschienen, mittlerweile in dritter Auflage.

Emilia Smechowski kam 1988 mit ihrer Familie nach West-Berlin. Da war sie fünf Jahre alt. Mittlerweile arbeitet sie als Reporterin für *Süddeutsche Zeitung* und *Die Zeit*. Mit ihrer kleinen Tochter kehrte sie 2018/2019 für vierzehn Monate nach Danzig zurück und schrieb das Buch *Rückkehr nach Polen – Expeditionen in mein Heimatland* darüber. Dabei beobachtet sie Verbundenheit wie Irritation, sowohl bei sich selbst als auch bei ihren Begegnungen. Im scheinbar kulturell homogenen Land besucht sie die muslimische Minderheit der Tataren, deren Frauen keine Kopftücher tragen. Ihr Großvater wurde nach zwei Schlaganfällen von einer Ukrainerin gepflegt. Und sie stellt fest: »Die Polen nehmen fast niemand auf, während nicht weniger als 2,4 Millionen Polen dauerhaft im Ausland leben.« (S. 113) Sie erzählt aber auch von Jacek Jaśkowiak, dem Stadtpräsidenten von Posen, »der sich gegen das rückwärtsgewandte und verlogene Frauenbild der Konservativen wendet.« (S. 91) Aber es geht auch um alltägliche Widersprüchlichkeiten, so, wenn sie nicht weiß, dass man als Mutter Dekomaterial für das Schmücken von Osterkörbchen in die Kita mitbringen muss. Ihre Tochter erleidet diesen Mangel schmerzhaft und die anderen Mütter, die im Dekowettbewerb stehen, sind erstaunt über dieses Nichtwissen: »Wahrscheinlich kommen sie gar nicht auf den Gedanken, dass es Menschen gibt, die ihr Kind zwar in ihre Kita schicken, aber nicht ihr ganzes Leben in Danzig verbracht haben.« (S. 62) Was für Reisende

Geheimnisse sind, sind für Daheimgebliebene Selbstverständlichkeiten. Es ist diese Position im Dazwischen der Reportagen, die das Buch lesenswert machen.

Lembergs Erinnerungsverluste

Lutz C. Klevemann ist Historiker und Journalist. Er schreibt u.a. für *Spiegel Online*, *Die Zeit* und *Newsweek*. Beim Ausbruch der Ukrainekrise 2014 reiste er erstmals nach Lwiw (Lemberg), danach noch mehrmals und hat 2017 das Buch *Lemberg – Die vergessene Mitte Europas* veröffentlicht. In den ersten Kapiteln erzählt er von der bis in die 30er-Jahre des letzten Jahrhunderts reichenden kosmopolitischen Moderne der heute westukrainischen Stadt, die sich sowohl in der Architektur als auch in der am Galizienmythos orientierten Literatur wie bei Joseph Roth widerspiegelt. Er stellt aber auch fest, dass die dunkle Seite politischer Verbrechen heute weitgehend vergessen oder aber vereinseitigt ist.

> »In Lemberg gibt es drei kollektive Gedächtnisse, die wenig miteinander gemein haben. Aufgrund oft gegensätzlicher Erfahrungen erinnern sich Polen, Ukrainer und Juden sehr unterschiedlich an die Stadt, die somit für jeden etwas anderes bedeutet. Jede Volksgruppe hat gelitten, selbst die Galiziendeutschen, die 1939 ihre Heimat verloren ... Mit Ausnahme der Juden war jede Volksgruppe mal oben und mal unten, Opfer und Täter zugleich.« (S. 153)

Der Staatsstreich von Piłsudski im Mai 1926 führte zur Missachtung von zuvor garantierten Minderheitenrechten der Ukrainer, Juden, Deutschen, Litauer, Weißrussen und Russen zugunsten einer monoethnisch und katholisch gedachten polnischen Nation. Nach dem Einmarsch der Sowjets 1939 folgten Deportationen und Ermordungen von Polen durch den NKWD. Ukrainische Milizen ermordeten unter der Herrschaft Nazideutschlands 1941 die Mehrzahl der Lemberger Juden. Viele russische Kriegsgefangene der deutschen Wehrmacht auf der Lemberger Zitadelle starben an Seuchen. Klevemann resümiert, er gehe nach seinen Recherchen durch die schöne Stadt mit anderen Augen. Eine komplette Sicht auf die Geschichte der Stadt im 20. und 21. Jahrhundert ist offenbar derzeit nur von außen möglich.

Ein Führerschein für Litauen

Felix Ackermann ist Kulturwissenschaftler mit Schwerpunkt Stadtanthropologie. Von 2011 bis 2016 lehrte er an der weißrussischen Exilhochschule in der litauischen Hauptstadt Vilnius (Wilna) und lebte dort mit seiner Familie. Über diese Zeit hat er ein 2017 veröffentlichtes Buch unter dem Titel *Mein litauischer Führerschein – Ausflüge zum Ende der Europäischen Union* geschrieben. Der schwierige Weg zu seinem Führerschein in dieser Zeit steht auch für seine Schwierigkeiten, sich in Litauen einzuleben und die wissenschaftliche Arbeit an der Exilhochschule zu gestalten. In einem Interview unterscheidet er die Stimmung in Litauen nach der Ukrainekrise von der in Deutschland. Die russische Annexion wird als potenzielle Bedrohung erlebt, was zu einer »dauerhaften Mobilmachung« in der Gesellschaft geführt habe. Das liege auch an der hier nahen russischen Propaganda, die ununterbrochen vom Ende des Westens geredet habe, vor allem mit Blick auf die Flüchtlingskrise.

Im Alltag von Vilnius sei die russische Sprache sehr präsent. Nicht zuletzt das zeige, dass Europa nicht ohne Russland gedacht werden könne. Bei seinen Stadtraumerkundungen trifft er beispielsweise auf eine Schneiderin, die ihm ihre Situation Anfang der 90er-Jahre und in der Gegenwart beschreibt:

»Die Litauer, die haben sich uns gegenüber wirklich schlecht verhalten. Sie haben nach der Perestroika lange auf uns herabgeblickt wie auf Menschen zweiter Kategorie. Früher waren wir in der Kantine immer zusammen essen: Litauer, Polen und Russen. Ich bin ja eigentlich Polin und Katholikin. Dann auf einmal haben sich im Betrieb alle auseinander gesetzt ... Als wäre Litauen nur für Litauer da. Meine Familie lebt ja schon seit Generationen hier, aber das zählte nicht. Jetzt ist das anders geworden. Ich kann ja immer noch nicht richtig Litauisch, und wenn mir ein Wort nicht einfällt, sage ich zu meinen Kunden: Entschuldigen Sie, ich misch mal ein bisschen mit Russisch, okay? Und dann sagen die Kunden: Ja, ist uns doch egal. Hauptsache, Sie machen Ihre Arbeit gut.« (S. 32)

Brückenstudien des Balkans

In seinem 1945 erschienenen Roman *Die Brücke über die Drina* erzählt der Literaturnobelpreisträger Ivo Andrić am Beispiel der Stadt Višegrad und ihrer Brücke über den Fluss Drina über das über vier Jahrhunderte dauernde Zusammenleben von Menschen unterschiedlicher ethnischer und religiöser Herkunft in der Region. Das Buch endet mit der Sprengung der Brücke im durch Nationalismen ausgelösten Ersten Weltkrieg. Im Verlauf des Bosnienkriegs 1992 bis 1995 kam es nach der Besetzung durch serbische Einheiten zu Vertreibungen, Vergewaltigungen und Morden an Zivilisten. Beide Moscheen wurden zerstört. In einem Vorwort zum 2016 erschienenen Reportagenband *Das helle Herz des Balkan* beschreibt der österreichische Schriftsteller Karl-Markus Gauß, wie der Nationalismus des 19. und 20. Jahrhunderts den »ethnisch ineinander verwobenen« Balkan zu einem sprichwörtlichen Alptraum hat werden lassen. Aber diese »düstere Zwangsvorstellung des Westens« könne sich wandeln, wenn die Balkanländer sich neu als »Brücke zwischen Orient und Okzident« erfinden könnten. Das Potenzial dazu steuern die Autoren des Bandes, **Nikolai Antoniadis** und **Nele Gülek**, durch ihre Reportagen aus Albanien, Mazedonien, Griechenland und der Türkei bei.

Entlang der Gräben in den Orient

Im Auftrag des *Spiegels* unternahm der Schriftsteller **Navid Kermani** eine Reise über Ostmitteleuropa in den Kaukasus, die er im iranischen Isfahan abschloss. Über seine Entdeckungen in Büchern und bei Begegnungen schrieb er 2018 die Reisereportage *Entlang der Gräben*. Die Mischung von Interviews und Hintergrundrecherchen ergibt ein differenziertes Bild, das für Autor und Leser auch ungewohnte Perspektiven eröffnet, so im Kaukasus mit seinen vielfach geschichteten Bezügen zu Europa wie zum Orient. Da ist der aserbeidschanische Schriftsteller Akram Aylisli, ehemals in seinem Land gefeiert und dann durch den auch in deutscher Übersetzung erschienenen Roman *Steinräume* in Konflikt mit der autoritären Regierung geraten, ein Beispiel für dissidentes Denken. Und da ist der 1905 im russischen Baku geborene jüdische Schriftsteller Lev Nussimbaum, der 1922 in Berlin zum Islam übertrat und sich Essad Bey oder Kurban Said nannte und zum Orientfachmann der Weimarer Republik wurde. Seine Biografie ist ein einziges Versteckspiel mit Identitäten. Er beobachtet, dass Kriegsschauplätze oft nach dem Ende der Gewalt zu Orten werden, die Erinnerung systematisch verhindern. Als besonderes kulturelles Potenzial Europas sieht er den Denkansatz, die Geschichte von Orten nicht zu leugnen, ihre Vielfalt nebeneinander bestehen zu lassen und damit auch die Gegenwart als Entwurf zu charakterisieren, der sowohl Neues schafft als auch seinerseits irgendwann Teil der Vergangenheit werden wird.

Im Sommer 2021 soll in Berlin das von einer Bundesstiftung getragene »Dokumentationszentrum Flucht, Vertreibung, Versöhnung« eröffnet werden, das sich mit Zwangsmigrationen im 20. und 21. Jahrhundert in Europa beschäftigen und auch Flucht und Vertreibung von Deutschen in diesem Kontext vermitteln soll. Dass das kein leichtes Unterfangen ist und auch so etwas wie einer der Prüfsteine für eine auf staatlicher wie persönlicher Ebene wirksame europäische Verständigung zeigt ein Text, den der polnische Schriftsteller Andrzej Stasiuk 2016 in der *Zeit* veröffentlicht hat:

> »Nicht ausgeschlossen, dass wir nie Europäer sein wollten. Reichte uns doch kaum die Kraft, um unser Polentum, Ungarntum, Slowakentum zu verteidigen [...] Europa? Ach, das ist eine Flause der Reichen und Gelangweilten. Etwas wie Trabrennen oder Slow Food. Wir hier müssen einfach überleben. [...] Ich denke, wir sind müde. Seit Jahren sind wir wie im Wettlauf mit der Welt. Im Wettlauf mit dem Westen. [...] Im Grunde genommen waren wir zwischen zwei Räumen gefangen. Asien wollten wir nicht sein, aber Europa konnten wir nicht sein, weil Europa schon ›besetzt‹ war. Da war kein Platz für uns.«

Stasiuks ruppige Melancholie des Zerfalls interessiert den Westen, was seine wachsende Leserschaft u.a. in Deutschland zeigt. Man darf seinen europäischen Untergangsfantasien nicht Recht geben, aber man muss ihm Respekt zollen, indem man das Gespräch nicht nur mit ihm, sondern mit den vielen unterschiedlichen Menschen im Osten und den anderen Himmelsrichtungen bewusst sucht und dafür sozial stabile Räume über eine lange Zeit ermöglicht. Das wäre dann auch ein sinnvoller Auftrag für eine deutsche Kulturpolitik im europäischen Kontext.

Buchliste

BEATA HALICKA, *Polens wilder Westen*, Paderborn, 2. Auflage 2016.
STEFAN CHWIN, *Tod in Danzig*, Reinbek, 3. Auflage 1999.
EMILIA SMECHOWSKI, *Rückkehr nach Polen*, Berlin 2019.
LUTZ C. KLEVEMANN, *Lemberg*, Berlin 2017.
FELIX ACKERMANN, *Mein litauischer Führerschein*, Berlin 2017.
NIKOLAI ANTONIADIS / NELE GÜLEK, *Das helle Herz des Balkan*, Wiesbaden 2016.
NAVID KERMANI, *Entlang der Gräben*, München 2018.

Wolfgang Kollig wanderte mit Sohn Mathieu und dessen Ehefrau Yanegsi Garcia Angarita die Strecke nach, die seine Mutter mit ihm als kleinem Kind bei Kriegsbeginn gelaufen war.

Auf den Spuren der Mutter im Krieg

Wolfgang Kollig wanderte mit Sohn und Schwiegertochter von Rügen nach Swinemünde

ULRIKE SCHÄFER IM GESPRÄCH MIT WOLFGANG KOLLIG

Vom 4. bis zum 18. August 2019 wanderte Wolfgang Kollig, in Worms als engagierter Pax-Christi-Aktivist und Mitbegründer des Weltladens bekannt, mit seinem Sohn Mathieu und seiner Schwiegertochter Yanegsi Garcia Angarita durch die Küstenlandschaft Vorpommerns.

Wie kam es denn zu dieser Wanderung?

WOLFGANG KOLLIG Meine Mutter stammt aus Swinemünde (Świnoujście), genauer gesagt aus dem Stadtteil Osternothafen (Chorzelin), der auf der anderen Seite der Swine liegt, und hat die abenteuerliche Geschichte ihrer Evakuierung nach der Bombardierung der Stadt am 12. März 1945 ausführlich

Foto: Kollig.

Die Kirche in Zirkow, wo der Urgroßvater Wolfgang Kolligs lebte.

für uns aufgeschrieben. Da ich viel und oft wandere, hat mich mein Sohn Mathieu auf die Idee gebracht, gemeinsam mit ihm und seiner Frau den Weg meiner Mutter von Binz nach Rügen, das sind insgesamt 116 Kilometer, nachzuvollziehen. Mathieu hat auch alle Vorbereitungen getroffen, Züge rausgesucht, Unterkünfte gebucht, Wanderwege sondiert.

Hat deine Mutter den Luftangriff miterlebt?

KOLLIG Nicht direkt. Sie war an diesem Tag mit ihrer Schwester per Rad nach dem etwa 23 Kilometer entfernten Warnowo gefahren. Als sie zurückkamen, war die einst so schöne Stadt, beliebtestes Seebad der Insel Usedom, Festungsstadt und kriegswichtiger Hafen, vollständig zerstört. Man schätzt, dass dabei um die 20 000 Menschen ums Leben kamen. Genau lässt es sich nicht sagen, weil im Frühjahr 45 die Stadt überfüllt war mit Zehntausenden Flüchtlingen aus Ostpreußen, Danzig und Pommern, die ihre Heimat aus Angst vor der Roten Armee verlassen hatten. Viele der Toten wurden auf dem Golm, der höchsten Erhebung Usedoms, in Massengräbern bestattet. Es ist eine der größten Kriegsgräberstätten in Deutschland und heute eine Gedenkstätte. Als wir jetzt in Swinemünde waren, war ich mit dem Fahrrad dort. Es war ein sehr eindrucksvolles Erlebnis.

Foto: Kollig.

Nach der Bombardierung wurden Frauen mit Kindern unter drei Jahren evakuiert, auch deine Mutter, denn du warst damals schon auf der Welt.
KOLLIG Ja, ich war zwei Jahre alt. Wir wurden auf die Insel Rügen verschickt. Mein Großvater Kosemund stammte von dort, und seine Schwester lebte damals in Binz. Bei unserer Wanderung haben wir auch das Grab meines Urgroßvaters in Zirkow aufgesucht.

Es war eine schreckliche Zeit. Deine Mutter schreibt in ihren Erinnerungen, dass die Rote Armee Rügen Anfang Mai erreichte und Angst und Schrecken verbreitete. Männer wurden abgeführt, Frauen vergewaltigt. Warum machte sie sich dann wieder mit dir auf den Heimweg?
KOLLIG Nach den Bestimmungen des Postdamer Abkommens hätte die Grenze Deutschlands östlich von Swinemünde verlaufen müssen. Deshalb forderten die Behörden Anfang Juni meine Mutter auf, wieder nach Hause zurückzukehren. Bis zu dem Rügener Hafenstädtchen Altefähr kam sie mit dem Zug voran. Ab dann ging es zu Fuß über den stark beschädigten Rügendamm nach Stralsund. Dort stand ein angeblich fahrbereiter Güterzug, der 48 Frauen und Kinder, darunter fünf Säuglinge, in die Heimat bringen sollte. Aber eine Woche lang passierte nichts, und alle litten Hunger. Meine Mutter hatte Glück, dass ein Onkel in Stralsund wohnte. Er war Metzger und musste für die Russen schlachten. Deshalb hatten wir wenigstens etwas zu essen.

Als der Zug endlich losfuhr, machte er auf einem Abstellgleis Halt.
KOLLIG Ja, dort gab es dann auch kein Trinkwasser mehr. Die Russen, die ja das ganze Gebiet besetzt hielten, hatten es abgestellt. Zwei Säuglinge sind gestorben.

Ihr habt zum Gedenken an diese Kinder Astern auf dem Stralsunder Bahnhof gepflanzt.
KOLLIG Ja, Mathieu überraschte mich mit dieser Idee. Ich muss sagen, das war wirklich der bewegendste Augenblick unserer Reise in die Vergangenheit.

Der Tod dieser beiden Kinder veranlasste meine Mutter und eine Frau aus Zinnowitz mit zwei Töchtern – heute weiß ich, dass sie Ursula Brassat hieß –, sich zu Fuß auf den Weg nach Hause zu machen. Sie kamen am ersten Tag nur bis Brandshagen (11 km), weil ein Rad meines Kinderwagens abgebrochen war. Der Bürgermeister wies ihnen zur Übernachtung das ausgeplünderte Pfarrhaus zu, das weder Fenster noch Türen hatte. Sie mussten auf dem nackten Fußboden übernachten. Erst spät am nächsten Abend kamen sie im unzerstörten Greifswald (24 km) an, wurden von freundlichen Menschen aufgenommen und mit köstlichem Essen bewirtet. Meine Mutter schrieb: »Wir kamen uns vor wie im Schlaraffenland.«

Ihr, du, Mathieu und Yangesi, seid auf der gepflasterten alten B 96 nach Greifswald gewandert, und du hast erzählt, dass dies eine faszinierende Erfahrung gewesen sei.
KOLLIG Das stimmt. So etwas gibt es hierzulande ja nicht mehr. Durch Greifswald hat uns übrigens Prof. Erwin Rosenthal geführt, der wie meine Mutter und ich in Swinemünde geboren wurde und heute in Greifswald lebt.

Zum Gedenken an die beiden Säuglinge, die damals in dem Zug starben, pflanzten Kolligs Astern auf dem Bahngelände.

Zur Vorbereitung auf unsere Reise hatte ich sein Buch über Swinemünde gelesen und Kontakt mit ihm aufgenommen. Er berichtete uns unter anderem von der kampflosen Übergabe der Hansestadt durch Oberst Rudolf Petershagen am 30. April 1945 an die Rote Armee. Das fanden wir bemerkenswert und haben mit Prof. Rosenthal die Tafel mit den Rettern Greifwalds im Rathaus besucht. Übrigens hatte unser freundlicher Führer auch ein Pressegespräch für uns arrangiert. Am 15. August erschien ein großer Bericht mit mehreren Fotos in der *Ostsee-Zeitung*.

Von Greifswald ging es weiter nach Wolgast (28 km), das auch Tor zur Insel Usedom genannt wird. Deine Mutter schreibt, dass ein sowjetischer Passierschein nötig war, um die Peene zu überqueren, den sie erst nach mehreren Anläufen bekam. Auch der Kommandant der Fähre habe sie erst nach einigen Diskussionen mitgenommen.

KOLLIG Das war alles offenbar sehr schwierig. In Zinnowitz trennte sich meine Mutter dann von ihrer Begleiterin und ihren beiden Kindern und legte die Strecke nach Zempin allein zurück. Ursula Brossat meldete sich nach dem Bericht in der *Ostsee-Zeitung* bei mir und ergänzte die Erzählungen meiner Mutter durch eigene Erinnerungen.

Die letzten 28 Kilometer von Zempin nach Swinemünde habt ihr beiden mit dem Zug zurückgelegt. Wie hat deine Mutter ihre alte Heimat vorgefunden?

KOLLIG Sie hatte zunächst große Schwierigkeiten, nach Osternothafen zu gelangen. Glücklicherweise kannte sie einen Polen, dem ihre Eltern mal einen Gefallen getan hatten. Er überzeugte den polnischen Fährmann, sie mitzunehmen. Ihre Eltern und ihre Schwester Gertrud waren aber zwischenzeitlich mit dem Schlepper »Sturm« nach Westen geflüchtet. Das Elternhaus war von den Russen besetzt und in eine Art Krankenstation umfunktioniert.

Foto: Kollig.

Es sah ziemlich verwahrlost aus. Meine Mutter hielt sich deshalb nicht lange dort auf und machte sich wieder auf den Weg nach Rügen.

Sie war bei der Tante in Binz und hielt sich zeitweilig auch in der etwas über 30 Kilometer entfernten Gemeinde Rambin bei Bekannten auf.

KOLLIG Die hatten vier Kinder, und sie half dort ein bisschen aus, um sich ihr Essen zu verdienen. Eines Tages, im August 45, stand ein fremder Mann vor der Tür. Das war mein Vater Hubert, der aus englischer Gefangenschaft heimgekehrt war. Weil er sie in Swinemünde nicht vorgefunden hatte, vermutete er ganz richtig, dass sie auf Rügen war. Mein Vater, der gebürtig aus Mayen in der Eifel war, hatte meine Mutter übrigens kennengelernt, als er bei der Marine in Swinemünde eingesetzt war.

Ehe wir noch einmal zu eurer Pilgerfahrt kommen: Die eigentliche Flucht deiner Eltern und der Großeltern Kosemund, die zwischenzeitlich wieder aus Kiel nach Rügen zurückgekehrt waren, folgte aber erst noch, denn am 5. Oktober 1945 wurde Swinemünde polnisch.

KOLLIG Die ganze Familie machte sich Ostern 1946 auf den Weg nach Mayen, wo noch die Eltern meines Vaters lebten. Wir sind dann später nach Bingerbrück gezogen, das als wichtiger Verkehrsknotenpunkt im Herbst 1944 immer wieder Ziel von Luftangriffen der Alliierten geworden und völlig zerstört war. Eltern und Großeltern fassten in der Zeit des Wiederaufbaus allmählich Fuß, und ich bin dort aufgewachsen.

Du bist 1989 noch vor der Wende und dann noch einmal 1992 auf Rügen gewesen und kanntest die alte Heimat schon ein bisschen. Deine Mutter selbst war ja, begleitet von dir oder deinen Kindern, später mehrfach wieder dort bei Klassentreffen. Diese Wanderung aber war sicher etwas Besonderes, auch im Gedenken an Mutter und Großmutter. In der Ostsee-Zeitung *wird Mathieu sinngemäß zitiert: »Meine Großmutter war 23 Jahre, als sie diese Strapazen tapfer durchgestanden hat. Sie war eine sehr starke Frau, die größten Respekt verdient.«*

KOLLIG Ja, das stimmt. Freiwillig hat sie das allerdings nicht gemacht. Der Krieg macht so etwas mit den Menschen. Damals wie heute. Mich wundert, dass das oft vergessen wird.

Erwähnte Literatur

RUDOLF PETERSHAGEN: *Gewissen in Aufruhr* (autobiografischer Bericht über die kampflose Übergabe von Greifswald)

ERWIN ROSENTHAL: *Swinemünde/Świnoujście: 250 Jahre deutsche und polnische Geschichte.*

Volksbund Deutsche Kriegsgräberfürsorge (Hrsg.): *Der Golm und die Tragödie von Swinemünde.*

WILFRIED DABISCH

Nibelungen im Rhein

In Worms am wunderschönen Rhein
Erzählen manche Leut'
Von einem seltsamen Stelldichein,
das sich ereignen mag heut'.
Vater Rhein, wird gemunkelt,
ließ ab und an geschehen,
wenn dichter Nebel,
es längst gedunkelt,
dass die Nibelungen auferstehen.
Ich, nachhakend, wurde verwiesen
An Eheleut' auf der Fischerwääd,
trug vor mein Begehren diesen,
fragte, wie's um die Sache steht.
Skepsis des Pärchens bald verwischt,
freundlich hieß es: Herein
Brezeln wurden aufgetischt,
getunkt in mundigen Wein.
Wir plauderten, wie zu Beginn man plaudert,
tat mich an dem Backwerk gütlich,
mit Nachschenken wurde nicht gezaudert.
Ach, war's in der Küche gemütlich!
Tja, wertgeschätzter, junger Mann,
Sie also interessiert, ob etwas dran,
an dem Sermon, der kursiert.
Denke, auf Sand ist er nicht gebaut,
doch kann auch nur weitergeben,
was Urgroßvater mir darüber anvertraut,
denn er durfte alles erleben.
Es wurde viel erzählt, gelacht
Und vier Bouteilles dabei geleert.
Frau Kerk hatt' bei Zeit sich davon gemacht,
hat das meiste wohl schon öfter gehört.
Wir trennten uns, da schon der Morgen graute,
ich tauchte ein ins Laternenlicht.
Herr Kerk rief mir nach, als winkend ich zurückschaute:
»Nun kennen Sie die Geschicht'.
Hab alles erzählt, nichts ausgelassen,
wie Sie's ausloten – Ihr Pläsir,
und schwirren Sie mal wieder durch unsere Gassen
sind gern gesehen hier!«
Ich verbringe nun oft, wenn er ansteht,
(denn wir sind Freunde inzwischen),

meinen Urlaub bei Kerks auf der Fischerwääd
und am Rhein mit Lesen und Fischen.
Gleichgültig reiht die Zeit Jahr an Jahr
Und ich wurd' heuer wie einst aufgenommen.
Ach, danke innigst dem Paar
für ihr stets »Herzlich willkommen!«
Beim wievielten Mal? Hab's vergessen,
da ich Ferien bei den Staren verbracht
und wieder am Rhein gesessen
in frühherbstlich nebliger Nacht;
stromaufwärts, kurz vor dem Bogen,
wo ein Seitenarm träg einmündet,
Wellen plätschern, rhythmisch wogen,
Schilf im seichten Wasser gründet.
Allein – in Schwarz gehüllt,
kein Stern zum Entzücken;
sichelnder Monde, nicht gewillt
hinter Wolkenketten hervorzublicken.
Da unvermittelt, ängstigend Getöse!
Wer vernahm Wasser je rabenhaft krächzen,
gequält schreien, fauchen böse,
jammern, heulen, jaulen, ächzen?
Urplötzlich teilte der Nebel sich,
als sei ein Vorhang aufgesprungen
und da – anmutend schauerlich,
Flussmitte – die Nibelungen!
Man sieht einen monströsen Drachen,
blutend aus geschlagenen Wunden
ziehen vertäute Nachen,
die, wie unsichtbar, aneinandergebunden.
Auf ihnen stehen die Gestalten,
deren Leben Stoff der ältesten Sage,
die, von Sängern lebendig gehalten,
erzählt wird bis in unsere Tage.
Den Anfang macht Siegfried, der kopfnickend betrachtet
An seiner Hand den fluchbeladenen Ring,
weil der Fluch, den er trotz Warnung missachtet,
wie Alberich orakelte, in Erfüllung ging.
Es folgen Gunther, der in Worms gethront,
Gernot, Giselher, die ihm zur Seit' gesessen,
und die alle drei wurden belohnt
vom Schicksal, ihren Taten angemessen.
Nach dieser Trias – Kriemhild im Liede
Leergeweinten Auges sie blickt
Auf das grüne Hemd, dem mit gelber Seide
Gut sichtbar ein Kreuz aufgestickt.
Nicht genug an Kummer und Harm,
dass der Gatte ihr verloren,

muss halten auch im Arm
den Enthaupteten, den sie Etzel geboren.
Nächst erfüllt von der Tochter Jammer,
Mutter Ute, die, um nur noch zu trauern,
den Hof vertauschte mit einer Kammer
in Lorsch hinter Klostermauern.
Dritte Frau in Folge ist
Brunhild aus dem hohen Norden,
die, weil gefreit mit List
aus Rache angezettelt das Morden.
Aufrecht steht sie, trotz entehrendem Geschick,
das Ruder fest in der Hand.
Sehnend gerichtet der Blick
gen Norden, gen Isenland.
Und nun, der das Unheil forciert,
der den Xantener gemeuchelt beim Jagen
vom Helm bis zur Sohle blutverschmiert,
schlimmster derer von Tronje Hagen.
Unanfechtbar wie Basalt,
ein Grinsen, das Bände spricht,
verbliebendes Aug' so kalt,
dass es in die Seele sticht.
Matt glänzt hinter dem Unhold verfrachtet,
was rechtmäßiger Erbin er abgerungen,
dann als Eigentum betrachtet,
den Hort der Nibelungen.
Der größte Schatz, den es je gab,
soll versinken im Rhein, hat's geschworen.
Und wo? Behielt es für sich bis ins Grab.
So ging die Kostbarkeit der Nachwelt verloren.
Skelettiert schwimmen vorbei,
die im Drama der Burgunden
für Liebeswahn und Raserei
am Donaustrand den Tod gefunden.
Volker von Alzey ist letzter;
Seine Fidel liegt zerschmettert im Boot.
Dieserart – stumm – den Schlussakkord setzt er
Unter das Lied: Der Nibelungen Not.
Dem Zuge nach so lang ich äugte,
vom Plätzchen mir erkoren.
Bis im Nebel, der ihn zeugte,
peu à peu er sich verloren.
Als ich zu gehen mich schickt' an,
weil nichts mehr sich ereignet hat,
auf kleinen Wellen schwappt heran
zu Füßen mir ein Lindenblatt.
Das Kleinchen konnte mich bewegen,
wie ein Geschenk es nach Hause zu tragen,

um dort, getrocknet, es zu legen
in mein Buch der Heldentaten.
Ging dann zu Bett, aber Schlaf mitnichten,
endlos dehnten sich die Minuten,
stand wieder auf, Gedanken zu beschwichten
mit 'ner Flasche von dem Guten.
Morgens Herr Kerk: »Nicht verübeln,
aber Sie gucken heut' wie am Rebstock die Laus!
Nicht immer am großen Bach rumgrübeln,
ruh'n Se mal zwei Nächte aus!«
Hat ja recht, unstreitig, der liebe, gute Mann,
aber – anderseitig ein gewisser Schubs und dann
muss ich in Stromes Nähe weilen,
um vielleicht zu erfühlen,
gar zu erlauschen, was mitteilen seine Wasser,
die den Sand durchspülen.
Und sollt' gelingen mir zu verstehen,
was er »pischpert«, Vater Rhein,
möglich, dass wir uns dann wiedersehen
bei Dichtung und Wonnegauer Wein.

Wilder Wein

Felder, alle abgeräumt,
weit fort vom Bau die Jungen.
Störche ziehen, Kelter schäumt,
Erntedank gesungen.
Doch nichts stimmt mich so herbstlich ein,
Wie rötet sich der wilde Wein.
Bäume gestern noch Laubes voll,
stehen heute gelichtet,
ihr Grün, das Knospen jüngst entquoll,
im Staube liegt's, vernichtet,
und schwächer werdender Sonnenschein
küsst nachmittags den wilden Wein.
Gen End mit welchem Farbenspiel
Bezaubert jedes Blatt,
beschert noch einmal Glücksgefühl,
o Auge, trink dich satt,
denn lange wird das nicht mehr sein
schon welkt die Pracht am wilden Wein.
Da was entsteht, vergehen muss,
wir immer Abschied erben.
Und weil nach Sommers Überfluss
Roden naht und Sterben,
Mahnt mich an mein begrenztes Sein
Fällt sacht das Laub vom wilden Wein.

»Dort waren wir die Deutschen, hier sind wir die Russen«

Eine Dekade aus der bewegten und bewegenden Lebensgeschichte der Ida Kupser

AUFGESCHRIEBEN VON ANNE MICHEL

Das Dorf Schazi in der Ukraine im Juli 1943. Friedlich schläft die zwei Monate alte Ida in ihrem Körbchen. Von der hektischen Betriebsamkeit um sie herum bekommt sie wenig mit. Ihr dreijähriger Bruder und die fünfjährige Schwester verfolgen das für sie rätselhafte Geschehen mit großen, angstvollen Augen.

Die gesamte Dorfgemeinschaft ist in Aufruhr. Verzweiflung, Unsicherheit, ja Panik macht sich breit. Höchste Eile ist geboten, denn die Rote Armee steht einmarschbereit an der ukrainischen Landesgrenze.

Idas Vorfahren kamen ursprünglich aus Kandel. Sie waren, wie so viele andere, dem Ruf des Zaren Alexander I. gefolgt. Gründungstag der schwarzmeerdeutschen Kolonien im Umkreis von Odessa ist der 17. Oktober 1803.

Die Eltern Ferdinand und Lydia, Schwester Adelina und Bruder Franz Ida in Schatzi, Ukraine. Ida ist damals zwei Monate alt, 1943.

So steht es in den Geschichtsbüchern. Der Monarch kaufte in der dortigen Umgebung für die Einwanderer geeignetes Land an.

Insgesamt wurden ca. 80 000 Hektar Grund und Boden an die Neuankömmlinge verteilt. Die Menschen siedelnden in verschiedenen eigenständigen Ortschaften. Sie lebten, in einer von Landwirtschaft und Viehzucht geprägten Region, von dem Ertrag ihrer Hände Arbeit.

Idas Familie wohnte glücklich und zufrieden in einem kleinen Dorf Schazi. Die nächstgrößere Stadt, Mannheim, war gerade mal ca. 30 Kilometer entfernt. Bis nach Odessa waren es ungefähr 80 Kilometer.

Die Oktoberrevolution 1917 veränderte das Leben in der deutschen Kolonie grundlegend. Mit dem Wechsel des politischen Systems wurde aus dem kleinen Dorf eine Kolchose. Alle Güter, die nach dem Gutdünken der Bolschewiken die Grenze der erlaubten persönlichen Besitztümer überschritten, wurden beschlagnahmt und einem anderen Zweck zugeführt. Eine Entschädigung bekamen die fassungslosen Dörfler nicht. Gegen die immer wiederkehrenden, willkürlichen Maßnahmen zu protestieren oder gar Beschwerde einzulegen, hätte die Lebensumstände der Menschen zusätzlich verschlimmert.

Trotzdem lebten die deutschstämmigen Dorfbewohner, fleißig wie sie waren, vergleichsweise angenehm. Sie ernährten sich von dem, was sie anbauten. Der Familienverband hatte sich mit der neuen Situation arrangiert, arbeitete wie gewohnt weiter und brachte es zu einem kleinen Wohlstand.

Die deutsche Wehrmacht übernimmt

1941 marschiert die deutsche Wehrmacht in die Ukraine ein, besetzt sie und übernimmt die Verwaltung des okkupierten Gebietes.

Idas Onkel ist Buchhalter und arbeitet bei den Deutschen. Infolgedessen erfährt die Familie sehr früh, dass die Wehrmacht für den Juli 1943 den vollständigen Rückzug ihrer Truppen und die komplette Evakuierung der deutschstämmigen Bevölkerung plant. Seitdem herrscht unter den Dorfbewohnern und allen Schwarzmeerdeutschen Verwirrung und helle Aufregung.

Tatsächlich wird dann auch angeordnet, umgehend die bewegliche Habe zusammenzupacken und sich dem Treck anzuschließen, der schon bald die seit 200 Jahren hier ansässigen Deutschen zurück in die Heimat der Vorfahren geleiten wird.

Idas Familie rafft in fieberhafter Hast Hab und Gut zusammen und verlädt alles auf Karren und Wägen. Hühner und anderes Kleinvieh werden geschlachtet. Alles was sich in der Küche, dem Keller und den Vorratsspeichern findet, wird als Proviant mitgenommen.

Niemand vermag zu wissen, wohin die Reise führt oder wie lange sie dauern wird. Verzweifelt und weinend nehmen die Menschen Abschied von ihren Wohnungen, Höfen und ihrer angestammten Umgebung.

Besonders hart trifft es Idas Großeltern. Ihr Haus wurde erst vor wenigen Wochen fertiggestellt. Überaus stolz hatten Opa und Oma das neue Domizil bezogen und das Ereignis mit einem großen Fest gefeiert, an dem das ganze Dorf teilnahm. Und jetzt, nur einige Monate später, ist das alles Geschichte, Vergangenheit. Die Menschen werden gezwungen, ihre Heimat zu verlassen, ihr Lebenswerk aufzugeben und sich auf den langen, beschwerlichen Weg in eine unsichere Zukunft zu begeben.

Die einjährige Ida mit ihren Geschwistern im Warthegau, 1944.

Die erste Etappe der strapaziösen Flucht führt nach Polen in den Warthegau (von 1939 bis 1945 im Verband des Deutschen Reichs). Den Kindern, den Alten und Gebrechlichen ist es erlaubt, sitzend oder liegend auf den Karren mitzufahren. Alle anderen Personen bewältigen die lange Strecke zu Fuß.

Viele Wochen sind sie im Bombenhagel unterwegs. Einmal, nachdem sie eine Brücke passiert haben, wird sie vor den Augen der entsetzten Menschen gesprengt.

Hunger, Angst, Tod und Verzweiflung sind die ständigen Begleiter auf diesem Flüchtlingstreck.

Endlich erreichen die entkräfteten Flüchtlinge Polen. Dort werden sie auf Züge verteilt und in den Westen des Deutschen Reiches gebracht.

Idas Familie strandet in Meisdorf im Harz. Sie haben Glück im Unglück: Sie kommen bei einem freundlichen Bauer unter, bei dem sie, dem lieben Gott sei Dank, eine auskömmliche Arbeit bekommen.

Sogar Idas Vater findet seine Angehörigen dort wieder. Er ist wegen eines Nierenleidens nicht mehr kriegsfähig und vorzeitig aus der Wehrmacht entlassen worden. Zwei verhältnismäßig angenehme Jahre verbringen sie in dem kleinen Ort. Der Krieg hat das beschauliche Meisdorf bisher verschont.

Verschleppung in die Taiga

Dann schlägt das Schicksal abermals erbarmungslos zu.

Erneut steht die Rote Armee einmarschbereit vor den Toren eines friedlichen Ortes. Und wieder ist es Onkel Wendelin, der die Schreckensnachricht überbringt. Wortreich bedrängt er die Familie, schnellstens über den Fluss Selke in den Westen zu fliehen. Er ist sich vollkommen sicher, dass die Russen, sobald sie das Dorf besetzt haben, alle Schwarzmeerdeutsche wahllos in die unendlichen Weiten des Riesenreiches deportieren werden.

Doch die Oma, das unangefochtene Familienoberhaupt, gibt nichts auf seine berechtigten Bedenken. Sie bezeichnet seine Einschätzung im Verlauf der hitzigen Diskussionen sogar als kompletten Unsinn. Sie hat den Verlust ihres Heimatdorfes nicht verwunden und will unbedingt in die Schwarzmeerregion zurück. Sie hat die Zeichen der Zeit nicht erkannt. Sie ist sich vollkommen sicher, dass eine Rückkehr in die angestammte Heimat möglich ist. Sie entscheidet, dass die Familie in Meisdorf bleibt und Alt und Jung unterwerfen sich ihrem Willen.

Wie fatal die Entscheidung war, zeigt sich innerhalb kürzester Zeit. Nach dem Einmarsch der russischen Truppen werden alle Russlanddeutschen in geschlossene Viehwagons verladen. Nur Weniges ist erlaubt mitzunehmen. Nur das, was zu tragen sie imstande sind. Der freundliche Bauer versorgt sie mit reichlich Proviant und beschenkt sie zusätzlich mit Kleidern.

Tränenreich und schmerzlich ist der Abschied. Erneut verlassen die Schwarzmeerdeutschen unter Zwang die Stätte, die ihnen für eine kurze Zeitspanne Heimat war. Die kleine Ida hat zu diesem Zeitpunkt gerade ihren zweiten Geburtstag gefeiert. Zum wiederholten Mal ist sie auf dem Weg in eine ungewisse Zukunft.

Im Oktober 1945, nach einer schier endlosen Fahrt, hält der Zug abrupt. Zum ersten Mal seit vielen Tagen werden die Wagons geöffnet, und die Menschen sehen endlich wieder das Tageslicht.

Das Entsetzen der Deportierten ist nicht in Worte zu fassen. Soweit das Auge reicht, erblicken sie die unendliche Weite der Taiga mit ihren unzähligen Bäumen und meterhohem Schnee.

Onkel Wendelin wendet sich verbittert an seine Mutter: »Und? Bist du zufrieden? Sind wir hier in der alten Heimat im Schwarzmeergebiet, so wie du es uns versprochen hattest? Ich hatte unser Dorf auf jeden Fall anders in Erinnerung. Hatte ich dir nicht prophezeit, dass die russische Regierung uns niemals in meinen Geburtsort zurückbringen wird? In dieser lebensfeindlichen Gegend werden wir von jetzt an wohnen. Und die Schuld daran trägst allein nur du.«

Verzweiflung macht sich in der Familie breit.

Der Zug steht. Niemand kommt und hält es für nötig, die verängstigen Menschen darüber aufzuklären, wie es mit ihnen weitergeht. Es ist eisig kalt. Ihre Kleidung ist der winterlichen Witterung, die in der Taiga herrscht, nicht angepasst. Sie frieren entsetzlich, leiden Hunger und Durst.

Einige laufen in den nahen Wald und sammeln Holz. Mit der mageren Ausbeute entfachen sie kleine Feuer. Eng aneinandergepresst scharen sie sich um die dürftigen Wärmequellen.

In dieser ersten Nacht in der Taiga fordert die strapaziöse Reise ihren Tribut. Alte, Kranke, Kinder und die durch die grauenvollen Umstände des Transportes Geschwächten, erfrieren in den Armen ihrer Angehörigen. Idas Mutter hat sich, ihren Mann und die Kinder in dieser albtraumhaften Nacht in die dicken Daunendecken, die noch aus der alten Heimat stammten, fest eingewickelt. So rettet ihre vorausschauende Vorsorge die gesamte Familie vor dem sicheren Tod durch Erfrieren.

1946, verschleppt nach Syktywkar in der UdSSR. Ida ist damals drei Jahre alt.

Leben in Komi

Am nächsten Morgen kommen Beauftragte der Regierung aus der Hauptstadt Syktywkar auf großen Schlitten angefahren. Die unglücklichen Menschen erfahren endlich, wohin man sie verbracht hat. Ihre neue Heimstatt ist ein Dorf in der Republik Komi im äußersten Nordwesten Russlands. Gelegen an einem Fluss, in den unendlichen Weiten von Tundra und Taiga. In dem dünnbesiedelten Gebiet sind die Komi, ein finno-ugrisches Volk, beheimatet.

Sie transportieren die Unglücklichen ins nahe Dorf und quartieren sie in einem leeren Kuhstall ein. Dort, eingepfercht mit einer Vielzahl von Leidensgenossen, unter unvorstellbaren hygienischen Zuständen, bringt die Mutter in der darauffolgenden Nacht ein Kind zur Welt.

Es ist ein Junge, klein und schwächlich. Die schwierigen Lebensumstände in der Schwangerschaft und bei seiner Geburt sind seiner Entwicklung und Gesundheit nicht förderlich. So ist es kein Wunder, dass das Brüderchen schon im Alter von einem Jahr verstirbt.

In dem Dorf leben viele Menschen aus Polen, der Ukraine, Litauen, Russland. Die meisten davon unfreiwillig. Auch sie sind aus den verschiedensten Gründen in die abgelegene Gegend deportiert worden und fristen seitdem ein ärmliches Dasein.

Und doch behandelt man sie ungleich besser als »die Deutschen«, die von den Komi gehasst werden, weil man annimmt, dass sie allesamt Faschisten und Kriegsverbrecher sind. So hat ihnen die russische Regierung jedenfalls den Charakter und das Wesen »der Deutschen« so vermittelt und dargestellt. Wie so oft zeigt es sich, dass mangelhafte Bildung und Unkenntnis, Hass und Ignoranz vortreffliche Wegbereiter für Ausgrenzung und Diskriminierung, ja auch für hemmungslose Gewalt sind.

Im Kuhstall haust die Familie bis zur übernächsten Schneeschmelze. Dann ziehen von den Behörden eingesetzte Arbeiter eine Art von Hausbooten aus dem nahegelegenen Fluss an Land. Sie sind baufällig und werden womöglich nicht mehr für ihre angestammten Zwecke benötigt.

Die aus Holz erbauten Gebäude stehen auf Stelzen und bestehen aus einem Erd- und einem Obergeschoss. Sie werden die zukünftige Wohnstätte für viele Menschen sein. Wie nicht anders zu erwarten, teilt man den »Deutschen« das Erdgeschoss, den schlechteren Teil der Behausung, zu.

Und wieder arrangieren sich die Menschen mit dem eigentlich Unmöglichen. Tagsüber schuften Männer und Frauen im Wald. Sie fällen Bäume und bereiten sie zum Flößen vor. Es ist eine harte Arbeit, Grund für eine hohe Krankheits- und Todesrate. Schwere Verletzungen durch Unfälle sind an der Tagesordnung. Hunger, Kälte, Entbehrung und Not fordern zusätzlich ihren Tribut.

Und dann, jeder denkt, dass es schlimmer nicht mehr werden kann, kommen in den Jahren 1946 und 1947, ohne jegliche Vorwarnung, Polizisten und nehmen willkürlich alle Männer des Dorfes mit. Sie bringen die Unglücklichen mit Booten zuerst nach Syktywkar ins Gefängnis. Von dort aus werden sie nach Workuta, in ein berüchtigtes Straflager, verbracht.

Auch Idas Vater wird abgeführt. Laut weinend und schreiend läuft sie ihm mit ihren Geschwistern hinterher. »Papa, Papa, bitte, bitte, bitte«, bettelt sie, »lasst mir doch meinen Papa.« Doch die finsteren Gesellen richten ihre Gewehre auf die verzweifelnden Kinder und brüllen sie an: »Haut endlich ab, oder wir erschießen Euch«.

Fortsetzung folgt.

VOLKER GALLÉ

Jazzie WÖRMS, die Geldseel & die Niblejungens

Am Aafang is WÖRMS e groß Loch gewest in de hinnerscht Seel
vum Vadder Rhoi seine Großmudder.
Unn die Seel war wiescht unn de Kobb war leer,
wie des vun so emme gemeingermanische Geddervadder
heit aach net annerscht erwaat wird.
Es hadden zwar schun alsemol Veehel iwwer die Rhoigewann gepiff,
awwer selbschd wie sisch die Geschischd selwer am Wickel krieht
unn wie Münchhause aus em Nibelungesumpf gezoo hott,
hatt dem arme WÖRMS als noch die rischdisch Musick gefehlt.

Bevor Jazzie dann hier am Rhoi uff die World kumm is,
hott er sisch gottwaaßwiewo erummgetribb
zwische Sansibar, New Orleans unn Rosegaade
unn hott fezweifeld noch emme Ort gesucht,
wo rer endlisch emol im Schadde hott sei Fieß hochlehe kenne.
Unn dodebei is er eines Dachs midde uff de Eurobanan
ausgerutschd unn hiegefall
unn hott uff aamol – mir nix unn dir aa nix –
in WÖRMS uff'm Weckerlingplatz geleh,
unn zwar im Schadde.
Do hott er sisch vor lauder Freid en große Sauergespritzte bestellt
unn aagefang ze simelliere:

Die Sunn brennt jazzheiß uff die Staa un uff die Kebb.
Im Bodden wackeln die Rejewormser uffgerescht mit ehrm Bobbes,
weil die Musick sisch weljert
im Reibeisehals vum Chappo Channelhopper.
Unn de Babbe vun de ganz Bluesmaschin lehnt sisch serick in de Shadow,
streischeld sein Bauch
unn läßt sisch allerlei Gedenkels unner die Haut riesele:
De Babbelspace is all over WÖRMS kumme.
Es babbeld unn jodeld, danseld unn dummseld, kratzeld unn schlunzt,
sunnebuckeld unn rappeldipappeld iwwerall un an alle Ecke unn Ende.
Owwe uff'm Kerschturm vun de Anreaskersch fehlt nor noch en katholische
Muezzin, wo sisch sei närrisch Derwischseel erauskreischd
iwwer die Dächer,
daß se sisch riwweld an de falsch Seid vun de Ewischkeit.

Dodefor damben die schneckgerollischde Broodwerschd unn die Hummerfrivoli im Omahawwe unn de Damb mixacoatelt sisch mit Jazzschweiß unn Bluesdräne
unn holt de Babbe widder uff die Erd erunner:
Aach e Worschd war emol e Idee, unn zwar e gut Idee,
bevor se geback unn gess worr is.

Die erschde Owendhozzler kummen aus ehre Lescher
unn waaden sisch e ganzi Weil in die Läng,
bis die Musick endlisch widder aus ehrm Sarsch steischd,
ja de Sandstaadeckel vun ehrm reemisch-katholisch-altfränkisch-reichsstädtisch-lutherische Sarkophag uffdrickt
unn de Jazz unner die Leit streit
wie Peffer und Salz uff's Haseschwänzje.
Die Klarinettetrumpeet dudelt wie Bachwasser.
Vun unneruff treiwen Trummel unn Gidarr de Swing
wie e Rudermannschaft iwwers Wasser.
Dann kimmt er uff die Biehn:
Chappo Channelhopper aus em Wodstockland,
in emme schlabberische Hemd, alde Hosse unn Sandale,
e Mischung aus Holy-Day, Gaade-Erwett unn Werkstatt-Gebossel.
Dann kimmt er uff die Biehn unn is ganz leischd,
wo sei Stimm doch so schwer is unn so rauh.
Die Musick bellt aus de Boxe,
als wann se'me Stallhas ins Gnick schlaa wollt.
Unn doch is die Stimm leischd,
so als ob se nix zu feliere hädd,
als ob se ehr Handwerk festeht unn jetzt mi'm Lewe spielt:
I owe my soul to the company store!
Des is aaner, wo waaß, daß es Lewe aach hart sei kann
unn daß es Geld regiert
unn daß er sisch mit all sei'm Schaffe
doch nor Dach fer Dach
diefer in sei Grab enaischaffe dud.
Unn do fekaafd er sei Seel –
net sein Kerper, sein Ricke, sei Händ! –
naa, er fekaafd sei Seel,
daß er sisch spiert,
daß er sisch fiehle kann
sixteen tons dief in seiner working-class-Seel,
unn uff aamol kreischd er: *Stand up!*
Unn die Wormser wissen, was er maant:
Zwoodausend Arweitsplatz in zee Johr die Bachgass enunner,
un nor Babierschiffscher serick aus gottfelossene Meere
vun irschendwelsche Robinsone, wo gestrandet sinn
mit Mann unn Maus.
Wammer nix meh zu feliere hott, kammer nor noch gewinne.

Unn do fasst sisch Jazzie WÖRMS in seim Shadow e Herz
unn holt sisch e paar Niblejungens uff die Biehn
unn singt den Jahrhunnertsong:
Good bye to Nieglung-City!
Unn's Publikum is eigefall
mi'm Fischerwääder Blues,
mi'm Ochseklavier-Tango,
em Nordend-Salsa,
em Kämmergass-Boogie,
em Synagoge-Rap
unn em Kisselwiss-Samba.
Unn Jazzie WÖRMS steckt sisch e Zigarett aa,
hockt sisch en Borsalino uff de Kobb,
steckt sisch sei bescht Bogart-Face in die Mundwinkel
unn seht: Schau mir in die Augen, Kleines!
Unn ganz WÖRMS lachd, schiddeld sisch vor Lache
unn heert aafach nemme uff.

GERDA STEGER

Beethoven
(zum 250. Geburtstag)

*per aspera ad astra** dein Haupt
windgefangen, der Blick mäandernd
sucht das Licht der Töne

den Klang Farben Rausch aus
Fortepiano über Allegro zu Adagio: still
schwingendes Sternlauschen

im Traumnetz der Ideale
Frieden Freiheit Menschlichkeit deine Sinfonien
al fine den Himmel sternen

sieh, das Leben spielt auf schwarz
weißen Tasten: *Freude*
*schöner Götterfunke, Du**

schwebst und sinnierst,
zählst und zelebrierst
frisch geröstete Bohnen

sechzig, sagst du, *sechzig Bohnen*
täglich: dein Café-Genuss, ich höre
dämonische Zwischentöne noch tropfen

die frau im zug

eine fremde unter fremden
gesichtern nicht fremd sich
mit der sehnsucht
nach anderswo

gedanken still treiben
im rädertakt verfängt sich
ihr blick zwischen licht spiel schatten

liegt das blau in ihrem blick

alles verschwimmt,
entflieht, fliegt vorüber,
entwirrt das dunkel
der wälder, seen und berge:
schatten weg im gedankenstrudel

leuchtet das blau
will den tag häuten: sprengt freude
ihr blick ein krug voll traum
heimatfiedert sie froh sieht
sonnenbrote auf ihrem rücken

ein Weg

in unserer Alltagswüste blühen Wunder noch
durchfluten Sonne und Sternenlicht
die kargen Wege im verschlungenen Leben weiter
wir gehen mit Leuchtturmaugen durch
Sehnsuchtsfluten von Meeer umarmt
knospen Gedanken, tanzen Bilder auch
in der Notiz des Augenblicks blühen Wüsten,
glühen Himmel Schlüssel Blumen uns!

*fremd bin ich eingezogen**

fremd alles irgendwo
irgendwann Fremdwand
die wir durchbrechen

schranken los gelöst vom
Ich zur Mitte hin Herz
Hände verknüpfen ent

fesseln Fremdsein im Licht
der Demut als Dasein
Teil des Lebens sehen

fremd bin ich ausgezogen und
hab mich angezogen gefühlt ohne
anzuziehen voll und ganz ausgezogen

* aus dem Liederzyklus *Winterreise* (Wilhelm Müller / Franz Schubert)

zu spät?

am Horizont der Worte
schlief ich träumte
Freude Frieden
Liebe

bis ich erwachte und sah
den Flammentod
ohne Atem Gaia
taumeln

die Innenflut stieg über
mich hinaus hinein ins
wundgefetzte Auge aus
sich schrie die Angst
vor dem schwarzen Licht

mit seinen Hungeraugen,
Feuerzungen, mit den
Todesfingern aus
sichtslos mein Blick
im Tsunamiauge?

Zuhause

dort, wo Licht
Worte blühen mir
still das Herz
berühren & Atem me(h)er
blau himmelwärts
Zeile um Zeile mich
erhebt & trägt dort
grünt ein Gefühl lieb
festlich am Altar dein
meiner Wegwartezeit

Exil oder *Flucht*

Leben hinter vier Wänden
ohne Atem Luft ohne Fensterblick ent
fliehen er will nicht
kann Hände & Füße gefesselt

sein Leben noch an einen Faden hängt
er wächst über sich hinaus und
weiß nicht wohin es
tröpfelt die Zeit dahin

die gefrorene Zeit seiner letzten Tage
ein stilllauter Schrei nach Atem
Freiheit nach Hunger & Licht
das auch die Seele wärmt

seit tausendundmehr Nächten träumt er
durchs Spinnfadennetz sich hinaus
und flüchtet kurz in die Wärme
in den Duft ihrer Haut

KLIMASCHUTZ FÄNGT IM KLEINEN AN

VON FRIDAYS FOR FUTURE WORMS

Durch regelmäßige Demonstrationen ist es Fridays for Future Worms gelungen, Klima- und Umweltschutz auf die politische Agenda zu setzen.

Die Klimakrise ist eine ernstzunehmende, akute, globale Gefahr, vor der wir die Augen nicht verschließen dürfen. Denn sie hat schon jetzt Millionen Klimaflüchtlinge, Naturkatastrophen wie Dürren, Überschwemmungen, Steigen des Meeresspiegels und Artenstreben zur Folge.

Für uns steht fest: Diese Liste darf nicht noch länger werden. Deswegen machen wir uns für eine weltweite ökologische und sozial gerechte Klimapolitik stark – auch hier in Worms, denn Klimaschutz fängt im Kleinen an!

Wir setzen uns mit Nachdruck für die Einhaltung der im Pariser Klimaabkommen beschlossenen Ziele ein, d. h. die Begrenzung der globalen Erwärmung auf 1,5 Grad und Begrenzung der

Foto: Jonas Kenka.

CO_2-Emissionen auf »netto null«. Für Worms fordern wir ein Umdenken in der Gestaltung der Mobilität, weg vom motorisierten Individualverkehr hin zu Verbesserung der Bedingungen für Radfahrer und Nutzer des öffentlichen Nahverkehrs, und eine autofreie Innenstadt. Darüber hinaus sind noch weitere Maßnahmen dringend erforderlich, um die Klimaziele zu erreichen. So muss es mehr Grünflächen in der Innenstadt geben, neue Häuser müssen klimaneutral gebaut, alte entsprechend renoviert werden. Wir wenden uns gegen Lebensmittelverschwendung und setzen uns für eine umweltfreundliche Landwirtschaft ein, die Böden, Pflanzen und Tiere schützt. Zu all diesen Fragen machen wir konkrete, wohl durchdachte Vorschläge.

Beim Umsetzen unserer Forderungen gilt es zu berücksichtigen, dass Klima- und Umweltschutz nicht von anderen politischen Themen losgelöst werden. So setzen wir uns für eine ökologische und sozial gerechte Welt, frei von Faschismus, Rassismus und jede andere Form von Diskriminierung, ein. Die Maßnahmen zur Erreichung der Klimaziele dürfen zudem auch nicht auf Kosten der finanziell schwächeren Bevölkerung ausgetragen werden.

Fridays for Future Worms

INSTAGRAM
fridaysforfuture.worms
FACEBOOK
FridaysForFutureWorms
E-MAIL
worms@fridaysforfuture.is

ULRIKE SCHÄFER IM GESPRÄCH MIT AKTIVEN

Wie seid Ihr auf das Thema Umwelt gestoßen, über Dokus, im Unterricht? Wird überhaupt in der Schule eingehend darüber gesprochen?

JUDITH Durch meine Familie wurde ich schon sehr früh klimabewusst erzogen. Hierüber bin ich froh, denn in der Schule wird Meinung nach das Thema zu wenig behandelt.

ROBIN Durch Dokumentationen und einige meiner Mitschüler*innen wurde mir bewusst, wie wichtig es ist, sich für den Klimaschutz aktiv einzusetzen.

Was hat Euch motiviert, Euch in der Bewegung zu engagieren?

ISABELL Als ich über die Medien von Fridays for Future erfahren habe, war mein Interesse geweckt, und daher nahm ich auch am Gründungstreffen der Wormser Ortsgruppe teil, um an den Inhalten mitzuarbeiten.

ORTWIN Das Thema Umwelt hat mich schon immer interessiert und seit meinem ersten Plenum, zu dem ich von einem Mitglied der Ortsgruppe eingeladen wurde, bringe ich mich aktiv ein.

Fridays for Future Worms will buchstäblich flächendeckend für Aufmerksamkeit sorgen.

Wie informiert Ihr Euch über die doch sehr komplexen Sachverhalte weltweit und wie über die Situation in Worms?

ALLE Wir informieren uns durch die Medien über das Geschehen in der Welt und in Worms.

CLARA Darüber hinaus erhalte ich als eine von drei Delegierten Informationen von der Bundesebene unserer Bewegung.

Wie organisiert Ihr Euch in Worms?

EMANUEL Wir organisieren uns als Organisationsgruppe, die sich unter anderem mit der konkreten Planung von Aktionen, Demonstrationen, Gesprächen mit Politiker*innen, und Interviews beschäftigt.

JUDITH Die übrigen Teilnehmer*innen erreichen wir über unsere sozialen Netzwerke, aber auch Zeitungsartikel, Flyer und Plakate.

Wie bringt Ihr Eure Meinung in die Bevölkerung?

ALLE Wir tragen unsere Positionen mittels Flugblättern, Demonstrationen und direkten Aktionen in die Öffentlichkeit. Dabei kommen wir auch immer wieder mit Passant*innen direkt ins Gespräch und führen auch im privaten Rahmen Diskussionen über Umwelt- und Klimaschutz.

Wie sind Eure Erfahrungen bei Aktionen? Wie reagieren die Menschen? Hören sie Euch zu?

ALLE Oft erhalten wir positive Rückmeldung von vorbeigehenden Fußgänger*innen und stoßen auf großes Interesse, was sich u.a. in angeregten Gesprächen zeigt. Die Teilnehmenden sind auch immer wieder mit Freude bei unseren Aktionen dabei.

Foto: Clara Lederer.

Wind und Wetter halten die jungen Protesierenden nicht davon ab, auf die Straße zu gehen.

Glaubt Ihr, dass Ihr schon etwas bewegen konntet in Worms?

ALLE Wir sind der Meinung, dass wir maßgeblich dazu beigetragen haben, das Thema Umwelt in die Öffentlichkeit sowie in das Bewusstsein der Wormser*innen zu tragen und auf die politische Agenda zu setzen. Zusätzlich haben wir mitbekommen, dass Klima- und Umweltschutz wegen des Engagements unserer Bewegung nun häufiger im Unterricht thematisiert wird.

Was tragt Ihr selbst zum Schutz der Umwelt bei?

ALLE Wir achten auf die Herkunft unserer Lebensmittel und bevorzugen dabei regionale sowie saisonale Produkte und verzichten so weit wie möglich auf Verpackungsmüll. Zudem ernähren sich einige Mitglieder der Gruppe vegan. Zur Fortbewegung nutzen wir überwiegend das Fahrrad und den öffentlichen Personennahverkehr als umweltfreundliche Verkehrsmittel.

Mit u. a. diesem Verhalten schützen wir persönlich die Umwelt, doch ein großer Teil des Umwelt- und Klimaschutzes muss von der Regierung ausgehen, und genau dafür setzen wir uns als Fridays for Future ein!Für uns steht fest: Diese Liste darf nicht noch länger werden. Deswegen machen wir uns für eine weltweite ökologische und sozial gerechte Klimapolitik stark – auch hier in Worms, denn Klimaschutz fängt im Kleinen an! §

Foto: Jonas Kenka.

NEOZOEN IN WORMS

KLEINE, HEIMLICHE UND OFT ÜBERSEHENE NEUBÜRGER AUS DER GRUPPE DER WIRBELLOSEN

VON JÜRGEN OTT

Klein, aber ein starker Schädling an Früchten: die Asiatische Kirschessigfliege.

Dieser Beitrag stellt nach dem im letzten Heimatjahrbuch veröffentlichten, bei dem in das Thema allgemein eingeführt wurde und dann speziell die Wirbeltiere besprochen wurden, einen zweiten Teil dar. Hier soll es nun um die sogenannten Invertebraten, also die Wirbellosen gehen. Dies sind, wie der Name schon sagt, alle mehrzelligen Tiere ohne Wirbelsäule. Meist sind sie weniger auffällig, da sie einfach viel kleiner sind als z.B. die im letzten Jahr vorgestellten Vögel (u.a. Nil- und Kanadagans) oder Säugetiere (u.a. Nutria, Waschbär), aber auch sie können ökonomische oder ökologische Probleme verursachen. In der Folge sollen einige dieser Neozoen aus der Gruppe der Wirbellosen vorgestellt werden, und es soll auf ihre Ökologie und ihr Schadpotenzial eingegangen werden.

Krebse

Hier wären zuallererst die Krebse zu nennen, die auf dem Stadtgebiet mit nunmehr fünf Arten vertreten sind. Im Rhein selbst kommt die aus China stammende **Chinesische Wollhandkrabbe** *(Eriocheir sinensis)* vor, die dem ein oder anderen Angler oder

Foto: Ursula Hetterling (DLR).

Fischer bestimmt schon aufgefallen ist, als sie sich über seinen Köder hergemacht oder sich in seiner Reuse verfangen hat. Man kennt sie seit dem Beginn des 20. Jahrhunderts in Europa, wo sie über Ballastwasser eingeschleppt wurde. Der erste Nachweis in Deutschland erfolgte 1912 an der Aller, danach verbreitete sie sich in alle großen Flusssysteme. Die Krabbe kann bis 200 Gramm wiegen, in Ausnahmefällen auch das Doppelte, und ist an ihren »wollig behaarten« Scheren zu erkennen. Sie lebt in großen Flüssen, ist vor allem nachtaktiv, geht aber ab und an auch an Land. Ihr Nahrungsspektrum ist sehr breit, sie ernährt sich von Wasserpflanzen, Würmern, Muscheln, Insektenlarven oder auch Aas. Am Ufer gräbt sie Wohnröhren, was zu einer Destabilisierung derselben führen kann, oder sie sitzt zwischen den Wasserbausteinen. Ihr großes Ausbreitungsvermögen und ihre negative Wirkung auf ihre Umwelt – sie überträgt auch die Krebspest – hat sie auf der Liste der »100 schlimmsten nicht-einheimischen Arten« gebracht.

Ihr großes Ausbreitungsvermögen und ihre negative Wirkung auf ihre Umwelt hat die Chinesische Wollhandkrabbe auf der Liste der »100 schlimmsten nicht-einheimischen Arten« gebracht.

Ein weiterer, erst seit wenigen Jahren bei uns auftretender Krebs ist der **Kalikokrebs** *(Fraxonius immunis)*. Diese sehr invasive Art stammt aus Nordamerika, von wo sie als Angelköder durch Militärangehörige bei Karlsruhe eingeschleppt wurde. Denn dort trat dieser Krebs zum ersten Mal Mitte der 1990er-Jahre in der Nähe einer kanadischen Militärbasis auf und hat sich seitdem rasant ausgebreitet. Von zunächst wenigen besiedelten Gewässern kam er schnell an den Rhein und die Rheinaue und dehnte sein Besiedlungsgebiet in beachtlicher Schnelligkeit aus. Vor wenigen Jahren erreichte er Düsseldorf und im letzten Jahr auch Holland. Die Art frisst alle besiedelten Gewässer in kurzer Zeit leer, wobei die Tiere sowohl Wasserpflanzen als auch Insektenlarven, Würmer und Amphibienlaich und Kaulquappen sowie Aas fressen, also praktisch alles, wessen sie habhaft werden können. Am Schluss bleiben nur noch sie selbst übrig, und dann gehen sie zum Kannibalismus über. Mit rund neun Zentimetern Kopf-Schwanz-Länge ist der Kalikokrebs zwar relativ klein, und er wird auch nur ca. drei Jahre alt, sein hohes Reproduktionspotenzial macht dies aber mehr als wett, denn er ist schon im ersten Jahr geschlechtsreif und bringt dann mindestens 300 bis 400 Eier hervor. Im Rhein hat er mittlerweile auch den dort seit vielen Jahrzehnten heimischen, ebenfalls aus Nordamerika stammenden Kamberkrebs verdrängt, denn der Kalikokrebs ist weitaus aggressiver. Gleiches gilt für die dem Rhein zufließenden Bäche. Auch dort kommt er vor, da ihm die schlammigen Ufer für die Anlage seiner Wohnröhren zusagen, und auch hier verdrängt er immer mehr den Kamberkrebs.

Der **Kamberkrebs** *(Fraxonius limosus)* wurde in Deutschland 1890 in der Oder erstmals ausgesetzt und breitete sich danach stark in alle Flusssysteme aus. Aufgrund seiner Biologie – auch er frisst praktisch alles in einem Gewässer – und aufgrund seiner

Zwei Kalikokrebse fressen an Grasfroschlaich – vor allem kleine Gewässer werden schnell von den Krebsen schnell leergefressen.

fast flächendeckenden Verbreitung wurde er 2016 von der EU auf die Liste der »invasiven gebietsfremden Arten unionsweiter Bedeutung« gesetzt. Sowohl er als auch der Kalikokrebs und der nachfolgend vorgestellte Signalkrebs sind Überträger der Krebspest und schließen damit in ihrem Vorkommensgebiet den einheimischen Edelkrebs aus.

Der vierte im Bunde der invasiven Krebse in Wormser Gewässern ist der erwähnte **Signalkrebs** *(Pacifastacus leptodactylus)*, der größte der drei Edelkrebsarten mit bis 16 Zentimetern Länge und 200 Gramm Gewicht (in Ausnahmen auch noch deutlich darüber!). Er lebt vor allem in Bächen, wo er kühlere Abschnitte bevorzugt, und ist ebenfalls ein nachtaktiver Allesfresser. Als Ende des vorletzten Jahrhunderts die Edelkrebsbestände in Europa infolge der Krebspest zusammenbrachen, wurde der Signalkrebs – er überträgt zwar die Krebspest, ist gegen sie aber immun – nach Europa als dessen Speisekrebsersatz eingeführt. Seitdem hat er sich über weite Bereiche ausgebreitet, in Worms kommt er u. a. in der Pfrimm vor, im Pfälzerwald mit seinen kühlen Bächen fühlt er sich aber weitaus wohler. Auch der Signalkrebs ist auf der EU-Liste der »invasiven gebietsfremden Arten unionsweiter Bedeutung« zu finden, da er die besiedelten Gewässer durchaus stark beeinträchtigen kann: Er frisst sowohl Fischbrut als auch gefährdete Muscheln.

Ganz aktuell wurde nun auch noch die fünfte Krebsart – ebenfalls eine invasive – nachgewiesen: der **Rote Amerikanische** oder **Louisiana-Sumpfkrebs** *(Procambarus clarkii)*. Wahrscheinlich wurde diese Art von Aquarianern ausgesetzt, denn die Art wird gerne in Aquarien gehalten. Die Art stammt, worauf ihr Name schon hindeutet, aus dem Süden Nordamerikas, sie fühlt sich aber auch in unseren Gewässern wohl und wird dort zu einer echten Plage, da sie große Populationen entwickeln und die Gewässer regelrecht leerfressen kann. Problematisch ist

Foto: Jürgen Ott.

Dreikant-, Quagga- und Körbchenmuscheln aus dem Rhein bei Worms.

bei ihr zudem, dass die Tiere problemlos über Land gehen und sich damit in nahegelegene Gewässer eigenständig ausbreiten können. Alle vorgestellten Krebse sind übrigens essbar, eine durchaus bedenkenswerte Maßnahme zur Regulierung.

Weichtiere: Muscheln und Schnecken

Kommen wir zu einer anderen taxonomischen Gruppe, den Weichtieren, aus der ebenfalls einige Neozoen-Arten auf dem Stadtgebiet heimisch sind. Zunächst einmal wären hier vier Muschelarten im Rhein zu nennen, deren Schalen man auch problemlos an den kiesigen Ufern im Spülsaum aufsammeln kann. Da wären zuerst die beiden aus Asien stammenden Körbchenmuscheln zu nennen, die Mitte der 1980er-Jahre im Rhein ankamen, wahrscheinlich über den Umweg über Nordamerika. Es handelt sich hierbei um zwei sehr ähnliche Arten, die **Feingerippte** und die **Grobgerippte Körbchenmuschel** (*Dreissena fluminalis* und *D. fluminea*), die zudem auch bastardieren können. Wie sie zu uns gekommen sind, ist nicht ganz geklärt: entweder über Ballastwasser oder durch Freisetzen von Aquarientieren. Die Muscheln finden sich vor allem auf sandigem und schlammigem Substrat, wo sie feinste Partikel aus dem Wasser filtern und aufgrund ihres massenhaften Vorkommens einheimische Arten verdrängen.

Zwei weitere Arten, die im Rhein in großer Anzahl, jedoch mit wechselnden Dichten vorkommen, sind die Dreikant-Muschel und die Quagga-Muschel. Sie sind ebenfalls eng miteinander verwandt und mit ihren zirka fünf Zentimetern Größe etwas größer als die eher rundlichen Körbchenmuscheln, die es nur auf knapp vier Zentimeter bringen. Die **Dreikant-** oder **Wandermuschel** *(Dreissena polymorpha)* sowie die **Quagga-Dreikantmuschel** (*Dreissena rostriformis bugensis* – eine Unterart, sie wird auch als eigene Art geführt: *Dreissena bugensis*) stammen ursprüng-

Foto: Jürgen Ott.

> Aufgrund ihres bitteren Geschmacks muss die Spanische Wegschnecke weder Kröten noch Igel als Fressfeind fürchten, was ihr einen zusätzlichen Vorteil verschafft.

lich aus dem ponto-kaspischen Raum und treten in Europa und Nordamerika als Neozoen auf. Sie können sich auf fast jedem Substrat festsetzen und dann richtige Muschelbänke ausbilden, wobei sie auch andere Muscheln etc. überwachsen und diesen den Lebensraum nehmen, ja sogar sich selbst an Libellenlarven anheften. Sie richten daneben sehr hohen finanziellen Schaden an, da sie sich an Booten festsetzen (erhöhter Wasserwiderstand) oder in technischen Anlagen, die dann sehr kostenintensiv gereinigt werden müssen (z. B. Anlagen der Wasserversorgung).

Neubürger finden sich nicht nur bei den Muscheln, sondern auch bei den Schnecken, der zweiten hier besprochenen Gruppe aus dem Stamm der Weichtiere. Hier wäre die **Gestreifte Weinbergschnecke** *(Helix lucorum)* zu nennen, die ursprünglich aus dem Schwarzmeergebiet und Kleinasien stammt. Sie ist größer als die einheimische Weinbergschnecke *(Helix pomatia)* und hat die namensgebenden typischen Bänder auf ihrem Haus. Sie tritt bisher nur sehr vereinzelt auf, im Gegensatz zur **Spanischen Wegschnecke** *(Arion vulgaris)*, die in großer Zahl bis massenhaft auftreten kann. Wo das genaue Ursprungsgebiet dieser Art ist, ist in der Wissenschaft umstritten, mit größter Wahrscheinlichkeit aber nicht Spanien, sondern im Westen Südfrankreichs. Die Art wurde durch den Menschen in viele Gegenden verschleppt und hat ein großes Schadpotenzial, sowohl in der Landwirtschaft als auch in Gärten etc., zudem verdrängt sie die einheimischen Nacktschnecken. Aufgrund ihres bitteren Geschmacks muss sie weder Kröten noch den Igel als Fressfeind fürchten, was ihr einen zusätzlichen Vorteil verschafft.

Insekten

Ein ganzes Heer von Neozoen findet sich bei den Insekten. Sie sind klein, meist sehr mobil und anpassungsfähig, zudem werden sie von steigenden Temperaturen (Klimawandel) begünstigt. Schon lange im Raum Worms ist der **Kartoffelkäfer** *(Leptinotarsa decemlineata)*, der als Schädling in der Landwirtschaft intensiv bekämpft wurde. Auch heute ist der hübsche Käfer, der aus dem Süden Nordamerikas stammt und dort von einem einheimischen Nachtschattengewächs den Sprung auf die Kartoffelpflanze geschafft hat, noch präsent. Durch entsprechende Maßnahmen richtet er aber kaum noch Schäden an.

Erst seit wenigen Jahren bei uns bekannt ist der **Asiatische Marienkäfer** *(Harmonia axyridis)*, der wegen seiner Variabilität auch **Veränderlicher** oder **Harlekin-Marienkäfer** genannt wird. In Westdeutschland trat er ab 2002 in großen Mengen auf und kann besonders im Weinbau Schäden anrichten, wenn die Tiere über die gelesenen Trauben (wo sie sich gerne verstecken) in den Most gelangen. Dort beeinträchtigt dann ein Bestandteil ihrer Hämolymphe den Weingeschmack äußerst negativ. Der ursprünglich aus dem östlichen Asien stammende Käfer wurde

Nicht nur die Larven, auch die ausgewachsenen Falter des Buchsbaumzünslers sehen sehr hübsch aus, sind aber lokal sehr schadhaft.

durch den Menschen fast weltweit verbreitet, da er als biologischer Gegenspieler – Blattläuse sind seine Leibspeise – gegen Schädlinge eingesetzt wird, sich dann aber auch natürlich ausbreitet.

Vielen Gästen von Biergärten in und um Worms ist sicherlich schon ein aus dem Balkanraum eingeschleppter Falter aufgefallen: die **Kastanienminiermotte** *(Cameraria ohridella)*, die die typischen braunen Flecken auf den Kastanienblättern – sie stammen von den Larven, die sich durch die Blätter fressen – verursachen. Wirklich zum Absterben bringen sie den Baum kaum, jedoch ist das Schadbild nicht besonders schön anzuschauen. Man kann den Befall verringern, in dem man das befallene Laub wegräumt und entsorgt.

Ebenfalls eine invasive Art aus der Ordnung der Schmetterlinge ist der bei Gärtnern gefürchtete **Buchsbaumzünsler** *(Cydalima perspectalis)*, der zu Beginn des 21. Jahrhunderts aus Südostasien zu uns eingeschleppt wurde. Während der nachtfliegende Falter sehr hübsch anzuschauen ist, können seine Larven dem Buchsbaum ziemlich zusetzen, in Extremfällen auch zum Absterben bringen. Da Meisen und Sperlinge die Raupen des Falters gerne fressen, kann man ihn in naturnahen Gärten aber ganz gut in Schach halten.

Ein weiterer eingeschleppter Schmetterling – dieses Mal aus Südafrika – ist der **Pelargonien-Bläuling** *(Cacyreus marshalli)*, der erstmals 1989 auf den Balearen gesichtet wurde und nun in weiten Teilen Europas zu finden ist. Hier kann er besonders in Gärtnereien an Pelargonien, der Raupenfutterpflanze, schädlich wirken und wird dort mit *Bacillus thuringiensis var. kurstaki* bekämpft.

Ebenfalls problematisch ist ein Neubürger aus Südostasien, die besonders im Garten- und Obstbau schadhaft auftretende **Kirschessigfliege** *(Drosophila suzukii)*, die auf Him- und Brom-

Foto: Jürgen Ott.

Von der Walnussfruchtfliege befallene Walnüsse weisen eine typische schwarze Färbung auf und sind nicht mehr genießbar.

Platanen-Gitternetzwanzen sind unter der Rinde von Platanen zu finden.

Die Asiatische Wespe ist nun auch in Worms angekommen, eine Art, die auf Bienenjagd spezialisiert ist.

beeren, Pflaumen etc. und v.a. auch auf Trauben geht. In Europa ist die kleine, nur rund 3 Millimeter große Taufliege mit den typischen Flecken auf ihren beiden Flügeln erst vor rund zehn Jahren erstmals aufgefallen, hat sich seitdem weit verbreitet und wurde zu einem gefürchteten Schädling. Die Schäden an den Beeren stammen von den abgelegten Eiern bzw. den daraus geschlüpften Maden; zudem treten sekundäre Schäden durch Fäulnis und Essigsäuregärungen auf. Zu bekämpfen sind die Tiere kaum, da sie bei uns sehr gute Umweltbedingungen finden, gerade im Umfeld der Städte auch frostsichere Überwinterungsplätze. Aufgrund ihres schnellen Zyklus können sie dann in kurzer Zeit große Populationen aufbauen, die chemisch kaum zu bekämpfen sind, die sie vor allem kurz vor der Reife der Früchte schadhaft werden.

Vor wenigen Jahren in Worms angekommen ist auch die rund ein Zentimeter große **Walnussfruchtfliege** *(Rhagoletis completa*, Syn.: *Rhagoletis suavis ssp. completa*), die zu der Familie der Bohrfliegen *(Tephritidae)* gehört. Sie ist ein aus Nordamerika stammender Schädling an Walnussgewächsen – selten auch am Pfirsich –, die sich in Europa als Neozoon gerade stark ausbreitet, in Deutschland v.a. im Rheintal. Durch die Fraßtätigkeit der Larven werden die Nüsse schwarz und sind größtenteils auch nicht mehr zu verwenden.

Aus der artenreichsten Klasse der Gliederfüßer, den Insekten, wären noch einige Arten zu nennen, auf die abschließend nur

Fotos: Jürgen Ott, Gerd Reder (rechts unten).

kurz eingegangen werden soll. Hier ist die **Platanen-Gitternetzwanze** *(Corythucha ciliata)* ein Beispiel, die aus Nordamerika stammt und z. B. am Rhein an den Platanen der Biergärten zu beobachten ist. Die **Grüne Reiswanze** *(Nezara viridula)* ist eigentlich in den Subtropen und Tropen beheimatet, wurde mit landwirtschaftlichen Produkten ins Mittelmeergebiet verschleppt und kommt nun seit rund zehn Jahren auch in den wärmeren Gegenden Deutschlands wie dem Oberrheingraben vor, wo sie auch in Worms anzutreffen ist. Sie kann als Gemüseschädling auftreten und hat keine natürlichen Feinde, aktuell fanden sich jedoch Hinweise, dass eine ebenfalls eingeschleppte und aus Nordamerika stammende Raupenfliege sie parasitiert.

> Die Asiatische Tigermücke kann infolge ihres Potenzials, als Vektor des Zika- und Dengue-Virus zu dienen, schwere Krankheiten verursachen.

Neuankömmlinge

Zum Schluss sei noch auf fünf Arten hingewiesen, die nicht stet oder noch gar nicht auf dem Stadtgebiet von Worms angetroffen wurden, aber sehr wahrscheinlich in Kürze auftauchen und dann auch Schäden bzw. Probleme verursachen könnten. Dies ist die sich schnell nordwärts ausbreitende **Asiatische Hornisse** *(Vespa velutina)*, die für Bienenvölker ein Problem werden kann, da ihre Lieblingsbeute die Honigbiene ist. Aktuell liegt nun ein Fund aus dem Stadtgebiet im Jahr 2020 schon vor.

Eine weitere Hautflüglerart, die neuerdings in Hochheim gefunden wurde, ist die **Asiatische Mörtelbiene** *(Megachile sculpturalis)*. Sie wird mit bis zu 25 Millimetern im Vergleich zu ihren Verwandten recht groß und hat eine vornehmlich dunkle Färbung. Problematisch für Gebäude könnte die **Vernachlässigte Ameise** *(Lasius neglectus)* werden, die bereits in Bobenheim-Roxheim in der Nähe des Bahnhofs nachgewiesen und intensiv bekämpft wurde. Sie fällt erst nach einiger Zeit auf und kann große Schäden an Gebäuden verursachen. Während sie nur wirtschaftliche Schäden hervorrufen kann, kann die **Asiatische Tigermücke** *(Aedes albopictus)* infolge ihres Potenzials, als Vektor des Zika- oder Dengue-Virus zu dienen, verschiedene schwere Krankheiten verursachen. Diese Art wurde bereits bei Oggersheim festgestellt und somit in direkter Nachbarschaft von Worms.

Zu guter Letzt wäre noch die **Marmorierte Baumwanze** *(Halyomorpha halys)*, eine aus Ostasien eingeschleppte Wanze, die bei uns im Obstbau schadhaft wird, zu nennen. Sie kann möglicherweise mit einer Wespe (»Samurai-Wespe«) biologisch bekämpft werden, doch ist dies vorher noch zu prüfen, da es sich hierbei auch um eine nicht einheimische Art handelt, die zu weiteren Biodiversitätsschäden führen könnte.

Insgesamt können wir feststellen, dass auf dem Stadtgebiet von Worms eine durchaus bemerkenswerte Zahl an Neozoen aus der Gruppe der Wirbellosen festgestellt wurde, wobei einige auch ökonomisch, ökologisch oder auch die menschliche Gesundheit betreffend problematisch sind. §

WEIN, WEIZEN UND WILDBIENEN

VON MICHAEL LEUKAM

Naturschutz und Landwirtschaft zusammenzubringen, ist das erklärte Ziel des Projektes.

NATUR- UND UMWELTSCHUTZ

Landwirte und Naturschützer – oft ist das Verhältnis zwischen beiden Gruppen von Konflikten geprägt. Während die Landwirte zwischen gesetzlichen Vorgaben, einer ausufernden Bürokratie und harten ökonomischen Zwängen wenig Spielräume für den Schutz der Natur sehen, prangern Naturschützer die negativen Folgen der industriellen Landwirtschaft an.

Dass es auch anders gehen kann, zeigt das vom rheinland-pfälzischen Umweltministerium geförderte Projekt »Blühendes Rheinhessen – Wein, Weizen, Wildbienen«. Dabei widmet sich der Bund für Umwelt und Naturschutz Rheinland-Pfalz (BUND) von 2018 bis 2022 der Artenvielfalt und den Lebensbedingungen der Wildbienen in der Agrarlandschaft Rheinhessens. Gemeinsam mit Winzer*innen und Landwirt*innen setzt der BUND Modellprojekte um und begleitet diese wissenschaftlich. Dabei bekom-

Alle Fotos: Michael Leukam.

men die teilnehmenden Landwirte nicht nur fachliche Beratung und praktische Unterstützung, sie erhalten auch Zuschüsse für Saatgut und Pflanzen, eine Insektennisthilfe und eine Infotafel.

Bei einer Informationsveranstaltung in den Räumen des Dienstleistungszentrums Ländlicher Raum in Oppenheim stellte der BUND im Februar 2019 das Projekt vor. Das Interesse der Landwirte war groß und die Bewerbungen überstiegen deutlich das Angebot. Am Schluss wurden aus den über dreißig Bewerbern zehn Winzer und Landwirte aus Rheinhessen in das Programm aufgenommen – zwei davon auch aus Worms. Das Bioland-Weingut Goldschmidt und das nach EU-Bio-Kriterien wirtschaftende Weingut Pfannenbecker. Die beiden Pfeddersheimer Winzer stellten Flächen bereit, die ökologisch aufgewertet wurden. Der Winzer Uli Goldschmidt stellte einen Weinberg in der Weinlage Fohndel zur Verfügung. Holker Pfannenbecker brachte einen Acker in der Enzingerstraße und seinen Schauweinberg am Weingut ins Projekt ein. Begleitet werden sie durch die beiden Wildbienenbotschafter Silke Vollrath und Michael Leukam. Michael Leukam ist seit vielen Jahren in der BUND-Kreisgruppe Worms aktiv und bringt seine Erfahrungen bei der Anlage und Pflege von artenreichen Wildblumenwiesen ins Projekt ein.

Artenbestimmung

Im Sommer 2019 ging es mit einer Bestandserhebung los. Der Wildbienenexperte Ronald Burger und der Botaniker Dr. Axel Schönhofer untersuchten, welche Wildbienen und welche Pflanzen auf den ausgewählten Flächen vorkommen. Botanisch gab es keine besonderen positiven Überraschungen. Etwas anders sah es bei den Wildbienen aus. Neben noch relativ häufig vorkommenden Arten wie die Zaunrüben-Sandbiene oder die Gelbbindige Furchenbiene konnten mit der Blauschillernden Sandbiene und der Schmalbienenart *Lasioglossum interruptum* auch zwei gefährdete Arten dokumentiert werden. Auf der Basis dieser Untersuchungen wurde von der Projektleiterin Tatjana Schneckenburger gemeinsam mit den beiden Wildbienenbotschaftern ein Maßnahmenpaket geschnürt, um insbesondere Wildbienen zu fördern.

Wildbienenbotschafter

Im Rahmen des vom Land Rheinland-Pfalz geförderten Projektes bildete der BUND 2018/2019 rund 30 Wildbienenbotschafter*innen aus ganz Rheinhessen aus. In zwei Wochenend-Workshops lernten die Teilnehmer in Theorie und Praxis viel über Wildbienen: wie sie leben und sich vermehren, welche Ansprüche sie an den Lebensraum stellen, wodurch sie bedroht sind und wie man sie bestimmt. Die Wildbienenbotschafter*innen beraten in verschiedenen Modellprojekten die Projektpartner vor Ort und setzen auch eigene Projekte um.

www.bund-rlp.de/wildbienen

Von oben links im Uhrzeigersinn: Hummeln lieben Mohn; Winzer Uli Goldschmidt errichtet einen Holzstamm als Nistmöglichkeit für Wildbienen; Flockenblumen sind ein wahrer Wildbienen-Magnet; die Kornblume – schön und nützlich.

Maßnahmenpakete umgesetzt

Am Weinberg von Uli Goldschmidt wurde am Vorgewende ein etwa 70 Meter langer Blühstreifen angelegt. Das Saatgut stammte von einer artenreichen Blumenwiese der BUND Kreisgruppe. In einzelnen Rebzeilen wurden ebenfalls Wildblumen wie die Färberhundskamille, Wilde Möhre oder der Wirbeldost eingesät. Hier soll herausgefunden werden, welche Wildblumen für die Einsaat in den Weinberg besonders geeignet sind. Auch die Acker-Ringelblume, eine sehr seltene Art, soll sich hier aus-

Michael Leukam, Silke Vollrath und Holker Pfannenbecker (v. l.) beim Pflanzen der Stauden.

Auf 3000 Quadratmetern wachsen jetzt Wildblumen.

Eine echte Rarität: Die Acker-Ringelblume.

breiten können. Am Rande des Weinberges wurden zudem Wildrosen gepflanzt und zwei Nisthilfen für Wildbienen aufgestellt.

Beim Weingut Pfannenbecker wurde im Herbst 2019 ein rund 3000 Quadratmeter großer Acker mit einer Mischung aus heimischen Wildblumen eingesät. Über 80 verschiedene Arten, darunter Mohn, Wiesen-Flockenblume, Resede, Kornblume und Natternkopf blühen jetzt um die Wette und schaffen ein vielfältiges Nahrungsangebot für Bienen und Schmetterlinge. Direkt am Weingut errichtete der Winzer eine Trockenmauer und pflanzte dort gemeinsam mit Silke Vollrath und Michael Leukam wildbienenfreundliche Stauden. Direkt nebenan steht das Insektenhotel, in dem sich bereits nach kürzester Zeit die ersten Bewohner einfanden.

Die beiden Wildbienenbotschafter werden das Projekt weiterhin begleiten, geben Tipps und unterstützen mit weiterem Saatgut. Schließlich ist das Vorhaben für alle Beteiligten Neuland,

Silke Vollrath und Holker Pfannenbecker inspizieren das Insektenhotel.

und auf Basis der gewonnenen Erfahrungen sollen die einzelnen Maßnahmen bewertet und weiterentwickelt werden.

Was kann jeder Einzelne tun?

Den Wildbienen in Deutschland geht es nicht gut. Von den mehr als 560 Wildbienenarten steht über die Hälfte auf der Roten Liste der bedrohten Arten. Mehr als 30 Arten sind sogar vom Aussterben bedroht. Die Ursachen sind vielfältig: Einsatz von Giften in der Landwirtschaft, ausgeräumte Landschaften, Flächenversiegelung, Schottergärten sowie der Verlust an Lebensräumen wie Hecken und Wiesen machen den Wildbienen zu schaffen. Dabei ist es gar nicht so schwer, etwas für Biene Majas wilde Schwestern zu tun. Man muss nur ein vielfältiges Nahrungsangebot schaffen und passende Nistmöglichkeiten bereitstellen. Für die Ernährung brauchen Wildbienen Pollen und Nektar von heimischen Blütenpflanzen, denn an diese haben sich die Insekten über Jahrtausende angepasst. An nicht-heimischen Blumen oder Sträuchern hingegen finden die Wildbienen kaum Nahrung. Bei einigen von ihnen geht die Spezialisierung so weit, dass sie ihre Larven nur mit den Pollen einer bestimmten Pflanzenart versorgen. Manche Wildbienen tragen ihre Futterpflanze sogar im Namen, wie beispielsweise die Knautien-Sandbiene, die sich auf die Wiesen-Witwenblume *(Knautia arvensis)* spezialisiert hat. Oder die Glockenblumen-Scherenbiene, die ihren Nachwuchs ausschließlich mit Pollen der Glockenblumen versorgt. Genauso wichtig wie die passenden Futterpflanzen sind geeignete Nistmöglichkeiten in der Nähe. Lösswände, offene, sandige Stellen im Boden, markhaltige und hohle Pflanzenstängel, Trockenmauern oder Totholz sind dafür ideal. Wer möchte, kann auch eine gekaufte oder selbstgebaute Nisthilfe aufstellen. Wobei die meisten Wildbienenhotels aus Gartencentern und Baumärkten zwar teuer, aber für Wildbienen völlig nutzlos sind. §

WORMS MOBIL 2030

KONZEPTE ZUR VERKEHRSWENDE

VON MATTHIAS MÖLLER

Kann die Stadt ihr selbst gesetztes Ziel eines Radverkehrsanteils von 25 Prozent erreichen?

1. Ziele des Klimaschutzes

Die Bundesrepublik Deutschland hat sich zur Minderung der dramatischen Folgen des von Menschen bewirkten Klimawandels völkerrechtlich verbindlich verpflichtet, den Ausstoß klimaschädlicher Abgase – bezogen auf das Jahr 1990 – bis zum Jahr 2030 um 55 Prozent zu mindern und in der Gesamtbilanz in dreißig Jahren (2050) eine Klimaneutralität zu erreichen. Die Abgase der Verbrennungsmotoren stellen dabei eine wichtige Stellschraube dar (23 Prozent). Der von vierzehn Forschungsinstitutionen aus den G-20-Industriestaaten in Auftrag gegebene *Brown-to-Green*-Report hält den großen Industrienationen vor, dass sie insbesondere im Transportsektor zu wenig tun, um die Erderwärmung auf 1,5 °C zu begrenzen (*Wormser Zeitung* vom 11. November 2019).

Die Probleme sind erkannt, aber es fehlt am politischen Mut zu wirksamen Kursänderungen. Der Polarforscher Robert Swan bewertet das zutreffend: »Die größte Gefahr für unseren Plane-

Foto: S. Hermann und F. Richter / Pixabay.

ten ist der Glaube, dass jemand anderes ihn schon retten wird.« Umso erfreulicher ist der generationenübergreifende große Zuspruch für die – von Greta Thunberg im Jahr 2018 angestoßenen – Fridays-for-Future-Proteste gegen die fehlenden Konsequenzen von Wirtschaft und Politik.

Durchschnittlich stehen 93 Prozent der Autos während des Tages still und belegen Flächen, die in Zeiten des Klimawandels für Bäume und Begrünung genutzt werden sollten.

2. Heutige Situation in Worms

Die derzeitige Situation in Worms ist noch weit entfernt vom Ziel der Klimaneutralität. Obwohl die Läden der räumlich kompakten Innenstadt per Rad oder von der nächsten Bushaltestelle aus in wenigen Minuten zu Fuß erreichbar sind, nutzen die meisten Menschen das Auto für den Einkauf. Dabei werden Geh- und Radfahrstreifen trotz Halteverbot häufig zum Parken genutzt und behindern Radfahrer und Fußgänger. Durchschnittlich stehen 93 Prozent der Autos während des Tages still und belegen Flächen, die in Zeiten des Klimawandels für Bäume oder Begrünung genutzt werden sollten.

Drei Bundesfernstraßen durchqueren das Stadtgebiet und bilden einen mehrspurigen, autobahnähnlich ausgebauten Ring. Der Neubau eines weiteren Straßenringes (»Krankenhaus-Tangente«) ist im Flächennutzungsplan (FNP) noch vorgesehen. Er würde die Ansiedlung neuer Gewerbe- und Industrieunternehmen eröffnen, die »an Standorten mit guter Anbindung an das überregionale Straßennetz ohne Ortsdurchfahrten erfolgen« (FNP Nr. 5.2.1) soll.

Der Verkehr von der Rheinbrücke in Richtung Westen wird durch die Navigationssysteme über den Marktplatz geleitet, wo er einer Verkehrsberuhigung im Wege ist. Wöchentlich sind Unfallmeldungen als Folge unangepasster Geschwindigkeit zu lesen. Die Abgase des Kraftfahrzeugverkehrs stellen längerfristig eine Gesundheitsgefahr für Kranke und Ältere dar. Die Messstation der zuständigen Landesanstalt steht auftragswidrig nicht an der verkehrsreichsten Kreuzung, weshalb deren Ergebnisse die Gefahr durch Luftschadstoffe nicht widerspiegelt.

Das Busnetz aus den Stadtteilen ist auf den Bahnhof zentriert. Wer aus einem Stadtteil in einen anderen – etwa zum Krankenhaus oder einen Sportplatz – will, muss dort umsteigen und verliert in Konkurrenz zum Rad und zum Pkw Zeit. Viele Busse fahren außerhalb des Berufs- und Schülerverkehrs weitgehend leer durch die Stadt.

Der DB-Bahnhof ist ein regionaler Eisenbahn- und Busknotenpunkt, aber die zwischen Hamburg/Norddeich und Mannheim bzw. dem Bodensee durchfahrenden ICE-Züge halten hier tagsüber nicht. In dem von der Deutschen Bahn für 2030 geplanten stündlichen Deutschland-Takt soll Worms – im Gegensatz zu Städten vergleichbarer Größe – abgehängt werden. Damit bleibt das Fahrgastpotenzial von jährlich 300 000 Besuchern des Kaiserdomes mit Potenzial als UNESCO-Weltkulturerbe ungenutzt. Eine attraktive IC-Verbindung für Berufspendler morgens vor acht von Worms nach Frankfurt und spätnachmittags zurück wurde vor Jahren gestrichen; es fehlte nicht an Nachfrage, sondern an einer Abstellmöglichkeit für die Zuggarnitur während des Tages, mithin am guten Willen der Bahn.

In das Netz eines privaten Anbieters von Fernbuslinien war Worms eingebunden; die Haltestelle wird aber derzeit nicht mehr angefahren.

> Bei der IC-Verbindung von Worms nach Frankfurt fehlte es nicht an der Nachfrage, sondern an einer Abstellmöglichkeit für die Zuggarnitur während des Tages.

3. Verkehrskonzept des Flächennutzungsplanes 2030

Der Wormser Stadtrat hat seine Zielplanung bis 2030 für den Verkehr im Flächennutzungsplan (FNP) festgelegt. Angestrebt werden zum Straßenverkehr ein Heraushalten des Durchgangsverkehrs, die Reduzierung des Park-Such-Verkehrs, die Bündelung des innerstädtischen Verkehrs auf den Innenstadtring und eine Verkehrsberuhigung.

Nach der Vorgabe des »Rhein-Neckar-Taktes 2020« des Verkehrsverbunds Rhein-Neckar, dessen Planungen in den Einheitlichen Regionalplan und den FNP übernommen wurden, sind die Bahnstationen Worms-Süd und Worms-West neu zu bauen.

Das »System Fahrrad« soll neben dem motorisierten Individualverkehr und dem öffentlichen Verkehr als gleichwertiges Verkehrsmittel gefördert und weiterentwickelt werden. Dazu will der FNP ein fahrradfreundliches Klima schaffen, denn ein attraktives, gut ausgebautes Radwegenetz sei geeignet, im Nahbereich zur Verminderung des Verkehrsaufkommens und damit zum Klimaschutz und zur Senkung des Energieverbrauchs beizutragen. Ein Miteinander verschiedener Verkehrsmittel in Innenstadtbereichen sieht der FNP als sinnvoll an, wobei sich Autofahrer dort grundsätzlich auf Radfahrer im Fahrbahnbereich einstellen sollen. Wenn es im Straßenquerschnitt möglich ist, sollen Radstreifen oder verkehrsberuhigte Bereiche »mit einer Harmonisierung der zulässigen Verkehrsgeschwindigkeiten« ausgeschildert werden.

Außerhalb geschlossener Siedlungsbereiche oder an breiten, schnell befahrenen Durchgangsstraßen will der FNP eine Gefährdung von Radfahrern durch die Anlage eines eigenständigen Radwegenetzes weitgehend ausschließen. Verbindungslücken sollen geschlossen und Umwege auf den für die Radfahrer gedachten Verbindungswegen, die zumal bei schlechtem Ausbauzustand nicht ausreichend angenommen werden, sollen vermieden werden.

Im FNP Worms 2030 wird das Hauptradwegenetz in Bestand und Planung dargestellt. Planungsziele sind insbesondere:

1) »Die stillgelegten Bahnstrecken in Richtung Worms-Abenheim und Worms-Heppenheim konnten bereits als separate Radwegeverbindungen ausgebaut werden. Beide enden aber

an den Ortslagen. Angestrebt werden in beiden Fällen eine Fortführung nach Westen und der Anschluss an bestehende Radwegeverbindungen.

2) Auf dem Zellertal-Radweg entlang der Pfrimm ist auch deren Talaue gut und ohne nennenswerte Steigungsstrecken erschlossen. Der Zustand der Wege ist abschnittsweise schlecht und dort nur witterungsabhängig befahrbar. Der Zellertal-Radweg soll wie der Rheinradweg ausgeschildert und mittelfristig in Abschnitten ausgebaut werden.
3) Der geplante »Äußere Ring (K 2)« soll eine Radwegeverbindung erhalten.
4) In Worms-Pfeddersheim wurde die B 47-alt innerhalb der Ortslage erneuert. Dabei wurden sowohl ein Radweg als auch in Teilabschnitten Rad-Schutzstreifen angelegt.
5) Das Netz der Querverbindungen zwischen den Talauen über die Riedel (d. h. Geländerücken) hinweg und in die Nachbarkommunen im Norden und Süden soll vervollständigt werden. Vorgesehen ist eine Koppelung mit Maßnahmen der Biotopvernetzung, da Baumreihen oder Hecken Schatten spenden und Windschutz bieten, aber auch den Wegeverlauf attraktiv markieren.«

Schon 1993 forderten die Wormser Verkehrs- und Umweltverbände eine durchgreifende ökologische Wende in der Verkehrsplanung und -politik.

4. Das Verkehrskonzept 1993 der Wormser Umweltverbände

Die Wormser Verkehrs- und Umweltverbände, Allgemeiner Deutscher Fahrrad Club (ADFC), die Aktionsgemeinschaft Umweltschutz Rheinhessen-Süd (AGU), der Bund für Umwelt und Naturschutz Deutschland (BUND), der Naturschutzbund Deutschlands (NABU) und der Verkehrsclub Deutschland (VCD), haben im Juli 1993 ein Verkehrskonzept für die Stadt präsentiert. Darin fordern sie eine durchgreifende ökologische Wende in der Verkehrsplanung und -politik, die neben der Verkehrsvermeidung eine konsequente Förderung des Umweltverbundes (Fußgänger, Radfahrer, Busse und Bahnen) mit gleichzeitigen Restriktionen für den motorisierten Individualverkehr in den Mittelpunkt stellt. Gefordert wird eine Verkehrsentwicklungskonzeption mit ökologischer Zielsetzung, die stadtplanerische, wirtschaftliche und touristische Aspekte berücksichtigt. Die Verbände wollten mit folgenden Anregungen im positiven Sinne Anstoß erregen und in Worms einen Entwicklungsprozess in Gang setzen, bei dem alle Wormserinnen und Wormser und unsere Stadt an Lebensqualität gewinnen. Dazu zählen u. a.

(1) zur Verkehrsvermeidung bei Einkauf, Freizeit und Urlaub die Nähe zu bevorzugen, Produkte aus der Umgebung zu kaufen und ein Wohnen in Arbeitsplatznähe;

(2) zur Förderung des Fußgängerverkehrs eine »Wormser Einkaufsmeile« zwischen Bahnhof und Nibelungencenter durch Umwandlung des Marktplatzes und der Stephansgasse in eine Fußgängerzone, die Nutzung des Luther- und Adenauerringes

nur für Busse, Taxen und Radverkehr, die Verkehrsberuhigung des Neumarktes und des Überganges über die Koehl- bzw. Wollstraße, die Schaffung einer weitgehend autofreien touristischen Achse Andreasstift–Dom–Lutherplatz–Altstadt–Rhein und die Anlage eines hindernisfreien Fußwegenetzes ohne Bordsteinkanten, parkende Autos, »Möblierungen« und lange Wartezeiten an Ampeln;

(3) zur Förderung des Radverkehrs die Anlage von Radfahrstreifen an allen Hauptverkehrsstraßen, eine Höchstgeschwindigkeit von 30 km/h in der Innenstadt ohne Trennung der Verkehrsarten, die Anlage von Radspuren vor allen Ampeln, separate Radwege an Überlandstraßen nur in Außenbereichen, umwegefreie Verbindungen in alle Vororte und ins hessische Ried (Bürstadt, Lampertheim, Hofheim), Abstellanlagen an allen wichtigen Punkten der Stadt (Bahnhof, Behörden, Hoch-/Schulen usw.);

Das Verkehrskonzept von 1993 forderte die Anlage von Radfahrstreifen an allen Hauptverkehrsstraßen und Tempo 30 in der Innenstadt ohne Trennung der Verkehrsarten.

(4) zur Förderung des öffentlichen Personennahverkehrs ein Innenstadtbusring mit eigener Spur, die auch durch den Radverkehr genutzt werden kann, über Bahnhofstraße, Siegfriedstraße, Ludwigsplatz, Korngasse, Friedrichstraße, Petersstraße, Stephansgasse, Kriemhildenstraße, Bahnhofstraße mit neuen Haltestellen »Ludwigsplatz« und »Kämmererstraße/Marktplatz«, Vorrangschaltung für Busse an allen Ampeln im Stadtbereich in Verbindung mit eigenen Busspuren und Einbahnregelung für den motorisierten Individualverkehr, ein Verkehr werktags im 15-Minuten-Takt, Verbindungen ins Umland grundsätzlich im Stundentakt mit Verdichtungen (Halbstundentakt) zu den Hauptverkehrszeiten, ein flächendeckendes Ruftaxiangebot in »Schwachlastzeiten« nachts und am Wochenende, die Erschließung der Ausflugsgebiete Pfälzerwald, Donnersberg, Odenwald, Rheinhessische Schweiz, Altrhein, usw. durch Wochenendbedienung, evtl. spezielle Freizeitlinien (morgens und mittags hin, abends zurück), und ein ganzjähriger Betrieb der Freizeitlinie von Freitagmittag bis Sonntagabend mit Park & Ride auf der Kisselwiese sowie parallel schrittweise Reduzierung der Parkmöglichkeiten im Wäldchen;

(5) zur Förderung des Schienenpersonenverkehrs die Einbindung des IC-Halt Worms in das InterRegio-Netz, ein City-Bahn-Angebot mindestens im Stundentakt nach Mannheim, Frankfurt und Darmstadt, eine Regionalschnellbahn im Zweistundentakt nach Wiesbaden/Mainz und nach Mannheim/Karlsruhe, Regionalbahnlinie im Stundentakt nach Bingen, Alzey, Bensheim, Heppenheim, Neustadt/Weinstraße, Bad Dürkheim, Grünstadt;

(6) zur Verkehrsberuhigung der Verzicht auf Straßenneubauten, flächendeckendes Tempo 30, Verkehrsberuhigung in Wohngebieten, eine Parkraumbewirtschaftung im gesamten Stadtbereich, Erstattung von Fahrscheinen statt Parkgebühren und ein Lieferservice des Einzelhandels.

Einiges, aber nicht alles wurde in dem Vierteljahrhundert umgesetzt.

5. Konzept der Planer Habermehr & Follmann

Die Verkehrsplaner Habermehl & Follmann legten 2019 die im Auftrag der Stadtverwaltung erstellte »Verkehrsprognose 2030« als Teil des Stadtentwicklungskonzeptes Mobilität vor. In einer Folienpräsentation ohne Textteil und ohne Nachweis der Annahmen bzw. Prognosen werden von den Planern zehn Varianten zur Verkehrsentwicklung im Ziel Jahr 2030 mit Umsetzungskosten zwischen 10 und 120 Millionen Euro vorgestellt.

Die Verbände empfehlen den umwelt- und allwettertauglichen drei Meter breiten Ausbau der Radpendlerrouten aus den Stadtteilen in die Innenstadt.

6. Beschlussvorschlag der Verkehrs- und Umweltverbände

Die vier Verkehrs- und Umweltverbände empfehlen der hochverschuldeten Stadt als Kompromiss Modifikationen der Variante 5b (»plus«), der mit vertretbaren Investitionen über ein Jahrzehnt von 19 Mio. Euro immerhin einen Radverkehrsanteil von 18 Prozent in Aussicht stellt.

Mit einer Ableitung des Durchfahrtsverkehrs aus der Innenstadt, einer Angleichung der Geschwindigkeit von Rad- und Pkw-Verkehr auf 30 km/h, einer Ausweitung des Parkraummanagements, einer dies unterstützenden Ampelsteuerung, einer Verkürzung des Taktes des Busverkehrs und einem Ausbau des Radwegenetzes vermag die Stadt ihr selbst gesetztes Ziel eines Radverkehrsanteils von 25 Prozent erreichen. Zusätzlich zur Variante 5b empfehlen die Verbände

1) den umwelt- und allwettertauglichen drei Meter breiten Ausbau der Radpendlerrouten aus den Stadtteilen in die Innenstadt,
2) die Verbesserung innerstädtischer Radwege und der Radrouten zu den Schulen,
3) die Absenkung von Bordsteinen an Überwegen auf das Niveau des Straßenbelages,
4) die rote Einfärbung der Radwege an Kreuzungen mit Fahrbahnen des Kraftfahrzeugverkehrs,
5) die Kennzeichnung von Radwegen und die Installation von Richtungspfeilen,
6) den Bau überdachter innerstädtischer Abstellanlagen für Räder und
7) die Öffnung der Fußgängerzone für die Fahrten mit dem Rad zu den Schulen morgens bis 11 Uhr.

Die Ableitung des Durchgangsverkehrs aus der Innenstadt ist mit Investitionen von 0,5 bis 1 Millionen Euro umzusetzen. Die Straßen innerhalb des Parkringes stehen dann den Bussen, dem Anwohner- und Lieferverkehr, den Taxen und dem Radverkehr zur Verfügung. Die (acht) Parkhäuser der Stadt sind dann für den Kraftfahrzeugverkehr weiter erreichbar und von dort sind es jeweils nur wenige Gehminuten zu den Einkaufsmöglichkeiten der Innenstadt. Das sollte zeitnah – einschließlich eines autofreien Weckerlingplatzes – für zunächst ein Jahr getestet werden.

Die geplante Investition von 3 Millionen Euro in getrennte Ampelsignale für Busse/Radverkehr und den restlichen Kfz-Verkehr könnte die Wegezeiten verkürzen, sollte aber auch kritisch auf die Effektivität der Maßnahme geprüft werden.

Die Investitionen von jeweils 1 Mio. Euro in eine Angleichung der Geschwindigkeit des Kfz- an den Radverkehr (Tempo 30) und in ein Parkraummanagement vermindert die gesellschaftlichen Kosten von Unfallrisiken und erhöht die Lebensattraktivität der Innenstadt. Deshalb sollte dieses Maßnahmenpaket zeitnah und sukzessive beginnend in der Kernstadt umgesetzt werden.

Wie in Offenburg, Karlsruhe oder Darmstadt ist der Mut der Politik gefragt, eine Kurskorrektur vorzunehmen, die das Leben sicherer und die Innenstadt attraktiver macht.

Der Ausbau des öffentlichen Personennahverkehrs umfasst eine bessere Taktung, eine höhere Frequenz und eine optimierte Anbindung des Busverkehrs an das Schienenverkehrsnetz der DB, das Angebot eines Jahrestickets (365 Euro) für das Wormser Busnetz, eine neue Haltestelle auf dem statisch ertüchtigten Ludwigsplatz, Änderungen in der Anfahrt des Marktplatzes, flankiert durch eine verbesserte Kundeninformation, etwa über Verspätungen. Im Schienenverkehr sollten die Verbindungen nach Bensheim, Biblis und Alzey in der Qualität von S-Bahnen betrieben werden und Worms stündlich in den Deutschland-Takt der ICE integriert werden.

Der Umstieg von der Bahn auf das Carsharing sollte durch reservierte Stellplätze am Bahnhof erleichtert und die Nutzung und Vielfalt dieses Angebotes durch Mitarbeiter*innen von städtischen Ämtern und Gesellschaften gesteigert werden.

Im Ergebnis empfehlen die Verkehrs- und Umweltverbände dem Stadtrat, den Vorschlag der Verkehrsplaner zugunsten der oben im Detail vorgestellten Variante 5b plus mit Erweiterungen zugunsten des Radwegebaues und der Förderung des ÖPNV und des Fußgängerverkehrs zu beschließen.

Dabei ist wie auch z. B. in Offenburg, Karlsruhe oder Darmstadt der Mut der Politik gefragt, eine Kurskorrektur vorzunehmen, die das Leben sicherer und die Stadtkultur in der Innenstadt für den Menschen attraktiver macht. Die überlebensnotwendigen Klimaziele werden damit leichter erreichbar sein und zukünftige Generationen stolz auf ihre PolitikerInnen sein. §

UNBESCHREIBLICH BEFLÜGELND

VON SIBYLLE MILIUS

Auch Enya war schon von klein auf im Wasser – heute ist sie Leistungsschwimmerin.

»Schwimmen ist die Kunst, in allen Lebenslagen den Kopf über Wasser zu halten und sich ein stilgerechtes Fortkommen zu sichern.« Sommer, Sonne, lange Tage – eine Jahreszeit, auf die sich eigentlich jeder freut. Wäre da nicht der Gedanke an das Schwimmen, der bei vielen Eltern Angst und Versäumnisgedanken hervorruft.

Es ist allgemein bekannt, dass ein Großteil der Kinder nicht mehr schwimmen lernt oder lernen kann, da immer mehr Schwimmbäder schließen, unabhängig von der Corona-Krise. Und die Bäder, die noch geöffnet haben und Kurse anbieten, egal, ob Vereine oder städtisch, nehmen Kinder erst ab fünf Jahren. Also liegt es mal wieder bei den Eltern.

Allerdings bin ich, auch wenn ich mich nicht als Maßstab nehmen kann, der Meinung, dass die richtige Wassergewöhnung maßgeblich nur von den Eltern vermittelt werden kann. Das fängt sozusagen schon im Mutterleib an.

Alle Fotos: Simon Ungefehr.

Als begeisterte Hobbyschwimmerin bin ich bei jedem meiner Kinder bis kurz vor der Geburt täglich mindestens drei Kilometer geschwommen – dies löste bei manchen Bademeistern gewisse Panikattacken aus.

Auch nach den Geburten war ich gleich wieder im Wasser, jetzt mit Kind, und das dann täglich. Selbstverständlich geschah das nur nach Absprache mit dem Gynäkologen oder der Hebamme, die mir aber beide recht schnell grünes Licht gaben.

Das Ergebnis belohnte mich für meine Mühen: Alle drei Kinder konnten sich mit zwei Jahren selbstständig über Wasser halten. Ich sage absichtlich nicht, dass sie schwimmen konnten, da sie dies entwicklungstechnisch und koordinativ erst ab dem Alter von ca. fünf Jahren schafften. Sie schwammen Brustarme und Kraulbeine, mit drei Jahren machten sie ihr Seepferdchen (nach den alten Bestimmungen) und mit fünf Jahren den Freischwimmer.

Alle drei Kinder konnten sich mit zwei Jahren selbstständig über Wasser halten. Mit drei Jahren machten sie ihr Seepferdchen, mit fünf den Freischwimmer.

Das war für uns alle natürlich eine unbeschreibliche Erleichterung bei Radtouren an einen See, Besuche bei Freunden mit Pool oder Teich und insbesondere bei Freibadbesuchen. Mit ca. zwei Jahren fiel Tom an einem sehr kalten Sommertag bei meinen Schwiegereltern in voller Montur in den Pool. Ich bin überzeugt davon, dass dies ohne die vorausgegangene Wassergewöhnung nicht ohne Folgen geblieben wäre. Heute sind alle drei, Tom (15 Jahre), Phil (12 Jahre) und Enya (9 Jahre) Leistungsschwimmer und fühlen sich im Wasser nach wie vor pudelwohl.

Selbstverständlich gehört fürs Schwimmen wie bei allem anderen Durchhaltevermögen, Disziplin, Idealismus und Selbstorganisation dazu. Kinder verinnerlichen das Gelernte insbesondere durch Übung, Wiederholung und Bestätigung. Für Anfänger oder Breitensportschwimmer ist das insofern schwierig, als sie in der Regel nur einmal in der Woche trainieren und das bei oft magerer Beteiligung. Da der Großteil der Eltern beruflich sehr stark eingespannt ist, entfällt bei den meisten Kindern auch der Schwimmbadbesuch mit der Familie in der Freizeit.

Zudem ist das Angebot der Vereine in Worms beziehungsweise das der Freizeitbetriebe begrenzt, da es hier definitiv die Wasserfläche fehlt. Zum einen haben wir das Geschwister-Scholl-Bad in der Karl-Marx-Siedlung, ein Therapiebad, das sich hervorragend für Anfängerkurse und Techniktraining eignet, zum anderen das Heinrich-Völker-Bad mit der sehr begehrten Traglufthalle. In diesen beiden Schwimmbädern gilt es Kurse für Schulen, Vereine und Öffentlichkeit unterzubringen. Alle Tage sind voll belegt.

Nicht zu vergessen sind die fehlenden Übungsleiter/Trainer.

Aber selbst nach einem zehnstündigen Kurs, volle Anwesenheit vorausgesetzt, sollten Eltern ihre Erwartungen nicht zu hoch hängen und sich zu sicher fühlen. Ein sechsjähriges Kind wird dann noch nicht schwimmen können. Denn darunter versteht man nicht, dass man sich über Wasser halten kann, sondern dass

Rechts: Simon Ungefehr beim Ausüben der »Human Flag«.

Unten links: Sebastian Ungefehr beim Demonstrieren eines »Elbow Lever«.

Unten rechts: Eva Schmalenberger mit einem Klimmzug beim »World Pull Up Day«

man die korrekte Ausübung einer Stilart (Brust/Kraul/Rücken) beherrscht. Weiteres Lernen und Üben wäre dann angesagt.

Es ist sowohl für Trainer und Eltern, insbesondere aber für die Kinder ein unbeschreiblich beflügelndes Gefühl, wenn die Abzeichen erfolgreich absolviert werden konnten. Als aktive Trainerin bedauere ich es sehr, dass die Bedingungen für die Abzeichen (z. B. Seepferdchen) derart angehoben wurden, dass die Hürden ohne intensives Training und Üben nicht mehr zu schaffen sind. Gerade das Seepferdchen hat bisher als Ansporn zum Weitermachen und Dranbleiben gedient. Diese Funktion wurde mit der Erhöhung der Messlatte komplett ausgelöscht.

Jedes Kind hat sein eigenes Lerntempo, das kommt bei der Durchführung eines Schwimmkurses erschwerend hinzu. Nicht jeder Verein hat die Möglichkeit, »langsamere Kinder« zu behalten, bis sie richtig schwimmen können.

Das ist meine Sicht der Entwicklung der Schwimmkurse, allerdings ohne Betrachtung der Corona-Krise. Ich hoffe so sehr, dass jetzt die wenig übriggebliebenen Schwimm- und Hallenbäder nicht schließen müssen aufgrund von Einnahmeneinbußen.

Allgemein lässt sich sagen, dass sich Schwimmen sehr positiv auf die gesamte Muskulatur im Körper auswirkt. Viele Fußballer oder Leichtathleten haben im fortgeschrittenen Alter Gelenkprobleme. Von Schwimmern hört man das selten.

Auch die soziale Komponente ist bei regelmäßigem Training nicht zu unterschätzen. Viele Freundschaften sind schon dabei entstanden, auch im Erwachsenenalter. Und so ganz nebenbei habe ich durch das Schwimmen auch meinen Mann kennengelernt; ich war damals Triathletin, er Leistungsschwimmer.

Ein Schwimmbadbesuch lohnt sich somit in vielerlei Hinsicht. §

MIT GEDULD UND ZÄHIGKEIT ZUM ZIEL

VON ULRIKE SCHÄFER

Für den TV Leiselheim ist Normandė Gegelevičiūtė als Reha-Trainerin tätig.

Ende August 2019 war Normandė Gegelevičiūtė erstmals als Trainerin für den Reha-Sport der TV Leiselheim im Einsatz, eine schöne, junge Frau mit langem Pferdeschwanz und einem durchtrainierten, biegsamen Körper. Zunächst war Sport- und Bewegungstherapeut Oliver Veit noch dabei und gab ihr den einen oder anderen Tipp, weniger, was die Übungen selbst betraf, denn in dieser Beziehung war sie auf dem neuesten Stand, sondern eher das Tempo. Schließlich sind die Teilnehmer und Teilnehmerinnen der Kurse auf ärztliche Verordnung hier, weil es irgendwo bei ihnen mit der Gesundheit hakt. Ich beispielsweise bin von einer vorwiegend sitzenden Tätigkeit ziemlich steif geworden.

Rasch hatte Normandė den Bogen raus und leitet seither alle Kurse selbstständig. Wir beginnen immer mit einem entspannten Lauf, mal Tempo, mal gemütlich, dazwischen wechseln sich Storchengang und Anfersen ab. Wir gehen auf Zehenspitzen oder

Foto: Ulrike Schäfer.

auf den Fußballen, beugen die Knie, strecken die Arme, bewegen sie wie Ruderer oder lassen sie wie Windmühlenflügel kreisen. In harmonisch-fließenden Bewegungen zeigt die Trainerin, wie die Stellung aussehen sollte und erklärt auch, was sie im Körper bewirken. Wenn alle ein bisschen in Schwung gekommen sind, dehnen und strecken wir uns, und Normandė lässt die Blicke aufmerksam wandern, ob wir auch alle verstanden haben, worum es geht, und die Übung nach bestem Können mitmachen. »Ich sehe genau, ob einer keinen Bock hat sich anzustrengen oder ob einer an seine körperlichen Grenzen gekommen ist«, sagt sie. Wehtun sollen die Übungen natürlich nicht, falscher Ehrgeiz ist nicht angebracht, aber nach Möglichkeit sollen alle Muskelpartien beansprucht und gekräftigt werden. Schon bald sind mir Normandės Anweisungen, mit denen sie das Ende jeder Übung einleitet, vertraut. »Noch fünf, noch vier, noch drei, noch zwei und halten, halten, halten!«

Ich musste immer alle Übungen im Unterricht vormachen. Meine Klassenkameradinnen haben mir bei einem Klassentreffen erzählt, dass die Videos von damals noch heute den Schülern gezeigt werden.

Wir arbeiten mal mit Hanteln, mal mit Theraband, mit Schwingstab oder Balance Pad. Es gibt Übungen im Stehen, Gehen und Liegen, Partnerübungen mit Bällen und Spiele, die auch das Gehirn trainieren. Hinterher hat man das gute Gefühl, etwas Sinnvolles für sich getan zu haben.

Normandė ist nicht in Deutschland geboren. Obwohl sie sehr gut Deutsch spricht, hört man es an der Aussprache, und manchmal verwechselt sie die Artikel oder verwendet so ein hübsches Wort wie Spielkamerad, wenn sie den Trainingspartner meint. Sie ist aufgewachsen bei ihrer Großmutter in der nordlitauischen Großstadt Šiauliai (Schaulen), manchem vielleicht bekannt durch den legendären Berg der Kreuze. »Litauen ist ein sehr schönes Land«, versichert die 27-Jährige, »aber man hat nicht so gute berufliche Möglichkeiten wie in Deutschland. Viele junge Leute verlassen deshalb das Land.« Weil ihre Mutter im Raum Frankfurt lebte und arbeitete, war Normandė als Kind mehrmals für einige Monate bei ihr zu Besuch. So lernte sie ganz nebenbei die Sprache. In der Schule war Sport eines ihrer Lieblingsfächer, wenn sie auch damals noch nicht daran dachte, einen entsprechenden Beruf zu ergreifen. »Ich war immer sehr gelenkig«, überlegt sie, »und musste alle Übungen im Unterricht vormachen. Meine ehemaligen Klassenkameradinnen haben mir bei einem Klassentreffen erzählt, dass die Videos von damals noch heute den Schülern gezeigt werden.«

Nach dem Abitur wollte sie erst einmal Tourism and Travel Management studieren. Ihre Mutter wohnte damals in Bürstadt, so kam sie 2012 an die Fachhochschule nach Worms. »Ich empfand das Studium als langweilig und trocken«, sagt sie. »Mir fehlten auch die deutschen Fachausdrücke, um alles verstehen zu können. Deshalb habe ich nach drei Semestern aufgehört.«

Was nun? In Zeiten von Facebook kennt eine clevere und selbstbewusste 22-Jährige Mittel und Wege. Normandė nutzte

Normandė wird für den großen Auftritt geschminkt.

Das Fliegen ist für Normandė »noch einmal eine ganz andere Freiheit«.

ihr Aussehen, um sich als Fotomodell bei den Filmfestspielen in Cannes zu bewerben. »Ich wollte einfach mal schauen, was passiert«, sagt sie. Es passierte so einiges. Was sie besonders beeindruckte: Sie war Gast bei der Premiere des Films *Hands of Stone* mit Robert De Niro und machte Eindruck mit einem geliehenen 13 000-Euro-Kleid auf der Red-Carpet-Party. Die Folge war ein Cover-Shooting für die angesagte Illustrierte *L'Officiel* und ein achtseitiges Interview. Dafür posierte sie in zehn verschiedenen Outfits. »Das dauerte drei Tage lang, danach war ich fix und fertig.« Es sei eine tolle Zeit gewesen, erzählt sie mit glänzenden Augen, »aber ich hatte nichts Festes in der Hand. Mein tiefes Inneres sagte mir, dass ich etwas mit Gesundheitsmanagement machen wollte.« Mittlerweile ist sie im fünften Semester, hat gerade ihre mündliche Prüfung angeschlossen und wird demnächst ihre Bachelor-Thesis schreiben. Danach strebt sie den Master an.

Was ist Sport- und Gesundheitsmanagement? In Wikipedia heißt es dazu: »Gesundheitsmanagement ist die planvolle

Fotos: privat.

Organisation mehr oder weniger komplexer gesellschafts- und sozialpolitischer Maßnahmen und Institutionen zum Zweck der Erhaltung und zur Förderung der Gesundheit der Bevölkerung. Methodologisch ist Gesundheitsmanagement ein Querschnittsfach und integriert mehrere Disziplinen.«

»Anfangs war es sehr schwer«, gibt Normandė zu. »Bei diesem Studium wird viel Theorie vermittelt. Es geht vor allem um Prävention, wie man Menschen beibringt, sich gesund zu ernähren und ausreichend zu bewegen. Das ist nicht so einfach. Wie man lebt, ist ja eine Frage der Einstellung, und jeder Mensch tickt irgendwie anders. Man muss in diesem Beruf nicht nur gute physiologische und teilweise auch medizinische Kenntnisse haben, sondern viel über Psychologie und Motivation wissen.«

Normandės Ziel ist es, sich im Internet eine eigene Plattform für Gesundheitsmanagement aufzubauen und als Selbstständige Gruppen und Einzelpersonen zu betreuen. Dazu hat sie sich neben dem Studium auf vielfältige Weise weitergebildet. Beispielsweise hat sie ihre IFFA-Trainerlizenz erworben, sie hat eine Heilpraktiker-Ausbildung, sie hat Yoga, Qi Gong und vor allem anderen auch schon Kung Fu gemacht. »Kung Fu wird oft mit chinesischer Kampfkunst gleichgesetzt. Ursprünglich bedeutet es, durch harte, geduldige Arbeit etwas zu erreichen unter dem Motto ›Nichts gibt es umsonst‹ «, sagt sie. »Das ist meine Lebenshaltung.« Gerade erst hat sie »Kloster auf Zeit« im buddhistischen Shaolin-Tempel in Otterberg durchlebt, Tage, die sehr anstrengend, aber auch sehr inspirierend waren und sie in ihren Zielen bestätigt haben.

Trotz der ständigen beruflichen Vervollkommnung hat Normandė Gegelevičiūtė das Modeln nicht aufgegeben. Nicht zuletzt, um sich ihre anspruchsvolle Ausbildung zu finanzieren. Sie hat für die Agentur McFit Models bei Engelhorn in Mannheim Tommy-Hilfiger-Mode präsentiert, ein anderes Mal Werbung für TUI Cruises am Frankfurter Flughafen gemacht. Ein Pilot, den sie bei dieser Gelegenheit kennenlernte, brachte sie auf den Geschmack, selbst einen Flugschein zu machen. Mittlerweile hat sie die Privatmotorenlizenz für einmotorige Flugzeuge erworben und ist Mitglied im Aero-Club Ludwigshafen e.V. mit Standort in Worms. »Das Fliegen ist noch mal eine ganz andere Freiheit«, schwärmt sie.

Hat Normandė, die in Pfeddersheim wohnt, auch manchmal Sehnsucht nach der alten Heimat? »So ein- bis zweimal im Jahr fahre ich nach Hause und besuche meine Oma, bei der ich aufgewachsen bin«, verrät sie. »In Deutschland fühle ich mich sehr wohl, aber irgendwie lebt man doch zwischen zwei Welten.« §

Trotz der ständigen beruflichen Vervollkommnung hat Normandė das Modeln nicht aufgegeben.

NEUE BÜCHER

VORGESTELLT VON BERTHOLD RÖTH UND ULRIKE SCHÄFER

Worms und Region

Klaus-Rüdiger Mai
Und wenn die Welt voll Teufel wär – Martin Luther in Worms
360 Seiten, geb., Evangelische Verlagsanstalt
ISBN 978-3-374-06617-9 ▪ 25,00 Euro

Der exzellente Biograf Klaus-Rüdiger Mai schildert ausgehend von neuesten Forschungsergebnissen in belletristisch geschriebener Form die Ereignisse, die auf Anordnung des Kaisers Martin Luther zum Wormser Reichstag 1521 laden, bis zu seiner darauffolgenden Ankunft auf der Wartburg. Am 2. April 1521 besteigt der Mönch und Doktor der Heiligen Schrift Martin Luther in der Universitätsstadt Wittenberg den Rollwagen, den der Goldschmied Christian Döring zur Verfügung gestellt hat. Obwohl die Reise zum Triumphzug wird und Bauern wie Bürger, Handwerker wie Fürsten zu seinen Predigten strömen, wird die Fahrt zum Reichstag nach Worms für Luther zur Prüfung. Er weiß, dass der Kaiser von ihm den Widerruf seiner Thesen und die Unterwerfung unter den Papst erwartet. Doch würde nicht die Rücknahme seiner Schriften Verrat an Gott und den Menschen bedeuten? Luther denkt an Jan Hus, der wegen vergleichbarer Kritik trotz der Zusicherung kaiserlichen Geleits in Konstanz verbrannt worden war. Klaus-Rüdiger Mai, Dr. phil., Jahrgang 1963, studierte Germanistik, Geschichte und Philosophie an der Martin-Luther-Universität Halle-Wittenberg.

Ulrich Oelschläger
Luther in Worms. Der Reichstag im April 1521
168 Seiten, kartoniert, Worms Verlag 2020
ISBN 978-3-947884-37-7 ▪ 9,80 Euro

2021 steht die Wormser Kultur im Zeichen des Reichstagsjubiläums. Im April vor 500 Jahren verweigerte Martin Luther hier den Widerruf seiner Schriften aus Gewissensgründen. Für alle, die sich auf gründliche, aber gut verständliche Weise einen Überblick die frühe Reformationsgeschichte verschaffen wollen, hat Dr. Ulrich Oelschläger dieses Taschenbuch verfasst. Er beginnt bei der spätmittelalterlichen Vorgeschichte der Reformation über den Thesenanschlag 1517 bis hin zum Auftritt des Augustinermönchs auf dem Reichstag. Leitend für die Darstellung ist der Fortgang des Ketzerprozesses gegen Luther. Dabei spürt der Autor der unumkehrbaren theologischen Entwicklung des Reformators nach, wie sie in den großen Schriften des Jahres 1520 einen ersten Höhepunkt findet. Luthers Strategie im Spannungsfeld politischer Konflikte wird ebenso sichtbar wie die Haltungen seiner Gegner, besonders des päpstlichen Nuntius Aleander. Den Abschluss bildet im Anhang ein Blick auf das 1868 eingeweihte Reformationsdenkmal.

Volker Gallé (Hrsg.),
Über den Gebrauch der Vernunft. Theologie, Philosophie und Kunst im Zentrum Europas um 1000
208 Seiten, kartoniert, Worms Verlag 2020
ISBN 978-3-944380-89-6 ▪ 28,00 Euro

Die ottonische Zeit um das Jahr 1000 n. Chr. wurde lange Zeit als eine bildungsferne Epoche beschrieben. In Worms inszenierte sich Bischof Burchard als Erneuerer von Bistum und Stadt, gekrönt durch den Neubau des Domes, der im Juni 1018 geweiht wurde. Aber bereits sein Vorgänger Hildebold leitete die Kanzlei von Otto II. und Otto III.

Der mit den Ottonen verwandte Salier Bruno von Kärnten, der seine Ausbildung an der Wormser Domschule erhalten hatte, wirkte von 996 bis 999 unter dem Namen Gregor V. als Papst. Sein Nachfolger als Silvester II. wurde Gerbert von Aurillac, Lehrer und Berater Ottos III. und Verfasser einer philosophischen Schrift über Vernunft und Vernunftgebrauch. Diese führt die Bearbeitung aristotelischen Denkens fort.

Das religiöse Denken und die Bibelauslegung um die Jahrtausendwende, die jüdische Theologie des Mittelalters, die Entstehung von Häresie, Gebrauch und Notation liturgischer Musik und Burchards Schriften sind Themen dieses Bandes, der auf einer gemeinsamen Tagung der Stadt Worms und der Bistumsakademie Erbacher Hof beruht.

Warmaisa (Hrsg.)
Vergiss uns nicht … Stolpersteine in Worms II. Dokumentation zu den Verlegungen V–X.
115 Seiten, kartoniert, Worms Verlag 2020
ISBN 978-3-947884-48-3 ▪ 19,90 Euro

Von Anfang an fühlte sich der Verein Warmaisa verpflichtet, die Erinnerung an die Opfer des Nationalsozialismus wachzuhalten. So nahm der damalige Vorstand unter Vorsitz von Roland Graser Kontakt zu dem Künstler Gunter Demnig auf, der zum ersten Mal am 6. November 2006 Stolpersteine in Worms verlegte. Mittlerweile liegen 237 Steine vor Häusern, die letzter freiwilliger Wohnort jüdischer und anderer verfolgter Bürgerinnen und Bürger waren. Mit jedem Stein verbindet sich das Schicksal eines Menschen, das auf der Grundlage der Dokumentation von Annelore und Karl Schlösser von Mitgliedern des Vereins, manchmal auch von Schulklassen, recherchiert und bei der Verlegung vorgetragen wurde.

Die Texte zu den Stolpersteinen der ersten vier Verlegungen sind 2009 in einem ersten Buch erschienen. In Band II geht es nun um die Steine der Verlegungen V bis X. Das Buch kann als gedrucktes Denkmal betrachtet werden.

Hans Berkessel (Hrsg.)

Warmaisa. Klein-Jerusalem am Rhein. Zeugnisse jüdischen Lebens in Worms

184 Seiten, kartoniert, Nünnerich-Asmus Verlag & Media GmbH 2020

107 Abbildungen und 1 CD

ISBN 987-3-961760-53-4 ▪ 20,00 Euro

Das vorliegende Buch ist der 3. Band der Reihe »Beiträge zur Geschichte der Juden in Rheinland-Pfalz« und der zweite Band, der das SchUM-Thema behandelt. Es ist Annelore und Dr. Karl Schlösser gewidmet, die schon zu einem sehr frühen Zeitpunkt die Verfolgungsgeschichte der jüdischen Gemeinde Worms recherchiert haben. Die historische Einführung von Dr. Gerold Bönnen gibt einen hervorragenden Überblick über die bedeutenden Beiträge, die die jüdische Gemeinde von ihren Anfängen bis ins 20. Jahrhundert hinein zur geistigen, kulturellen und wirtschaftlichen Entwicklung der Stadt geleistet hat. Die 50 Schwerpunktthemen, die von einem pädagogischen Fachautorenteam bearbeitet wurden, befassen sich mit den Zeitabschnitten Mittelalter und Frühe Neuzeit, Französische Revolution bis zur Reichsgründung, Weimarer Republik, Nationalsozialismus sowie Tradition und Neufanfang nach 1945. Zu allen Themen gibt es jeweils eine Einführung sowie aussagekräftige Quellentexte und Bildmaterial sowie eine ergänzende Auswahlbibliografie. Die Bücher der Reihe sind vor allem zur Verwendung im Unterricht gedacht. Die beigefügte CD gibt pädagogisch-methodische Anregungen. Die Lektüre empfiehlt sich aber auch für erwachsene Leser und Leserinnen.

Jörg Koch

111 Wormser Straßen von A bis Z

156 Seiten, 184 Abbildungen, kartoniert

ISBN 978-3-947884-24-7 ▪ 20,00 Euro

In Worms gibt es 1063 Straßen und Plätze (von »Abenheimer Landstraße« bis Zwischen den Bächen«), deren Gesamtlänge rund 480 Kilometer beträgt. Einen Teil dieser Straßen betrachtet Jörg Koch in seinem reich bebilderten Band *111 Wormser Straßen von A bis Z*«, wobei der Bezug zur Stadtgeschichte im Vordergrund steht. Erläutert werden deren Lage und deren Namensgeber. Ein besonderer Schwerpunkt wird auf die Umbenennungen infolge von Entnazifizierung und Entmilitarisierung gelegt. Damit wird deutlich, wie sehr Straßennamen als Instrumente von Geschichtspolitik und Erinnerungskultur dienen können.

Hans Jakob Schmitt
Meine Lebensmelodie
Books on Demand, 12,90 €

Hans Jakob Schmitt, der ehemalige Direktor des Gauß-Gymnasiums, ist mittlerweile 94 Jahre alt und körperlich beeinträchtigt, doch geistig fit. Vor wenigen Wochen erschien sein neustes Buch, das er mit *Meine Lebensmelodie* betitelt hat. Der 280 Seiten starke Band bietet einerseits neue Gedanken, die sich aus der Verbindung griechischen und jüdischen Denkens speisen, andererseits begegnet dem Leser Abschnitte, die bereits in Schmitts vorherigen Büchern Thema waren. Von daher stellt die »Lebensmelodie« eine inhaltsreiche Summe seines schriftstellerischen Wirkens dar. Entstanden an seinem heimischen Schreibtisch in Guntersblum, widmet sich Schmitts Buch der Heimat und kleinen Dingen wie der Rose in seinem Garten, über die er genauso tiefsinnig nachdenkt wie über das große Weltgeschehen. Damit nimmt der ehemalige Pädagoge und Prediger seine Leser mit auf eine unterhaltsame Zeitreise, die in seiner Kindheit beginnt, die Kriegserfahrung des damals Jugendlichen nicht ausspartt und im Heute endet.

Christian Schmitt-Engelstadt

Wenn ich einen Anfang wüsste. Lieder aus Inmirland nach Gedichten von Joachim Ringelnatz

32 Seiten, kartoniert, Worms Verlag 2020

ISBN 978-3-947884-33-9 ▪ 13,00 Euro

Der Wormser Musiker Christian Schmitt-Engelstadt hat anlässlich von literarisch-musikalischen Soireen neun Gedichte von Joachim Ringelnatz für Chanson-Gesang und Klavier vertont. Der Titel ist den Anfangszeilen des Gedichts »Pfingsten« entlehnt. In ihrem teils leicht-verspielten, teils elegischen bis expressiven Ton lässt sich die Musik inspirieren von der unvergleichlichen Wortkunst des Dichters und Kabarettisten, die schmerzliche Melancholie, kindliches Staunen, Naturbegeisterung, skurrilen Humor und tief empfundene Menschlichkeit in einzigartiger Weise verbindet. Sechs der Stücke sind Lieder für Gesang und Klavier, die übrigen drei musikalisch begleitete Rezitationen für Sprecher/-in und Klavier.

Die Publikation dieser Lieder und klavierbegleiteten Sprechstücke möchte den Versuch unternehmen, sich der einzigartigen Ringelnatz'schen Poesie einmal musikalisch zu nähern.

Nibelungen

Klaus von See, Beatrice La Farge, Katja Schulz

Kommentar zu den Liedern der Edda

alle Bände im Verlag Universitätsverlag Winter

Der Frankfurter Edda-Kommentar ist der erste Gesamtkommentar zu diesem Textkorpus seit dem zwischen 1927 und 1931 veröffentlichten Kommentar von Sijmons-Gering und umfasst (erschienen zwischen 1997 bis 2019) sieben Bände. Diese Reihe ist nun vollständig und hat ihren Abschluss gefunden.

Die Bände im Überblick:

Band I: Götterlieder

Teil 1: Vǫluspá [R], Hávamál; Teil 2: Vafþrúðnismál, Grímnismál, Vǫluspá [H], Zwergenverzeichnis aus der Gylfaginning

1724 Seiten, geb. ▪ ISBN 978-3-8253-6963-7 ▪ 178,00 Euro

Bd. II: Götterlieder

Skírnismál, Hárbarðsljóð, Hymiskviða, Lokasenna, Þrymskviða

575 Seiten, geb. ▪ ISBN 978-3-8253-0534-5 ▪ 77,00 Euro

Bd. III: Götterlieder

Volundarkviða, Alvíssmál, Baldrs draumar, Rígsþula, Hyndluljóð, Grottasongr

810 Seiten, geb. ▪ ISBN 978-3-8253-1136-0 ▪ 98,00 Euro

Bd. IV: Heldenlieder
Helgakviða Hundingsbana I, Helgokviða Hiorvarðssonar, Helgakviða Hundingsbana II
810 Seiten, geb. ▪ ISBN 978-3-8253-5007-9 ▪ 98,00 Euro

Bd. V: Heldenlieder
Frau dauda Sinfiotla, Gripisspa, Reginsmal, Fafnismal, Sigrdrifumal
620 Seiten, geb. ▪ ISBN 978-3-8253-5180-9 ▪ 88,00 Euro

Bd. VI: Heldenlieder
Brot af Sigurðarkviðo, Guðrúnarkviða I, Sigurðarkviða in skamma, Helreið Brynhildar, Dráp Niflunga, Guðrúnarkviða II, Guðrúnarkviða III, Oddrúnargrátr, Strophenbruchstücke aus der Völsunga saga
962 Seiten, geb. ▪ ISBN 978-3-8253-5564-7 ▪ 98,00 Euro

Bd. VII: Heldenlieder
Atlakviða in groenlenzka, Atlamál in groenlenzko, Frá Guðrúno, Guðrúnarhvöt, Hamðismál
1002 Seiten, geb. ▪ ISBN 978-3-8253-5997-3 ▪ 124,00 Euro

Alex Alice
Siegfried Gesamtausgabe (Graphic Novel)
Band 1–3
224 Seiten, geb., Splitter Verlag
ISBN 978-3-96219469-7 39,80 Euro

Die atemberaubende Comic-Trilogie über den größten aller germanischen Helden erscheint erstmals auf Deutsch als Gesamtausgabe zum günstigeren Preis.

Alex Alice setzt die klassische Nibelungensage neu um – im Gewand moderner Heroic Fantasy als fulminante Graphic Opera. In spektakulären Bildern wird das Leben des jungen Waisenkindes Siegfried erzählt, das vom Zwergenschmied Mime gemeinsam mit Wölfen aufgezogen wird. Aus dem Jungen soll ein Held werden, einer, der sogar einen Drachen töten kann – einen ganz bestimmten Drachen, der auf einem Riesenhaufen von Gold sitzt. Gold, das Mime ganz gern einsacken würde. Aber Siegfried ist ein verdammt eigensinniger Bursche. Die Grundlage des Comics zur Nibelungensage bildet allerdings Wagners »Ring der Nibelungen«. Er zählt zu den großen Comic-Serien des letzten Jahrhunderts.

Helmut Orpel
Der Totentanz von Beram
Ein Kunstkrimi
336 Seiten, kartoniert, Worms Verlag 2020
ISBN 978-3-947884-19-3 ▪ 24,90 Euro

Totentänze sind Bildzyklen, die vorwiegend im 15. Jahrhundert entstanden sind und vom nahen Ende der Menschheit künden. Zwei der berühmtesten befinden sich in Basel und in Beram in Istrien. Der Mannheimer Kunsthistoriker Dr. Romeo Pöstges erhält vom Basler Barfüßermuseum den Auftrag, eine Abhandlung über den »Totentanz von Beram« zu schreiben. Dabei dringt er nicht nur immer tiefer in die dunkle Seite der Renaissance ein, sondern erlebt die realen Totentänze, mit denen sich Kommissarin Jagoda Jugovac beschäftigen muss.

Die Grenzen zwischen Verbrechen und wirtschaftlichem Erfolg sind in der globalisierten Welt fließend geworden. Spannend erzählt der Autor von den Brandspuren der modernen Totentänze, denen seine Protagonisten nachspüren. Kunst, das Lebenselixier von Pöstges und dessen Freund Oliver Treschko, spielt auch in diesem dritten Kunstkrimi von Helmut Orpel eine wesentliche Rolle. Der Tanz von Tinguelys Brunnenfiguren in Basel, wo Pöstges schließlich die ersehnte Ruhe findet, erscheint als positive Metapher in einer Welt, die immer weiter aus den Fugen gerät.

Walter Landin
Wormser Gift. Die Geschichte der Christa Lehmann
Roman
314 Seiten, kartoniert, Worms Verlag 2020
ISBN 978-3-947884-28-5 ▪ 24,90 Euro

Eine junge Frau, dreißig Jahre alt, die drei Menschen mit einem Pflanzengift ermordet. Eine vierfache Mutter, die zur Serienmörderin wird. Zwischen 1952 und 1954 tötete Christa Lehmann aus Worms ihren Ehemann, ihren Schwiegervater und ihre Freundin, diese aus Versehen. Die Boulevardpresse stürzte sich auf den Sensationsfall. Christa Lehmann erlangte als Gifthexe von Worms bundesweite »Berühmtheit«. Das bis dahin wenig bekannte Pflanzenschutzmittel E 605, in Drogerien, in Apotheken frei erhältlich, avancierte auf Jahre zum Modegift Nummer eins, benutzt für unzählige Mordversuche, Morde und Suizide. Christa Lehmann wurde im September 1954 vor dem Schwurgericht Mainz zu drei Mal lebenslänglich verurteilt.
»Wormser Gift« ist nicht nur eine literarische Annäherung an Christa Lehmann unter Einbeziehung historischer Quellen, sondern wirft ein Schlaglicht auf die Rolle der Frau im von Männern dominierten Nachkriegsdeutschland.

Dorothea Zager
Lichtblicke in Zeiten von Corona. Nicht alles ist abgesagt.
84 Seiten, 14 Abb., kartoniert, Worms Verlag 2020
ISBN 978-3-947884-38-4 ▪ 10,00 Euro

In Zeiten der Corona-Krise bedürfen Menschen der Ermutigung, Vergewisserung und Orientierung. Dorothea Zager (Jg. 1959), Pfarrerin der evangelischen Friedrichsgemeinde Worms, vermittelt in diesem Sinne aus dem Geist des Evangeliums vierzehn »Lichtblicke« für die unterschiedlichen Facetten unserer menschlichen Existenz.

Hartmut Keil
Vom rheinhessischen Fischer und seiner Frau
108 Seiten, Pb., Eigenverlag www.keilworms.de 2019
7,70 Euro

»Vom Fischer und seiner Frau« ist ein bekanntes Märchen der Brüder Grimm. Es spielt vorwiegend in Norddeutschland. Das Märchen gibt es auf Hochdeutsch und in Plattdeutsch. Der bekannte Wormser Mundartdichter hat die Grimm-Geschichte modernisiert und nach Rheinhessen verlegt, genauer nach Rheindürkheim, wo auch unser neu gewählter Oberbürgermeister Adolf Kessel lebt und lange Jahre Ortsvorsteher war. Dem Märchen wurde auch ein Vorwort unseres Oberbürgermeisters zugefügt. Wie in allen Mundart-Büchern von Hartmut Keil gibt es die moderne Märchen-Version zuerst auf Hochdeutsch zu lesen und danach in rheinhessischer Mundart gereimt.

Florentine Hein
Yvettes Traum – Liebe im Elsass
222 Seiten, kartoniert, spiritbooks
ISBN 978-3-946435-79-2 ▪ 12,99 Euro

Die bekannte Kinderbuchautorin Florentine Hein – einer ihrer Titel »Ferdinand und die Domgeister« ist auch im Worms Verlag erschienen – hat nun auch ihren ersten Roman für Erwachsene veröffentlicht. Bei ihrem Debüt handelt es sich um einen Frauenroman, der vieler Art Gefühle, Ängste und Fragen, die das Leben von Frauen betrifft behandelt. Es geht somit vorrangig um Themen, welche nur Frauen betreffen. Für Männer dennoch selbstverständlich ebenso lesenswert. Die Protagonistin Yvette tritt in einen neuen Lebensabschnitt ein. Die Kinder sind aus dem Haus, ihr Ex kündigt ihr die Wohnung. Der 49jährigen liegen eigentlich immer noch die Männer zu Füßen. Mit einer eigentlichen Freundin eskaliert ein heftiger Streit. Yvette hat immer noch viel zu bewältigen, um ihren eigenen Traum leben zu können. Florentine Heins Debütroman entstand nicht im »stillen Kämmerlein«, weswegen sie sich am Ende bei einigen sicherlich vielen bekannten Bürgern der Stadt namentlich bedankt.

Andrea Liebers
Der Bananenbaum
32 Seiten, Hardcover
Edition Kimonade im Worms Verlag 2020
ISBN 978-3-947884-36-0 ▪ 16,80 Euro

Im Urwald herrscht Zoff unter dem Luftwurzelbaum: Das Rebhuhn, der Elefant und der Affe streiten sich ständig über jede Kleinigkeit. Obwohl sie doch eigentlich Freunde sind. Irgendwas läuft hier gründlich schief. Doch dann kommt dem Rebhuhn eine Idee ... Eine uralte buddhistische Fabel darüber, wie Rücksichtslosigkeit und Egoismus überwunden werden können.
Zum Vorlesen ab 4 Jahren, zum Selbstlesen ab 7 Jahren.

Andrea Liebers
Ein bärenstarker Geist
88 Seiten, 49 farbige Abb., Hardcover
Edition Kimonade im Worms Verlag 2020
ISBN 978-3-947884-35-3 ▪ 24,80 Euro

Bei den Bären geht es immer munter zu. Das rührt sicher auch von der großen Waldesruhe und Bärengemütlichkeit des weisen Großen Ark her, der seinen Bärenschülern beibringt, um was es im Leben wirklich geht: Das Herz am rechten Fleck haben und mit einem offenen Geist in die Welt und ins Leben schauen. In diesem Band dürfen wir den Geschichten lauschen, die der Große Ark seinen Schülern erzählt und ihnen bei ihren Achtsamkeits- und Meditationsübungen zuschauen.

Zum Vorlesen ab 4 Jahren, zum Selbstlesen ab 7 Jahren.

Andrea Liebers
Rosa und der Besen
36 Seiten, 36 farb. Abb., Hardcover
Edition Kimonade im Worms Verlag 2020
ISBN 978-3-947884-23-0 ▪ 16,80 Euro

Für Rosa, das Fuchsmädchen mit dem rosafarbenen Näschen, ist nicht einfach, ganz bei der Sache zu bleiben. Dauernd sausen ihr tausend Ideen durch den Kopf, die sie alle am liebsten sofort und gleichzeitig umsetzen würde. Zum Glück weiß der alte Fuchsdoktor einen Rat.

Zum Vorlesen ab 4 Jahren, zum Selbstlesen ab 7 Jahren